KB101641

Fortune Telling for You

78장의 타로카드로 점치는

가장 친절한
타로

LUA 지음 | 구수진 옮김

한스미디어

고민을 안고 일상을 살아가는 당신에게
결정을 도와주는 도구, 타로

인생은 선택의 연속이다. 아침에 눈을 떠 밤에 잠이 들 때까지, 우리는 얼마나 많은 결정을 내리고 있는가. 조금 더 잠을 청할지, 무슨 옷을 입을지 같은 소소한 결정부터 마음을 전해야 할지, 회사를 옮겨야 할지, 이대로 살아도 괜찮을지 등 인생을 좌우할 만큼 중요한 결정까지.

때로는 '역시 다른 쪽을 선택했어야 했어'라고 후회하거나, '더 나은 방법이 있을지도 몰라'라며 결정을 미루기도 한다.

그렇게 고민이 생길 때면 대부분 친구나 애인, 가족에게 털어놓게 된다. 하지만 요즘같이 모두가 바쁜 시대에는 '내 고민 때문에 상대의 시간을 빼앗을 수는 없지'라며, 아무에게도 마음을 터놓지 못하고 혼자 떠안고 있는 사람이 많지 않을까.

그럴 때 결정을 도와주는 도구가 타로다. 어떻게 해야 할지 고민이 될 때 카드를 뽑는다. 그것만으로도 마음이 정리되면서 자신이 무엇을 하고 싶은지 알게 된다.

'역시 이렇게 해야겠어'라는 확신이 들거나 '그만두는 편이 나을지도 몰라' 하고 다시 생각해보는 계기가 되기도 한다.

앞으로 자세히 이야기하겠지만 타로는 결코 마법의 도구가 아니다. 카드에는 신비한 그림이 그려져 있지만, 뽑은 카드대로 행동하지 않으면 저주를 받는다든지 하는 일은 절대 없다. 그저 자신이 어떻게 하고 싶은지 스스로에게 묻고 생각할 기회를 주는 도구일 뿐이다.

어떤 카드가 나와도 최종적으로 결정하는 사람은 자기 자신이다. 그 점을 잊지 않는다면, 타로는 자신과 마주하기 위한 대화 상대이자, 아무에게도 말할 수 없는 고민도 털어놓을 수 있는 믿음직한 친구가 될 것이다.

이 책에서는 타로와 친해지는 기본적인 방법을 소개한다. 특히 점치는 테마별로 나열한 키워드와 빈칸채우기식 해석 예시를 통해 초보자라도 고민에 대한 답을 쉽게 이끌어낼 수 있도록 했다.

다만 이 방법은 타로로 답을 도출해내는 '감각'을 익히기 위한 것이다. 본래 타로는 그 사람이 느끼는 것에 따라 다양한 해석을 할 수 있다. 따라서 타로에 재미를 느꼈다면 이 책에 쓰여 있는 키워드에 얽매이지 말고 점차 자기 나름대로의 해석을 해나가길 바란다.

이 책을 통해 타로를 처음 접한 당신이 언젠가 이 책이 필요 없어질 정도로 타로와 친해져서, 타로가 당신의 인생에 많은 도움이 된다면 더없이 기쁠 것이다.

LuA

이 책의 특징

타로를 처음 배우는 사람부터 좀처럼 실력이 늘지 않는 사람까지
즐거운 마음으로 타로점을 칠 수 있는 새로운 타로 학습법을 소개한다.

질문에 딱 맞는
키워드를 모르겠어요.

카드의 의미가
안 외워져요!

이미지가 비슷한 카드를
구별하기 어려워요.

타로점에 대한 고민을 해소한다!

타로점을 칠 때 많은 사람이 느끼는 어려움 중의 하나가 '점친 내용에 맞는 답이 책에는 실려 있지 않다'라는 것 아닐까. 인간의 고민은 무한하기 때문에 모든 질문에 대응하는 답변을 한 권의 책에 수록한다는 것은 사실 쉬운 일이 아니다.

마찬가지로 '제대로 점치고 있는 건지 잘 모르겠다', '애매한 답밖에 나오지 않는다' 같은 이야기도 자주 듣는다.

그것은 자신이 무엇을 점치는지 확실하게 정하지 않은 채 카드를 넘기기 때문이다. 이렇게 되면 객관적인 해석이 불가능하고 항상 비슷한 키워드만 떠오르므로 점점 타로에 흥미를 잃고 결국 타로를 멀리하게 되고 만다.

이러한 문제를 해결하여 더욱 많은 사람이 타로의 묘미를 맛보길 바라는 마음에서 '누구든지 반드시 답을 이끌어낼 수 있는 방법'을 생각해냈다. 바로, 테마별로 다채롭게 변형한 키워드와 빈칸채우기식 해석 예시이다.

테마별로 수록한
풍부한 키워드

타로를 해석할 때는 의미를 통째로 외우려 하지 말고 핵심이 되는 키워드를 질문에 맞춰서 대응시키는 것이 중요하다. 〈바보〉에는 '자유'라는 키워드가 있는데, '현재 상황'에 대해서라면 '무슨 일이 일어날지 예상할 수 없다', '감정'이라면 '사사로운 것에 신경 쓰지 않는다', '조언'의 경우라면 '좀 더 가벼운 마음으로'가 된다. 대부분 이것이 잘 안 돼서 발목을 잡히고 만다. 이 책에는 다양한 상황에 대응하는 키워드를 일목요연하게 수록해두었으므로 그 요령을 터득하게 될 것이다.

빈칸채우기식 해석 예시를 통해
직관적인 답변을 얻을 수 있다

타로로 적절한 답을 얻지 못하는 원인은 모호한 질문에 있다. '무엇을 점치고 있는가?'가 명확해야 한다. 따라서 질문하는 방법은 매우 중요하다. 이 책에서는 질문에 대해 카드가 나타내는 의미를 쉽게 파악할 수 있도록, 해석 예시를 빈칸채우기식으로 보여준다. 뽑은 카드의 키워드 중에서 어울리는 것을 빈칸에 넣어보자. 완성된 문장을 그대로 읽으면 그것이 질문에 대한 답이 된다.

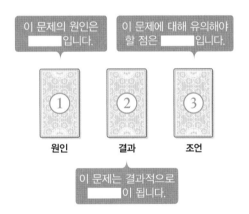

두 가지를 합치면…

① 에 〈바보〉가 나온 경우
> 이 문제의 원인은
> 책임감 부족 입니다.

③ 에 〈바보〉가 나온 경우
> 이 문제에 대해 유의해야 할 점은
> 좀 더 가벼운 마음으로 임하는 것 입니다.

② 에 〈바보〉가 나온 경우
> 이 문제는 결과적으로
> 새로운 시작 이 됩니다.

해석 예시의 빈칸에 키워드를 넣으면 딱 맞아떨어지는 대답을 이끌어낼 수 있고, 점차 타로 대응력도 높아질 것이다. 자세한 방법은 p149를 참고하자.

이 책의 사용법

카드의 기본 의미부터 대응력을 높여주는 레슨까지,
타로점을 칠 때 유용한 노하우가 가득 담겨 있다.

Introduction
타로란 무엇인가?

타로의 전체 구성과 구조를 이해하자. 빨리 점쳐보고 싶은 사람이라면 이 페이지를 건너뛰고 다음 장부터 읽어도 된다.

Chapter 1
개성 넘치는 심벌이 그려진
메이저 아르카나 22장

Chapter 2
네 가지 원소로 이루어진
마이너 아르카나 56장

각각의 타로에는 무엇이 그려져 있고 어떤 의미를 담고 있는지 파악해보자. 처음부터 모든 카드를 외우지 않아도 괜찮다. 막히는 부분이 있을 때 이 책을 참고하면서 점차적으로 외워나가면 된다.

Chapter 3
어떤 고민도 점칠 수 있는
타로 리딩

타로점의 기본적인 방법을 설명한다. 카드 한 장으로 점치는 '원 오라클'부터 시작해보자. 고민이나 궁금한 점이 있을 때마다 수시로 점쳐보는 것이 타로를 마스터하기 위한 지름길이다.

Chapter 4
타로에 대한 고민을 풀어주는
8가지 레슨

타로 리딩 중에 해석하기 어려운 카드가 나오거나 항상 비슷한 해석을 하게 되는 등. 많은 사람이 타로를 그만두게 되는 원인을 자세히 들여다보고 해결 방안을 제시한다.

Special Contents
타로점 실제 예시 모음, LUA의 타로 리딩 들여다보기, 타로에 관한 Q&A

실제로 타로를 해석하다 보면 책에 나와 있는 대로 술술 풀리지 않기 마련이다. 전문가들은 어떻게 카드를 읽는지 실제 예시를 수록했다. '이런 식으로 풀어가는구나!' 하는 힌트가 보일 것이다.

POINT

실력을 키우고 싶은 당신을 위한 요령 다수 수록

이 책은 타로를 마스터하여 더욱 즐겁게, 자유롭게 해석하기 위한 방법을 'POINT'로 다수 수록하고 있다. 지금껏 다른 책에는 소개된 적이 없는 전문가의 팁과 숨은 요령을 만나보자.
막히거나 해석이 어려울 때 이 책을 펼쳐들기 바란다. 분명 힌트를 발견할 수 있을 것이다.

신비한 78장의 카드

타로란
무엇인가?

타로란 무엇인지
기본부터 살펴보자.

사랑, 일, 돈… 이런 고민에 대한 답을
스스로 얻을 수 있다면 얼마나 좋을까?

우리는 매일같이 다양한 고민을 하며 살아간다. 그중에는 아무리 고민해도 좀처럼 답이 나오지 않는 문제도 있다.

그럴 때, 힌트를 주거나 뻣뻣해진 사고를 부드럽게 풀어주는 것이 바로 타로라는 도구다.

78장의 카드에는 각기 다른 의미가 담겨 있고, 우리가 던진 고민에 대해 '이렇게 하면 어떨까?', '이런 가능성이 있지 않을까?'라는 답을 준다. 여기에 우리는 '그럴지도 몰라!'라고 받아들이거나 핵심을 찌르는 답을 듣고 고개를 끄덕이며 자기 나름대로 생각을 정리하기도 한다.

타로를 자주 다루다 보면 자기 자신에게 질문하는 능력이 급격히 향상되고, 다양한 고민에 대해 스스로 답을 발견할 수 있게 된다.

그런 타로를 항상 곁에 두고 더욱 친하게 지내길 바란다.

타로로 어떤 고민을 점칠 수 있을까?

Answer_1

현재·과거·미래
언제든 점칠 수 있다

타로는 인간이 고민하는 다양한 사안에 대해 답을 준다. 지금 당장의 일뿐만 아니라 과거나 미래에 대해서도 마찬가지다. 다만 미래는 아직 아무것도 정해지지 않았다. 타로가 보여주는 미래는 '지금 이대로라면 이렇게 될지도 모른다'라는 가능성이다. 현실이 될지 말지는 자신이 어떻게 행동하는가에 달려 있다.

> 옛 애인과 헤어지게 된 이유는?

> 지금 그 사람에게 연락을 해도 괜찮을까?

> 내일 프레젠테이션은 잘 해낼 수 있을까?

Answer_2

사람의 마음이나 상태를
알 수 있다

우리는 타인의 마음을 꿰뚫어볼 수 없다. 그뿐인가, 자기 자신의 마음조차 완벽히 알 수 없다. 그렇기 때문에 답답해하거나 불안해하거나 끝없이 의심한다. 그럴 때 카드 한 장을 뽑고 이런저런 관점에서 생각하다 보면 어느덧 자신이나 타인의 마음속을 들여다볼 수 있게 된다.

> 가슴이 답답하고 아무것도 손에 안 잡힌다. 누군가 힌트를 줬으면…

> A와 B 중에 나는 누구에게 더 끌리고 있는 걸까?

> 지금 그 사람이 마음에 두고 있는 사람은 누구일까?

Answer_3

일상적인 조언을
얻을 수 있다

타로는 고민이 있을 때만 점칠 수 있는 것이 아니다. '무사히 해내기 위한 지침이 필요하다'라고 느낄 때, 카드를 한 장 뽑아보자. 뽑은 카드를 조언으로 받아들인다면 분명 더 나은 선택을 할 수 있을 것이다. 타로는 소원을 이룰 수 있도록 힌트를 주거나 잘못된 방향으로 나아가고 있을 때 궤도를 수정하는 계기가 되어준다.

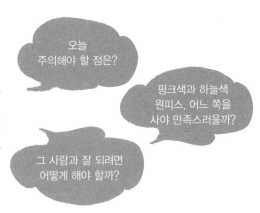

> 오늘 주의해야 할 점은?

> 핑크색과 하늘색 원피스, 어느 쪽을 사야 만족스러울까?

> 그 사람과 잘 되려면 어떻게 해야 할까?

2

모든 답은
자신에게 있다

타로는 '외우다', '읽다'보다는 '느끼다'에 가깝다. 좋은 예감일지, 불길한 예감일지는 카드를 뒤집은 순간의 감각에 달렸다. '어째서 기뻐했는가?', '왜 불길한 예감이 들었는가?'를 스스로 되물었을 때 떠오른 생각이 바로 질문에 대한 답이다.

사랑의 행방을 점치는 데 〈바보〉 카드가 나왔다고 하자. 만약 상대와의 가망성이 있다고 느껴질 법한 일이 있었다면 그 카드를 '좋은 느낌'으로 받아들일 것이고, 전혀 가망성이 안 보이는 상황이라면 '왠지 불길하다'라고 느낄 수 있다.

매일매일 많은 양의 정보를 축적하고 있는 자신의 잠재의식 속에 이미 질문에 대한 답의 힌트가 있다. 타로는 그것을 끄집어내 주는 역할을 할 뿐이다. 타로에 익숙해지면 잠재의식에서 더욱 많은 정보를 얻을 수 있다.

타로점의 장점은?

Answer_1

고민에 대한 답을
스스로 찾을 수 있게 된다

타로는 '생각하는 힘'을 길러준다. 카드에 질문을 던지려면 자문자답을 해야 하기 때문이다. 실력이 좋아지면 질문을 생각하는 도중에 이미 답이 나와버리기도 한다. 타로는 스스로 생각하고, 고민의 답을 찾는 능력을 길러준다. 타로를 마스터하면 의지가 명확해지고 흔들림 없이 살아갈 수 있게 된다.

Answer_2

상상력이 풍부해지고
직감이 좋아진다

타로 리딩을 할 때는 가장 먼저 눈에 들어오는 부분부터 읽어나간다. 카드를 뒤집어가는 동안 그림이 자신의 마음속 어떤 정보와 연결되고, 점점 이미지가 확장되면서 이야기가 완성되어간다. 카드를 본 순간 느껴지는 위화감도 때로는 중요한 포인트가 된다. 타로를 자주 다루다 보면 이런 감각이 발달하고 창의적인 재능에 눈을 뜨거나 직감이 좋아지기도 한다.

Answer_3

뛰어난 임기응변과 대응력!
운이 좋은 사람이 된다

타로는 무작위로 고른 카드 속에서 이야기를 발견하는 작업이다. 말하자면 카드는 '이야깃거리를 던져주는 역할'인 셈이다. 그림을 보고 연상하여 즉흥으로 이야기를 만들어가기 때문에 임기응변 능력을 기르는 훈련이 되기도 한다. 또한 어떤 이야기에도 맞장구치는 것이 가능해진다. 높은 대응력은 운이 좋은 사람에게 꼭 필요한 조건인 만큼, 타로를 마스터하면 당신의 운도 한층 높아지지 않을까.

Answer_4

후회하거나
남 탓을 하지 않는다

사람은 문제가 생겼을 때 '그 사람이 잘못했다', '나는 상처받았다'라고 자기중심으로 생각하기 쉽다. 하지만 주변 사람들 역시 감정이 있고, 자신이 상처받듯 상대도 상처받거나 고민하고 있을지도 모른다. 타로를 사용하면 상황을 객관적으로 바라보는 눈이 생긴다. 자신의 힘으로 결정을 내릴 수 있게 되므로, 결심한 것에 대해 후회하거나 타인의 탓으로 돌리지 않게 된다.

뽑은 카드가 아니라
자신이 어떻게 행동하는가가 중요하다

롯폰기에서 타로 카페를 운영했을 때의 일이다. 손님 중에는 사업가도 있었는데 '지금 하려는 사업이 세 가지 있는데, 어떤 것이 유망할까?', '사업 파트너로 누가 좋을까?'와 같은 테마로 점을 쳤었다. 즉 모든 것을 타로에 맡기는 것이 아니라, 일단 스스로 어떻게 하고 싶은지에 대한 의사를 분명히 밝히고 그것을 실현하고자 타로의 도움을 받는 것이다.

긍정적인 답이 나오지 않아도 '그럼 어떻게 해야 잘 풀릴까?'라고 묻는 등 질문하는 방법이 노련하여, 이것이야말로 타로의 올바른 사용법이 아닐까 하고 감탄했던 적이 있다.

리딩을 할 때 중요한 것은 '어떻게 될지'가 아니라 '스스로 어떻게 하고 싶은가, 어떻게 할 것인가'이다. 나온 카드가 인생을 결정하는 것이 아니다. 타로를 통해 스스로 무엇을 느끼고, 어떤 생각을 하고, 어떻게 행동하는가가 중요하다.

타로는 어렵지 않을까?

Answer_1

특별한 스킬은 필요하지 않다
누구든지 점칠 수 있다!

'타로점에 영감이 필요한가?'라는 질문을 자주 듣는데, 전혀 그렇지 않다. 물론 놀라운 적중률을 보이거나 신기할 정도로 같은 카드가 반복해서 나올 때도 있다. 하지만 그것은 영감이라기보다는 본래 인간이 지닌 직감에 의한 것이다. 오히려 타로를 가까이할수록 직감이 발달하게 되고, 일상생활 속 다양한 방면에서 직감으로 무언가를 알아차리는 경험이 늘어날 것이다.

Answer_2

외우기보다는
즐기는 것이 중요하다

타로를 배우기 시작했지만 좀처럼 실력이 늘지 않는 사람 중에는 성실한 사람이 많다. '모든 의미를 외우겠어!'라고 마음을 굳게 먹어보지만, 대부분이 도중에 좌절하고 만다. 완벽을 목표로 하지 않아도 괜찮다. 적당히, 정도껏, 즐기면서 하자. 어떤 형태로든 타로를 계속 사용하다 보면 '타로는 이런 식으로 사용하는구나' 하는 감각을 느끼게 될 것이다.

Answer_3

카드 속 무서운 그림은
그저 힌트일 뿐이다

간혹 타로를 무섭다고 여기는 사람들이 있다. 하지만 타로는 게임용 카드에서 시작되었다. 지금의 트럼프와 같이, 결코 마술의 도구가 아니었다. 타로 중에는 〈죽음〉처럼 무서운 그림이 그려진 카드가 있는데, 그것은 〈죽음〉이라는 개념을 표현하고 있을 뿐 죽음을 부르거나 주술을 거는 것이 아니므로 안심해도 좋다.

Answer_4

'오늘은 뭘 먹지?' 같은
가벼운 질문도 점칠 수 있다

타로가 지닌 신비한 이미지 탓인지, 심각한 고민만 점칠 수 있다고 여기는 사람이 많다. 하지만 절대 그렇지 않다. 내일의 날씨를 점쳐도 좋고, '오늘의 행운의 메뉴는?', '인터넷 쇼핑으로 어떤 아이템을 사야할까?'처럼 가벼운 고민에도 더 나은 선택을 위한 조언을 얻을 수 있다. 일상의 다양한 상황에서 가벼운 마음으로 타로를 사용해보자.

78장의 카드로 점치는 타로

타로의 기원에 대해서는 여러 가지 설이 있는데, 14세기 유럽에서 게임용 카드로 사용되었다거나 트럼프처럼 56장의 카드가 원형이었다는 이야기가 유명하다. 그 후 15세기 르네상스 시대에 이르러 56장의 숫자 카드에 22장의 그림 카드가 추가되어 78장이 되었다고 한다.

즉 본래 타로는 점술이 아니라 게임을 목적으로 사용되었던 것이다. 그러나 언제부턴가 타로카드가 신비한 의미로 해석되면서 현재와 같이 점을 치는 도구로서 널리 퍼지게 되었다.

타로카드는 메이저 아르카나 22장과 마이너 아르카나 56장으로 구성되어 있다. '아르카나'란 라틴어로 '감춰진 것'이라는 의미이며 카드 한 세트를 '덱'이라고 부른다. 메이저 아르카나에는 〈바보〉, 〈여황제〉, 〈정의〉, 〈태양〉 등 명칭이 붙은 그림이 그려져 있다. 마이너 아르카나는 트럼프처럼 크게 네 종류로 나뉘며 숫자와 인물이 그려져 있다.

메이저 아르카나 22장

〈바보〉, 〈여황제〉, 〈황제〉 같은 인물이나, 〈별〉, 〈달〉, 〈태양〉 같은 자연, 혹은 〈정의〉, 〈죽음〉, 〈절제〉, 〈세계〉 등의 개념이 그려져 있다.

마이너 아르카나 56장

A(에이스) ～ 10까지, 그리고 페이지, 나이트, 퀸, 킹이 네 가지 슈트(p21)별로 나뉜다.

카드에는 무슨 그림이 그려져 있나?

Answer

카드의 메시지를
다양한 심벌로 표현하고 있다

타로에 그려진 그림은 덱의 종류에 따라 다른데, 이 책에서는 가장 대중적인 '웨이트 버전'(p24)을 예로 들어 설명한다.

타로는 카드마다 각기 다른 메시지를 감추고 있다.

메이저 아르카나에는 〈별〉 카드가 있는데, 이것은 '희망'이라는 메시지를 갖고 있다. '희망'을 다양한 모티브로 표현하고 있는 것이다.

마이너 아르카나 역시 각 카드마다 의미가 다르고, 모티브 속에는 네 종류의 슈트(p21) 중 하나가 반드시 그려져 있는 것이 특징이다. 슈트의 개수는 카드의 번호와 대응한다.

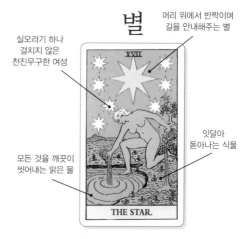

별

머리 위에서 반짝이며
길을 안내해주는 별

실오라기 하나
걸치지 않은
천진무구한 여성

잇달아
돋아나는 식물

모든 것을 깨끗이
씻어내는 맑은 물

기본 KEYWORD
희망

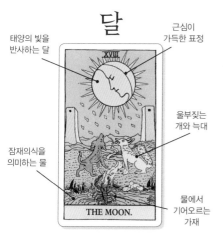

달

태양의 빛을
반사하는 달

근심이
가득한 표정

울부짖는
개와 늑대

잠재의식을
의미하는 물

물에서
기어오르는
가재

기본 KEYWORD
신비

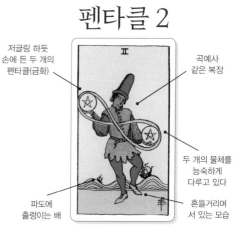

펜타클 2

저글링 하듯
손에 든 두 개의
펜타클(금화)

곡예사
같은 복장

두 개의 물체를
능숙하게
다루고 있다

파도에
출렁이는 배

흔들거리며
서 있는 모습

기본 KEYWORD
유연성

메이저 아르카나란?

〈0 바보〉부터 〈21 세계〉까지
성장에 대한 이야기가 담겨 있다

22장의 메이저 아르카나에는 〈마법사〉나 〈전
차〉, 〈운명의 수레바퀴〉 등 다양한 테마가 그
려져 있는데, 전체적으로 보면 인간의 성장에
대한 이야기를 의미한다.

〈0 바보〉에서 탄생한 영혼이 여행을 떠나게 되
고 〈1 마법사〉에서 무언가를 성취하겠다는 의
지를 갖게 되며, 〈2 여사제〉에서 처음으로 타
인의 존재를 의식한다. 그 후로도 이런저런 테
마를 경험한 뒤 〈21 세계〉에서 완성에 이른다.
한 번쯤은 〈바보〉부터 〈세계〉까지 순서대로
카드를 살펴보도록 하자.

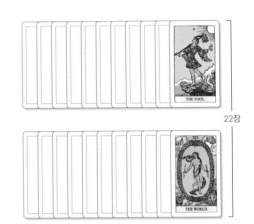

22장

마이너 아르카나란?

네 가지 슈트별로
14장씩 이루어진 카드다

56장의 마이너 아르카나는 트럼프의 원형이
라고 여겨진다. 따라서 구성도 트럼프와 매우
비슷하다.

막대기가 그려져 있는 완드, 금화가 그려져 있
는 펜타클, 검이 그려져 있는 소드, 성배가 그
려져 있는 컵, 이렇게 네 종류로 나눌 수 있으
며, 각각의 심벌을 '슈트'라고 부른다.

각 슈트에는 A(에이스)부터 10까지의 숫자 카
드 10장과 인물이 그려져 있는 4장의 카드가
있다. 14장이 세트인 카드가 네 종류 있으므
로 총 56장이 된다.

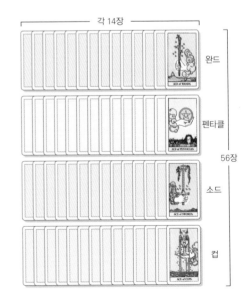

각 14장

완드

펜타클

56장

소드

컵

슈트란?

Answer

트럼프 기호의 기원이 된
불·땅·바람·물을 의미하는 심벌이다

마이너 아르카나에 그려져 있는 네 가지 슈트인 완드, 펜타클, 소드, 컵은 트럼프의 클로버, 다이아몬드, 스페이드, 하트 기호의 기원이 되었다고 알려져 있다.

슈트는 만물을 구성하는 네 가지 원소인 불·땅·바람·물을 상징한다. 불은 열정, 땅은 물질, 바람은 사고, 물은 감정을 나타내며, 인간을 움직이는 기본 원리라고도 여겨진다. 완드는 막대기, 펜타클은 금화, 소드는 검, 컵은 성배로 카드에 그려져 있다.

슈트	뜻	원소	대응하는 트럼프	의미하는 것
완드	막대기	불	♣ 클로버	열정/ 에너지/활동
펜타클	금화/코인/ 디스크	땅	♦ 다이아몬드	물질/감각/ 현실
소드	검	바람	♠ 스페이드	사고/정신/ 정보
컵	성배	물	♥ 하트	감정/정서/ 공감

핍 카드, 코트 카드란?

Answer

핍 카드는 숫자, 코트 카드는
인물을 나타낸다

마이너 아르카나 중 A부터 10까지 적힌 카드를 '핍 카드(숫자 카드)'라고 부른다. 핍 카드에는 슈트를 상징하는 아이템이 카드의 번호와 같은 수만큼 그려져 있다.

페이지(소년)·나이트(기사)·퀸(여왕)·킹(왕)이라는 네 명의 인물이 그려져 있는 카드를 '코트 카드(인물 카드)'라고 부른다. 각각의 슈트를 상징하는 아이템을 손에 든 모습이 그려져 있다. 참고로 '코트'란 '궁정'을 의미한다.

핍 카드(숫자 카드)

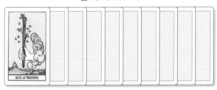

A부터 10까지 10장의 카드를 말한다.
슈트의 개수가 각 카드의 숫자를 나타낸다.

코트 카드(인물 카드)

페이지, 나이트, 퀸, 킹이라는 네 명의 인물을 나타내는 카드

카드 해설 보는 법

Chapter 1에서는 메이저 아르카나 22장을,
Chapter 2에서는 마이너 아르카나 56장을 해설하고 있다. 각각의 페이지를 보는 방법은 다음과 같다.

메이저 아르카나

마이너 아르카나

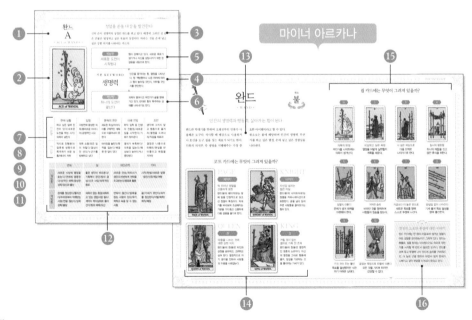

① 카드의 명칭과 번호

타로카드의 명칭이 쓰여 있다. 카드의 번호는 타로 종류에 따라 달라진다(p185).

② 카드의 그림

메이저 아르카나 22장에는 영문으로 카드의 명칭과 숫자가 쓰여 있다. 마이너 아르카나는 A, 페이지, 나이트, 퀸, 킹에만 명칭이 쓰여 있다. 2~10번 카드는 명칭이 없지만 각 카드에 해당하는 숫자만큼의 슈트가 그려져 있다. 이 책에서는 세계적으로 가장 대중적인 웨이트 버전 타로를 게재한다. 타로카드의 종류에 따라 그림은 크게 달라질 수 있다.

③ 카드의 의미

카드의 그림에서 이끌어낸 카드의 기본적인 의미를 해설한다.

④ 기본 KEYWORD

카드의 핵심이 되는 키워드다. 키워드로부터 이미지를 넓혀가며 해석한다. 카드가 잘 읽히지 않을 때 기본 키워드로 돌아가 다시 생각해보는 것이 좋다.

⑤ 정방향의 의미

카드가 정방향(그림의 위아래가 바른 상태)으로 나온 경우의 의미다.

⑥ 역방향의 의미

카드가 역방향(그림의 위아래가 거꾸로 된 상태)으로 나온 경우의 의미다.

⑦ '현재 상황'에 해당하는 키워드

'현재 그 문제는 어떤 상태에 놓여 있는가'라는 질문에 대한 해석 예시다.

⑧ '감정'에 해당하는 키워드

'그 사람 혹은 자신은 어떤 생각을 하고 있는가'라는 질문에 대한 해석 예시다.

⑨ '문제의 원인'에 해당하는 키워드

'무엇이 문제가 되고 있는가', '원인은 무엇인가'라는 질문에 대한 해석 예시다.

⑩ '미래 전망'에 해당하는 키워드

'앞으로 문제는 어떤 방향으로 흘러갈까?', '미래의 상황은 어떠한가'라는 질문에 대한 해석 예시다.

⑪ '조언'에 해당하는 키워드

'문제를 어떻게 대하면 좋을까', '주의해야 할 점은 무엇인가'라는 질문에 대한 해석 예시다.

⑫ 장르별 해석 예시

질문 빈도가 높은 연애·일·대인 관계를 집중적으로 다룬다. 기타 항목에는 돈이나 건강 외에도 그 카드만이 갖는 키워드를 담았다.

⑬ 슈트의 의미

마이너 아르카나의 각 슈트(완드·펜타클·소드·컵)가 지니는 테마에 대해 설명한다.

⑭ 코트 카드(인물 카드)에는 무엇이 그려져 있는가?

네 장의 코트 카드에 등장하는 캐릭터(페이지·나이트·퀸·킹)가 각 슈트의 의미를 어떻게 표현하고 있는지 설명한다.

⑮ 핍 카드(숫자 카드)에는 무엇이 그려져 있는가?

A부터 10까지의 핍 카드를 하나의 이어지는 이야기에 빗대어 설명한다.

⑯ 핍 카드가 나타내는 이야기의 테마

각 슈트의 핍 카드가 나타내는 이야기의 테마에 대해 해설한다.

기본적인 타로카드

타로카드의 종류에 대해 소개한다.
기본이 되는 웨이트 버전으로 타로를 시작해도 되고,
좋아하는 그림이 그려진 카드를 사용하여 즐겁게 타로를 배우는 것도 좋다.

Rider-Waite-Smith Tarot
라이더 웨이트 스미스 타로

19세기에 마술결사 '황금새벽회'의 일원이었던 아서 에드워드 웨이트가 고안하고 화가 파멜라 콜먼 스미스가 그려낸 것을 영국 라이더사에서 발행한 카드로, 이 책에서는 웨이트 버전이라고 부른다. 가장 베이식한 타로이며 전 세계 타로 애호가들이 사용하고 있다.

Tarot of Marseille
마르세유 타로

마르세유 타로는 웨이트 버전보다 역사가 깊다. 16세기 유럽에서 시작된 카드로 강직하고 소박한 목판화 일러스트가 매력적이다. 다만 마이너 아르카나의 핍 카드에는 인물 그림이 없고 슈트와 숫자로만 표현되어 있다.

Other Tarots
기타

오래전부터 타로는 수집가들에게 인기가 많은 아이템 중의 하나로, 많은 아티스트가 독창적인 타로 카드를 제작하고 있다. 그림이나 사이즈 등 마음에 드는 카드를 골라보자. 카드 전문점이나 서점, 인터넷을 통해 구매할 수 있다.

Chapter 1

개성 넘치는 심벌이 그려진

메이저 아르카나 22장

타로의 핵심이기도 한
메이저 아르카나 카드에 어떤 테마가
그려져 있는지 살펴보자.

중요한 의미를 갖는
22장의 메이저 아르카나

=

'타로'라고 하면 사람들은 대부분 22장의 '메이저 아르카나(Major Arcana)' 카드를 떠올린다.

〈바보〉, 〈마법사〉, 〈여사제〉 같은 인물, 〈별〉, 〈달〉, 〈태양〉 등의 자연, 〈악마〉, 〈운명의 수레바퀴〉처럼 가공의 존재, 〈죽음〉, 〈정의〉, 〈심판〉 등의 추상적인 개념이 총 22장의 카드에 그려져 있다.

카드의 의미는 몰라도 왠지 모를 매력에 이끌려 타로를 갖고 싶어 하는 사람도 많다.

사실 카드에 그려져 있는 그림은 감상을 위한 것이 아니다. 타로가 트릭 테이킹 같은 게임용 카드로 쓰였던 시대에는 그림에 특별한 의미가 없었다. 이후에 신비주의적 가치관이 타로에 스며들면서 다양한 의미를 담은 심벌이 추가되었다.

그렇게 카드는 '의미'를 갖기 시작했다.

절벽 위를 가뿐하게 걸어 다니는 여행자의 모습이 그려진 〈바보〉는 '얽매이지 않은 자유'를, 음울한 표정으로 떠 있는 〈달〉은 달빛에 어슴푸레 비치듯 확실하지 않은 '모호한 상태'를 의미한다.

타로로 점을 칠 수 있는 이유는 카드에 의미, 즉 메시지가 감춰져 있기 때문이다. 우리는 랜덤으로 뽑은 카드에 그려진 그림의 의미를 파악하고, 미래나 사람의 감정, 조언 등을 알아내고자 한다.

22장의 메이저 아르카나는 타로의 기본이다. 78장을 모두 사용하여 점을 칠 때 '특별히 중요하고 운명적인 일'을 나타낸다고 알려져 있는 만큼 우선 메이저 아르카나의 세계에 뛰어드는 것이 타로를 습득하는 첫걸음이라고 할 수 있다.

메이저 아르카나는 시작을 의미하는 〈바보〉부터 모든 것의 완성을 의미하는 〈세계〉로 끝나는, 인간의 성장 이야기를 담고 있다. 성장의 관문을 차례차례 통과하는 기분으로 22장의 아르카나 세계로 여행을 떠나보는 것은 어떨까.

POINT

카드의 순서는 이렇게 기억한다

카드에 매겨진 로마 숫자의 표기 법칙을 알아두자. '1(I)', '2(II)', '3(III)'까지는 간단하다. 이후 기준이 되는 수는 '5(V)'와 '10(X)'이다. 두 숫자를 기준으로 왼쪽에 쓰여 있는 수는 빼고, 오른쪽에 쓰여 있는 수는 더한다. '4(IV)'는 'V'의 왼쪽에 'I'이 있으므로 '5-1=4'가 된다.

기준이 되는 수는

$$5 = V \quad 10 = X$$

왼쪽에 있는 수는 빼기, 오른쪽에 있는 수는 더하기

1 5	10 1
IV	XI
왼쪽에 I이 있으면 5-1	오른쪽에 I이 있으면 10+1
⬇	⬇
4	11

바보

＊ THE FOOL ＊

무엇에도 얽매이지 않는
무한한 자유를 노래한다

단출한 옷차림에 작은 봇짐 하나 들고 가벼이 발걸음을 옮기는 여행자. 한 손에는 꽃을 꺾어 들고 마음껏 자유를 노래하는 모습이다. 하지만 그의 발길이 향하고 있는 곳에 더는 길이 없다. 개가 위험을 충고하지만 알아채지 못한다. 〈바보〉는 자유로움과 동시에 코앞의 상황을 알지 못하는 미지의 상태를 나타낸다.

무한한 가능성이 펼쳐져 있지만, 자칫하면 절벽에서 떨어질지도 모른다. 그럼에도 '어떻게든 되겠지'라며 낙관하고 있는 상태를 의미하는 카드다.

이떻게 접근하면 좋을까?

정방향
한 치 앞을
알 수 없다

'이렇게 해야 한다'라는 고정관념이나 상식, 타인의 시선에 얽매이지 않는 순수한 가치관을 갖고 자신이 원하는 삶을 살아간다. 그 때문에 생각지도 못한 기회가 찾아들거나 기발한 아이디어가 떠오르기도 한다. 자유로움에는 무한한 가능성이 있다.

기본 KEYWORD
자유

〈바보〉는 '무엇이든 될 수 있는 자유'를 나타낸다. 설령 절벽 아래로 떨어진다고 해도, 그 후로 새로운 이야기가 시작된다면 그것 또한 인생인 것이다. 카드의 정·역방향에 따라 자유로움이 어떤 형태로 드러나고 있는지 판단해보자.

역방향
정해진 것이 없기에
휩쓸린다

아무것도 정해지지 않은 것에 대한 부정적인 측면을 주목한다. 정처 없이 방황하는 탓에 고독감에 시달린다. 자유분방함이 무책임한 태도로 받아들여져 주위의 신뢰를 얻지 못하는 경우도 있다. 자유로움과 사회성을 적절하게 유지하는 것이 중요하다.

어떻게 해석하면 좋을까?

현재 상황	정방향	새로운 일이 시작된다/무슨 일이 일어날지 모른다/예측 불가능/새로운 이야기의 시작/여행/출발할 때가 되었다/심기일전
	역방향	명확한 방침이 없다/무책임/불안정한 상황에 놓여 있다/책임 소재가 불분명하다/결정하지 못한다/중대한 위험을 눈치채지 못하고 있다
감정	정방향	새로운 아이디어가 떠오른다/거짓이나 술책이 없는 순수한 마음/새로운 것에 대한 관심/호기심 왕성/사사로운 것은 신경 쓰지 않는다/어떻게 되든 상관없다
	역방향	아직 결정하고 싶지 않다/책임과 의무를 꺼린다/현실을 직시하고 싶지 않다/스스로 어떻게 하고 싶은지 모른다/모른 척하고 싶다/진짜 마음을 숨기고 있다
문제의 원인	정방향	생각이 정리되지 않았다/단독 행동이 많아 주위와 섞이지 못한다/계획이 구체적이지 않다/공감을 얻지 못하는 엉뚱한 발상/책임감이 없다
	역방향	자신에게 유리한 대로 생각하는 이기적인 태도/임시방편에 불과한 일관성 없는 대응/우유부단하여 판단력이 부족하다/무법자인 척 행동할 뿐
미래 전망	정방향	새로운 시작/작은 일을 계기로 운명이 바뀐다/현재 환경에서 벗어날 기회가 생긴다/무거운 짐을 내려놓는다/속박에서 해방
	역방향	미래가 불투명한 상황이 당분간 지속된다/속마음을 감출 수밖에 없는 상황/모든 일을 적당히 넘긴다/의지박약으로 주변에 휩쓸린다
조언	정방향	틀에 박히지 않은 발상을 하라/너무 애쓰지 말라/가벼운 마음가짐/타인의 시선을 신경 쓰지 말라/지금 환경에서 과감히 벗어나라
	역방향	책임감이 부족하면 신뢰를 잃는다/자신을 속이지 말라/상황을 회피하지 말고 진지하게 마주하라/단독 행동은 자제하라

어떻게 응용하면 좋을까?

	연애	일	대인 관계	기타
정방향	새로운 만남/홀로 떠난 곳에서 시작되는 사랑/기분 좋은 의기투합/스스럼없는 모습의 매력	새로운 영감이 떠오른다/프리랜서/정규직에 채용되지 않는다/다른 업종으로 이직	남에게 휘둘리지 않는다/낙관적/심심풀이/우연히 들은 이야기에서 힌트를 얻는다	부전승/무상/출발/꿈을 좇는 사람/하루 벌어 하루 살기/공백/가벼운 기대/자유분방
역방향	불분명한 태도/진지하지 못한 만남/생활력이 없는 이성에게 빠진다/얽히고설킨 관계/헌팅	능력 부족/무책임으로 발생한 문제/계속되는 야근/일하는 척/무기력	개인적인 행동으로 협동성이 부족하다/기회주의자/적당한 만남/나태하다/게으름	소극적/현실 도피/여행지에서의 트러블/안이한 발상/제멋대로/허구/기대에 못 미치는 결과

THE MAGICIAN.

마법사

· THE MAGICIAN ·

젊고 자신감 넘치는
창조력

의기양양하게 마법 완드를 높이 든 남자. 자신감에 가
득 찬 표정으로 자신의 능력을 어필하려 한다. 테이블
위에는 우주를 구성하는 네 가지 요소인 완드, 펜타
클, 소드, 컵이 놓여 있다.
이 모든 것을 자유자재로 다루는 힘을 지닌 〈마법사〉
는 무엇이든 창조해낼 수 있다. 만반의 준비를 마치고
이제 행동에 옮길 때가 되었다는 것을 알려주는 카드
이기도 하다.

어떻게 접근하면 좋을까?

정방향

자발적으로
행동한다

'나는 어떻게 하고 싶은가'에 대한 명확한 목적의식이 있다. 따라서
타인의 도움이나 준비를 기다릴 필요도 없이 스스로 행동에 옮긴다.
근본적으로 지닌 확고한 자신감이 주위 사람을 끌어당기는 매력으
로 작용한다. 설득력이 뛰어나다.

기본 KEYWORD

창조력

이 카드의 키워드는 무에서 유를 만들어내는 힘을 어떻게
어필해나갈 것인가이다. 무엇을 근거로 실현해갈지 카드의
정·역방향에 따라 해석해보자.

역방향

힘든 일은
피한다

'어째서 그것을 하는가'가 모호하여 망설인다. 아직 확신이 서지 않은
상태일지도 모른다. 그 때문에 종종 튀는 행동으로 주변을 놀라게
하곤 한다. 또한 재능을 악용하여 사람을 속이는 등 낮은 레벨에 머
물러 있는 경우도 있다.

어떻게 해석하면 좋을까?

현재 상황	정방향	출발선에 서 있다/준비가 되었다/능숙하게 대처할 수 있는 상황/기회의 파도가 왔다/주도권을 잡아야 할 때
	역방향	잠시 멈춰서 다시 한번 생각해봐야 할 때/여러모로 미흡한 상황/요령 있게 적당히 넘겨야 하는 상황/뜻대로 진행되지 않는다/주변의 동의를 얻지 못한다
감정	정방향	하고 싶은 일이 있다/생각이 정리되어 있다/새로운 것을 시작하고 싶다/사람과의 교류를 즐긴다/공감을 얻고 싶다/꿈이 생겼다
	역방향	망설이고 있다/본질을 이해하지 못하고 있다/현실을 자신에게 유리한 대로 해석하고 있다/거짓말을 하고 있다/재능에 자신이 없다/주변의 반대를 이겨낼 수 없다
문제의 원인	정방향	근거 없는 자신감/잘못된 방법/행동이 받쳐주지 못하고 있다/주위 사람이 이해할 수 없는 튀는 행동/설명 부족
	역방향	다른 방법이 있다/모든 것이 제대로 기능하지 못하고 있다/감당할 수 없는 상태/자신감을 잃게 만든 경험/타인 앞에서의 실수가 트라우마로 남았다
미래 전망	정방향	새로운 방향이 보인다/모든 일이 잘 풀린다/하고 싶은 일에 착수한다/앞장서서 행동한다/재능을 발휘하여 활약할 기회가 찾아온다
	역방향	뜻대로 진행되지 않는다/일이 제대로 안 풀린다/속수무책인 상태/실체가 드러난다/무언가를 그만둔다/사기를 당한다/아이디어가 받아들여지지 않는다
조언	정방향	타인에게 의존하지 말고 스스로 생각해서 행동하라/자신감을 가져라/상대를 설득하여 공감을 얻어라/선두에 서는 것을 두려워하지 말라/누구보다도 한발 앞서가라
	역방향	도중에 그만두지 말라/해결 방법은 분명히 있다/다른 방법을 시도해보라/사람과 엮이는 것을 두려워하지 말라/강한 의지를 다져라

어떻게 응용하면 좋을까?

	연애	일	대인 관계	기타
정방향	이상적인 사랑을 시작한다 / 멋진 이성을 만난다/적극적으로 다가가는 것이 좋다/지적인 관계	재능을 발휘한다 / 의욕적으로 일에 착수한다/아이디어나 기획의 실현/특기를 살릴 수 있는 일	커뮤니케이션 능력이 뛰어나다/처세술이 뛰어나다/설득력 있는 언변/탁월한 교섭 능력	적극적/빠른 두뇌 회전/박학다식/매력/실력이 있다/뜻한 바를 이룬다/의사를 분명히 밝힌다
역방향	이용당하는 사랑/말뿐인 상대/손에 잡히지 않는 사랑 / 속는다 / 결혼 사기	의욕이 생기지 않는다/버거운 일/이직 검토/다른 일을 하고 싶다	우유부단/대하기 어려운 상대가 있다/임시방편에 불과한 대화/거리를 두고 싶은 마음	소극적/서투르다/뜻대로 풀리지 않는다/의지가 약하다/사방이 꽉 막혀서 도망갈 곳이 없다

여사제

* THE HIGH PRIESTESS *

긴장감마저 맴도는
청렴하고 고귀한 지성

〈여사제〉는 대지모신의 왕관을 물려받은 신비한 여성
으로, 순결하고 고귀한 분위기를 자아낸다. 손에 든 성
전에서 생각이 깊고 총명한 인물임을 알 수 있다.
배경에 보이는 희고 검은 기둥은 남녀, 음양, 빛과 어
둠, 의식과 무의식 등 상반되는 개념을 상징하며 카드
전체에 긴장감을 조성한다. 남녀의 성을 의미하는 종
려나무와 석류나무를 등지고 있는 모습 또한 이 카드
가 지닌 고결함을 보여준다.

어떻게 접근하면 좋을까?

정방향

지성과 이성으로
바라본다

타고난 지성과 이성으로 문제를 진지하게 받아들인다. 모호함이나
교활함은 찾아볼 수 없다. 맑은 정신을 지니고 있어 무언가에 지나치
게 편승하거나 한쪽으로 치우친 판단을 하지 않는다. 남보다 쉽게 상
처받는 섬세함을 보이기도 한다.

기본 KEYWORD

정신성

성실한 〈여사제〉는 풍부한 정신성을 의미한다. 높은 이상
을 세우고 어떻게 실현할지 고민한다. 카드의 정·역방향에
따라 이상과 마주하는 태도가 드러난다.

역방향

보고 싶은 것만
보려고 한다

결벽성과 완벽주의적인 면이 두드러진다. 때가 묻거나 모호한 점을
받아들이지 못하고 철저하게 배제한다. 그로 인해 현실을 비딱한 시
선으로 바라보게 되는 경우도 있다. 그런 시선이 타인을 향하게 되면
상대의 잘못에 대해 비판적인 언행을 일삼게 되므로 주의해야 한다.

어떻게 해석하면 좋을까?

현재 상황	정방향	정돈된 상태/엄격한 생활/동경하는 대상에 가까워지기 위해 노력하는 시기/무언가를 배워야 할 때/발전하는 단계/직감과 통찰력이 발달하는 시기
	역방향	여지를 주지 않는다/미래가 분명치 않은 상태/긴장감으로 인해 스트레스가 쌓인 상황/경험 부족이 드러난다/소통 없이 고립된 상태
감정	정방향	진지하게 상황을 받아들인다/약한 모습을 보이지 않으며 감정에 흔들림이 없다/흑백 가르기를 좋아한다/누군가를 몹시 동경하고 있다/무의식중에 긴장하고 있다
	역방향	정신적으로 미숙한 상태/시야가 좁아서 중요한 것을 보지 못한다/자신과 다른 것은 거부한다/타인에 대해 비판적/히스테릭한 상태
문제의 원인	정방향	정답을 고집한다/결벽이 심해 유연성이 없다/차가운 대응/너무 많은 정보를 알고 있다/닿을 수 없는 존재로 여겨지고 있다/사람을 곁에 들이지 않는 분위기
	역방향	융통성이 없다/아는 체하고 있다/남의 말을 듣지 않는다/자주 신경질을 부린다/시대착오적인 태도/경험 부족을 숨기고 있다
미래 전망	정방향	무언가를 배울 기회가 찾아온다/중요한 영감을 얻는다/중요한 사실을 깨닫는다/목표가 생긴다/잘못을 바로잡는다/위험을 감지한다
	역방향	냉정함을 잃고 흐트러진 모습을 보인다/극단적인 행동을 하기 쉽다/비판 정신이 강해져 스스로 고립된다/스트레스가 쌓이는 상황/불평불만으로 가득한 일상
조언	정방향	목표에 매진하라/유혹을 이겨내고 자신을 컨트롤하라/전반적인 생활을 바로잡는 기회/기초부터 배우는 것이 중요하다/해야 할 일을 피하지 말라
	역방향	스트레스를 발산하라/감정을 컨트롤하라/정보에 휘둘리지 말라/어른답게 행동하라/결점도 받아들여라

어떻게 응용하면 좋을까?

	연애	일	대인 관계	기타
정방향	구시대적인 교제/마음을 숨긴다/짝사랑/플라토닉 러브/연애 경험의 부족/소녀	근면/흠이 없다/실무/계획/커리어 우먼/일 잘하는 사람/자격증 취득	섬세하고 순진한 마음을 지닌 사람 / 성실한 사람/흑백을 가른다/남에게 기대지 않는다	동경의 대상/냉정/총명함/살이 빠진다/오점이 없다/청초함/소녀 같다/로맨틱
역방향	질투/의심/변심에 대한 불안/신경질적인 사람/불만이 많다/말다툼/비딱한 마음	능력 부족/스트레스가 쌓이는 업무 환경/시비가 붙는다/심술궂은 선임 직원/꺼림칙한 상태	신경이 곤두서 있다/완벽을 추구하는 태도/결벽증/마음에 여유가 없는 사람/스트레스	꼴불견/심신이 뻣뻣한 상태/정신적 불안정/교활함/독단과 편견

여황제
* THE EMPRESS *

사랑과 아름다움, 결실을
모두 손에 쥔 여성

풍요로운 대자연 속에 여유롭게 자리한 〈여황제〉. 풍만한 그녀의 모습은 임신한 여인을 연상케 한다. 대지가 식물을 키우고 결실을 거두듯 인간도 새로운 생명을 낳고 기르는 존재다. 끊임없이 이어지는 생명의 사이클과 그곳에서 만들어지는 풍요로움을 상징하는 카드라고 할 수 있다.

드레스에는 여성성을 상징하는 석류가 그려져 있다. 모든 것을 받아들이는 포용력과 조건 없는 사랑이 번영을 가져온다.

어떻게 접근하면 좋을까?

정방향

풍족한 결실을
마음껏 누린다

온갖 풍요로움을 만끽한다. 사랑을 주고받는 관계성, 모두를 매료시키는 아름다움, 충분한 결실(돈) 등을 안달하지 않고도 자연스럽게 받아들일 수 있다. 혹은 그러한 전개가 찾아들 것을 암시한다.

기본 KEYWORD
사랑

옆에 놓인 하트 모양 방패에는 사랑과 아름다움, 결실을 지배하는 금성을 의미하는 기호가 그려져 있다. 대지에서 살아가는 기쁨을 나타낸다. 카드의 정·역방향에 따라 풍요로움을 대하는 방법을 해석해보자.

역방향

넘치는 은혜에
싫증을 느낀다

풍족함이 다소 과한 상태를 나타낸다. 주어지는 것에 대한 감사의 마음이 점차 사라지고 있다. 생활이 전반적으로 나태해지고 매력도 점점 퇴색되어 간다. 혹은 충분히 풍요롭지 못한 상태, 갈망하고 있는 상태로 해석할 수도 있다.

어떻게 해석하면 좋을까?

현재 상황	정방향	분별력과 여유가 있는 상태/충실한 일상생활/무언가가 시작된다/남에게 관대한 시기/매력이 상승하는 중/자기 자신답게 산다/기쁜 일이 생긴다
	역방향	현실에 안주하고 있다/남에게 의지하고 있다/계획적이지 못한 생활/자제력을 잃고 도를 넘기 일쑤/살이 찌기 쉽다/포화 상태
감정	정방향	안정되고 여유로운 마음/모든 것을 받아들인다/모성/사랑하는 사람이 있다/누군가에게 조건 없는 친절을 베풀 수 있다/무언가를 키우고 싶다
	역방향	자신에게 관대하다/모든 것을 적당히 넘긴다/사랑과 응석을 구분하지 못한다/의존적/지나친 간섭/게으름
문제의 원인	정방향	사랑과 선의를 이용당하고 있다/지나친 사랑이 오해를 부른다/위험 불감증/넘치는 매력이나 재능으로 인한 트러블/동성의 시샘과 비딱한 시선
	역방향	남에게 내맡기는 태도/자제력이 없어 유혹을 뿌리치지 못한다/약속을 지키지 못한다/의존성이 강하다/방탕하다/폭음·폭식
미래 전망	정방향	호감이 사랑으로 발전한다/만족할 만한 결과를 얻는다/물질적 안정/양호한 인간관계/성숙한다/매력이 한층 깊어져 인기가 많아진다/누군가를 성장시킨다
	역방향	현재에 안주하는 삶/예상대로 일이 진행되지 않는다/남에게 얕잡힌다/매력이 감퇴한다/예상치 못한 임신/잘못된 예측으로 성과를 얻지 못한다
조언	정방향	모두에게 다정다감/상대를 받아들이는 것이 중요하다/사랑을 표현하라/여성스러움을 강조하라/윤활유 같은 역할/상생의 중요성
	역방향	결정을 내리기보다는 상황을 살피는 것이 좋다/상대와 거리를 두라/휴식이 필요하다/계획적인 삶/의견을 분명히 밝혀라

어떻게 응용하면 좋을까?

	연애	일	대인 관계	기타
정방향	서로 사랑하는 관계/호감을 느끼고 사랑을 키운다/모성애/포용력이 있는 사람/축복받는 임신	이익이 생긴다/단합이 잘되는 쾌적한 분위기/협력 체제/고객의 보수/여유로운 작업 환경	함께 있으면 편안한 사람/배려하는 사이/성숙한 사람/신선한 관계	생성/따뜻하다/느긋하다/금전적 여유/우아하다/사치/성적 매력/재색 겸비
역방향	공의존/육체관계/바람둥이/불륜/외도/애인/원치 않은 임신/유산/사탕발림	이익·결과를 얻지 못한다/일이 순조롭게 진행되지 않는다/공과 사 혼동/태만/월급 도둑	소원해진 관계/자기 이익만 생각하는 사람/함께 있어도 얻을 것이 없는 사람/항상 지각하는 사람	안일한 사고/과잉보호/자제력 부족/비만/부인병/단정치 못하다

황제
* THE EMPEROR *

야심과 통솔력으로
조직의 최고 자리에 오른 자

갑옷과 투구를 갖추고 왕좌에 당당히 앉은 그는 한 나라의 주인이다. 사람이 모이면 그곳에 사회가 생겨나고 통솔하는 사람이 필요해진다. 무수한 전투를 치러낸 실력과 경험을 인정받은 자가 바로 〈황제〉다. 왕좌의 양 모양 심벌은 12성좌의 제1자리인 양자리를 상징하며 야심, 투쟁심, 리더십이 왕성함을 나타낸다.

참고로 인간이 만들어낸 사회(남성성)는 〈황제〉, 있는 그대로의 자연(여성성)은 〈여황제〉라는 점을 대비해 기억해두면 좋다.

이렇게 접근하면 좋을까?

정방향 안정이 지속된다	건설적인 노력으로 커뮤니티를 안정시킨다. 사람들을 통솔하여 조직으로서 기능하게 하는 동시에 자신이 해야 할 책임을 다한다. 결과적으로 커뮤니티의 결속이 단단해지고, 모두에게 칭송받는다.
기본 KEYWORD **사회**	사회라고 하면 거창하게 들릴 수도 있겠지만, 사람이 모이는 곳은 전부 사회가 된다. 가족, 학교, 기업, 프로젝트 그룹, 부서, 동호회, 친구 모임 등 커뮤니티의 규모와 상관없이 그곳에서의 행동이 카드를 통해 드러난다.
역방향 힘으로 안정을 얻는 형세	우두머리가 힘으로 다른 사람을 억압하는 듯한 측면이 두드러진다. 독단적으로 일을 진행하거나 사람을 부당하게 처우한다. 미흡한 계획을 밀어붙인 탓에 커뮤니티를 위험에 빠트리기도 한다. 결국 표면적인 인간관계에 머물게 되고, 점차 신뢰를 잃고 만다.

어떻게 해석하면 좋을까?

현재 상황	정방향	노력의 결실을 거둔다/현재 상황을 유지하는 시기/무언가를 쌓아 올린 상태/책임감이 높아져 있는 시기/실력을 인정받는다
	역방향	노력이 부족한 시기/불안정하여 갈피를 잡지 못한다/미래 예측이 어렵다/냉엄한 현실에 가로막혀 있다/목표를 잃고 방황한다/실현하는 데 곤란을 겪는다
감정	정방향	확고한 자신감/쌓아온 경력을 자랑스럽게 여긴다/책임을 다하고 싶다/자신감이 넘치고 무서울 것이 없다/최고 자리에 오르고 싶다/독립하고 싶다
	역방향	허세를 부리고 있다/일을 해낼 자신이 없다/지나치게 현실적인 나머지 꿈이 없다/힘으로 굴복시키고 싶다/지금의 지위를 뺏기고 싶지 않다
문제의 원인	정방향	빈틈이 없다/절대적인 힘을 지닌 보스의 존재/이미 완성하여 더는 발전이 없다/책임감이 강해 모든 것을 떠안고 있다/우두머리의 고독함
	역방향	정신적으로 불안정한 상태/계산적인 태도/용기 부족/아무도 따르지 않는 독불장군/자신감 부족을 감추려는 난폭한 행동/다른 의견을 듣지 않는 단폭적 태도
미래 전망	정방향	흔들림 없는 포지션 구축/실력으로 인정받는다/호의적인 반응/리더가 된다/야심이 커진다/정신적 여유가 생긴다
	역방향	주도권을 잡지 못하는 상황/마음에 여유가 없다/실력 부족을 지적당한다/지위를 뺏긴다/세력권 다툼이 벌어진다/부족한 책임감으로 인해 실패한다
조언	정방향	항상 당당하게 행동하라/얼버무리지 말고 확실하게/'괜찮다'는 자기 암시/우선 현재 상황을 안정시켜라/지속하는 것이 중요하다/소중한 사람을 보살펴야 한다
	역방향	자신뿐만 아니라 주변 상황도 고려하라/다른 의견에 귀를 기울여라/모든 것을 솔직히 말할 필요는 없다/조직 전체를 살펴라/가지고 있는 힘을 이용하라

어떻게 응용하면 좋을까?

	연애	일	대인 관계	기타
정방향	포용력이 있다/결혼을 고려할 만큼 진지한 사람/진실한 결혼/오래 만난 사이/강직한 사람	믿음직한 리더십/수완을 발휘한다/수완가/많은 돈을 번다/재물과 지위를 모두 손에 넣는다	신뢰/인간적·금전적으로 믿을 수 있는 사람/변치 않는 우정/지속되는 관계/기업가 타입	듬직하다/남자답다/하나에 매진한다/부성애/마땅한 승리/변함없는 존재/남성적
역방향	계산적/자기중심적/결혼에 대한 망설임/책임 회피/마음을 정하지 못하고 불안정한 사람	각오가 부족하다/실력 부족/권태/일관성이 없다/아무도 따르지 않는다/소심하다	일방적인 관계/고집불통/겉만 번듯한 사람/고압적 태도/억지로 이어진 관계	무너지고 있다/견뎌내기 어렵다/정착하지 못한다/차선책

교황

* THE HIEROPHANT *

규칙과 도덕을 가르치는
정신적 귀감

삼위일체(성부, 성자, 성령)를 뜻하는 삼중 십자가를 들고 두 명의 신부에게 축복을 내리는 〈교황〉의 모습이 보인다. 그는 인간에게 도덕을 가르쳐 올바른 길을 가도록 이끌어주며, 많은 이들의 존경을 받고 있다. 한 나라의 실무를 책임지는 이가 〈황제〉라면, 정신적인 면을 바로잡는 이는 〈교황〉이다.

인간이 살아가는 데 있어 귀감이 되는 존재이자 번민에 시달리는 사람에게 도움의 손길을 건네는 존재이기도 하다. 굳건한 신뢰와 정신적인 의지를 의미한다.

어떻게 접근하면 좋을까?

정방향
도덕을 바탕으로
신뢰와 유대감을 높인다

사회 규범을 지킴으로서 평화로운 상태가 유지된다. 타인을 존중하고 받아들이고 신뢰하는 관계를 키워가면 그곳에 단단한 유대감이 생겨난다. 정신적인 성장, 혹은 〈황제〉처럼 귀감이 되는 존재와의 만남을 암시하기도 한다.

기본 KEYWORD
도덕

질서를 유지하기 위해서는 규칙이 필요하다. 그 규칙은 '인간의 도리'라고 할 수 있는 도덕일 때도, 전통적인 관습일 때도 있다. 카드의 정·역방향에 따라 해석해보자.

역방향
도덕에 반하여
신뢰와 유대감을 이용한다

사회 규범을 지키지 않거나 악용한다. 위선적인 행동으로 상대의 약점을 잡거나 허용되지 않는 것에 손을 대고 부도덕한 쾌락에 빠지기도 한다. 신뢰를 저버리는 행동은 그에 상응하는 대가를 치러야 한다는 점을 잊지 말아야 한다.

어떻게 해석하면 좋을까?

현재 상황	정방향	평온무사하다/질서 정연하여 다툼이 없는 상태/도덕과 전통을 중요시하는 분위기/도움을 원하는 시기/호의적인 신뢰 관계
	역방향	뜻하지 않은 상황에 직면한다/유혹의 손길이 다가오는 시기/자신의 행동에 확신이 서지 않는다/신용을 잃는다
감정	정방향	누군가(무언가)를 존경하고 있다/도덕과 규칙을 중시한다/정신적인 성장을 원한다/영적인 세계에 흥미가 생긴다/살아가는 의미를 찾고 싶다
	역방향	기대에 어긋난 결과/눈앞의 상대를 믿을 수 없다/도리에 어긋난 생각/의존적/사람의 마음을 컨트롤하고 싶다
문제의 원인	정방향	맹목적인 신뢰로 다른 것이 눈에 들어오지 않는다/상식에 얽매여 있다/약속을 지켜야 한다는 강박 관념/말다툼을 지나치게 두려워한다/공의존
	역방향	상대를 의심하고 있다/부도덕한 것에 끌린다/위선적인 언행/자신과 다른 가치관을 받아들이지 않는다/교활한 생각
미래 전망	정방향	상대에게 신뢰를 받는다/주위의 기대를 한 몸에 받게 되는 상황/정신적으로 의지할 수 있는 무언가를 발견한다/스승 같은 존재의 출현/실적을 인정받는다
	역방향	상대에게 불신감을 준다/아무에게도 말 못 할 일을 저지른다/상식에 벗어나는 행동을 한다/부도덕한 세계에 빠진다/미인계에 걸려든다
조언	정방향	무슨 일이 있어도 신념을 지켜라/마음이 가는 것을 우선하라/규칙을 지키는 것이 중요하다/남을 도와라/우선은 상대의 신뢰를 얻어라
	역방향	이제껏 믿어왔던 것을 한 번쯤 의심해보라/이용할 수 있는 것은 이용하라/사탕발림에 넘어가지 말라/위선적인 태도는 언젠가 들통나기 마련

어떻게 응용하면 좋을까?

	연애	일	대인 관계	기타
정방향	정신적으로 의지가 되는 사랑/결혼을 전제로 하는 만남/축복받은 결혼/공경하고 사랑하는 사이	신뢰 관계로 이루어진 일/긍정적인 거래/교직/법률 관련 자격증/의사/강력한 카리스마	끈끈한 신뢰 관계/정신적인 유대감/모든 것을 맡길 수 있는 사람/종교관이나 도덕관의 일치	고귀함/카리스마/기대를 짊어지다/강력한 설득력/결혼상제/전통적/신성시/종교/도덕
역방향	공개할 수 없는 관계/드러내지 않은 욕망/성적 매력을 무기로 삼는다/얼떨결에 맺은 관계	신용을 잃는다/단순한 사기/자신의 가치를 깎아내리는 행동/약속을 지키지 못한다	신뢰할 수 없다/호의나 선의를 이용한다/위화감을 느낀다/가치관의 불일치	무질서/지나친 자유/정체를 알 수 없다/상대를 불쾌하게 만드는 언행/법을 어기다/부도덕

연인

* THE LOVERS *

두근거리는 기쁨과 쾌락에
몸을 맡긴다

에덴동산에서 남녀가 천사의 축복을 받고 있다. 전라의 무방비 상태는 두려울 것이 없음을 드러낸다. 온화한 기후와 열매가 가득 열린 낙원에서 행복한 순간을 만끽하고 있는 사이, 남녀는 점차 서로의 존재에 매료되어 육체적으로 깊이 엮이게 된다. 모든 것이 충족된, 지극히 행복한 상태를 나타내는 카드다.

다만, 이곳은 에덴이다. 뱀의 유혹으로 금지된 열매에 손을 뻗고 낙원에서 쫓겨나는 신세가 된다는 일화를 잊지 말자.

어떻게 접근하면 좋을까?

정방향 꿈결 같은 기분에 행복을 느낀다	속수무책으로 무언가에 매료된 채 쾌락에 몸을 내맡기고 꿈결 같은 기분에 취해 있다. 한편으로는 금단의 열매를 스스로 선택하는 것처럼 자신의 행동(미래)을 선택한다는 의미도 담겨 있다.
기본 KEYWORD **쾌락**	이 카드는 쾌락을 의미한다. 쾌락은 결코 혼자 맛볼 수 있는 것이 아니다. 타인이 존재함으로써 생겨나는 감정이다. 카드의 정·역방향으로 쾌락이 주는 좋은 면과 나쁜 면을 해석해보자.
역방향 지금을 즐긴다	쾌락에 몸을 맡기고 '지금, 이 순간을 즐긴다'라는 찰나의 행복에 빠져 있다. 자신의 선택에 책임질 마음이 전혀 없으므로 그때그때의 기분으로 적당히 살아가는 것이다. 책임을 지지 않아도 된다는 점이 주는 쾌락이라고도 말할 수 있다.

어떻게 해석하면 좋을까?

현재 상황	정방향	즐거운 시기/안락한 환경/불안을 느끼지 않는다/찰떡궁합/아무 걱정 없이 즐기는 시기/무언가를 선택한다/서로 마음이 통한 상태
	역방향	마음이 들뜨는 시기/다른 것에 현혹되어 선택할 수 없다/이도 저도 아닌 상태/무엇을 하든 보상받지 못하고 허무한 시기/중요한 것을 소홀히 하고 있다
감정	정방향	좋아한다/가슴이 설렌다/왠지 좋은 예감이 든다/지금의 상태가 지속되길 바란다/무언가에 푹 빠져 있다/사랑의 기쁨과 쾌락에 눈을 뜬다
	역방향	결심이 서지 않는다/자기혐오/맥이 빠진 상태/거부할 수 없는 유혹
문제의 원인	정방향	앞을 내다보지 못한다/모든 가능성을 고려하지 못했다/실현 불가능한 계획/무방비로 위험에 노출되어 있다
	역방향	남에게 피해를 주고 있다는 사실을 모르고 있다/의지박약/어느 쪽도 선택하지 못한다/부끄러운 행동/푹 빠져서 헤어나오지 못하는 상황
미래 전망	정방향	시간 가는 줄 모르고 즐거운 한때/오감이 충족된다/동심을 만끽한다/사랑에 빠진다/걱정이 사라진다/인생을 즐기는 시기
	역방향	무책임하게 그저 즐긴다/다른 사람을 좋아한다/집중력 부족으로 실수를 되풀이한다/불평불만이 늘어난다/누군가를 유혹하거나 자신이 유혹당한다
조언	정방향	지금을 즐겨라/타인의 시선을 의식하지 말라/기분 전환이 필요하다/꿈을 가져라/자신을 믿고 선택하라
	역방향	정도껏 행동하라/자신만 생각하지 말고 주변을 살펴라/내린 결정을 관철하라/우발적인 행동에 주의하라/욕망을 컨트롤하라

어떻게 응용하면 좋을까?

	연애	일	대인 관계	기타
정방향	사랑에 빠진다/매력적인 사람/꿈결 같은 사랑/쾌락적인 사랑/아름다움과 젊음에 끌린다	즐거운 마음으로 집중할 수 있는 일/연대감/교섭 성립/파트너/공동 개발/클라이언트	말이 잘 통한다/마음을 열 수 있다/즐거운 분위기/다시 만나고 싶은 사람/미워할 수 없다	편안하다/친근하다/두 마리 토끼를 잡는다/안락하다/기호품
역방향	삼각관계/바람을 피운다/불장난/변덕/실수/이성을 밝힌다/사랑 없는 만남	집중할 수 없다/불충분한 의사 전달/임시직/위화감을 느낀다/낙하산/허드렛일	뜻이 맞지 않는다/직전에 취소된 약속/배신/달갑지 않은 호의/탐탁지 않은 즐거움	부끄럽다/고집/버릇이 된 습관/무책임/얻을 것이 없는 행동

전차

* THE CHARIOT *

목표를 향해
정면으로 돌진하는 강인함

나아가야 할 길을 응시하고 있는 전사의 모습이 그려진 〈전차〉. 서로 다른 충동을 나타내는 흑백의 두 마리 스핑크스는 자칫 잘못하면 엉뚱한 방향으로 달려 나갈지도 모른다.

그런 〈전차〉를 고삐도 없이 컨트롤하기 위해서는 강한 의지와 힘이 필요하다. 이 카드는 그 강인함을 상징한다. 우물쭈물하거나 겁에 질려 있을 여유는 없다. 망설이지 말고 빠르게 행동에 옮기는 것, 그리고 계속해서 전진하는 것을 나타낸다.

어떻게 접근하면 좋을까?

정방향

매사에 과감하게
도전한다

맹렬한 기세를 의미한다. 미지의 세계일지라도 굳은 마음가짐으로 망설임 없이 뛰어든다. 공격적인 에너지가 높기 때문에 간절히 바라던 것을 손에 넣거나 어려움을 이겨내고 앞으로 나아갈 수 있다.

기본 KEYWORD
에너지

목표를 향해 정면으로 돌진한다. 어떤 장애물이 가로막아도 지지 않는다. 다만 역방향인 경우 감정이 폭주하여 엉뚱한 방향으로 나아갈 위험이 있다.

역방향

자기 절제가
불가능하다

힘이 폭주하기 시작하는 상태를 암시한다. 〈전차〉를 컨트롤할 수 없게 되면서, 전혀 다른 방향으로 달려 나가거나 제대로 준비하지 못한 채 출발하여 트러블이나 장해물에 가로막히기도 한다. 일단 멈춰서 생각을 바꿀 여지가 있는가가 관건이다.

어떻게 해석하면 좋을까?

현재 상황	정방향	기세를 떨치는 시기/의욕이 넘친다/곧장 일에 착수해야 할 시기/새로운 목표를 향한다/어려움을 극복해낼 힘이 있다/자기와의 싸움
	역방향	컨트롤 불능 상태/무작정 실행에 옮긴다/진로를 선택해야 할 시기/잘못된 방향으로 가고 있다/두려움이 앞서 출발하지 못하는 상태
감정	정방향	신념을 갖고 행동한다/우물쭈물하고 싶지 않다/자기 생각을 전하고 싶다/새로운 것에 도전하고 싶다/성공하고 싶다/지지 않을 자신이 있다
	역방향	갈피를 잡을 수 없다/남보다 뒤처지고 있다는 두려움/지나친 경쟁심/미래를 생각하면 우울하다/진로 고민
문제의 원인	정방향	너무 서두르고 있다/호전적인 태도는 불필요한 문제를 일으킨다/큰 변화를 강요받는 상황/리더십이 부족하다
	역방향	중요한 선택을 미루고 있다/제대로 된 계획 없이 일을 시작해버렸다/주위를 살피지 않는 자기중심적 태도/충격을 받고 평정심을 잃은 상태
미래 전망	정방향	빠른 전개/순조로운 성공/새로운 분야의 개척을 맡는다/승승장구/멋진 승리를 거둔다/경험을 탄탄히 쌓는다
	역방향	의견이 달라 심하게 충돌한다/갈등한다/괴로운 처지에 내몰린다/위험한 내기를 한다/무언가 중단해야 하는 상황/패전/꼼짝 못 하는 상황
조언	정방향	용기를 가져라/리더가 되어야 한다/일단 시작하면 일사천리로 진행하라/도전한다면 충분히 승산이 있다/나약한 자신을 극복하라
	역방향	계획을 고치지 않으면 실패할 수 있다/무리하게 진행하지 말고 잠시 멈춰서 노선을 변경하라/스스로 기분을 제어하라/주변을 보고 상황을 판단하라

어떻게 응용하면 좋을까?

	연애	일	대인 관계	기타
정방향	빠르게 진행된다/맹렬한 구애/마음을 전한다/어려움을 극복한다/기운이 좋은 사람	문제에 맞선다/프레젠테이션이나 기획이 통과된다/지위 획득/경쟁자를 제친다	합이 좋은 관계/활력이 넘치는 사람/건설적인 관계/문제 해결 능력/활동적인 관계/행동적	바쁘다/힘이 넘친다/빠르다/나아간다/이긴다/강한 의지/용기/역동성/여행/이동/질주한다
역방향	서로 상처 주는 관계/잦은 싸움/참을성이 없는 사람/연인을 빼앗긴다/제어할 수 없는 마음	기획이 무산된다/부진하다/기획을 빼앗긴다/실수/갈림길에 선다/공중분해	의견이 어긋난다/충돌/발전이 없는 관계/아무것도 해결되지 않는다/선을 넘는다/지나친 장난	누적된 피로/결정할 수 없다/나아가지 않는다/성가신 문제/패배/막다른 길/지연

힘

* STRENGTH *

사랑과 인내로
상대의 마음을 움직인다

〈힘〉이라고 하면 파워풀한 남성을 떠올리기 마련이지만, 카드에는 가냘픈 여성이 사나운 사자의 턱에 손을 대고 있는 모습이 그려져 있다. 이 카드에서 의미하는 〈힘〉이란 완력이나 권력이 아니다. 여성의 머리 위에 그려진 ∞(무한대)는 무한한 사랑을 의미한다. 사랑으로 마음이 통하면 상대를 움직일 수 있다. '길들인다'라고도 말할 수 있는 이러한 〈힘〉이 있다면 상대가 누구든 자기편으로 만들 수 있다.

어떻게 접근하면 좋을까?

정방향

어려움을
극복한다

마음을 다해 상대방과 신뢰 관계를 쌓는다. 이를 위해서는 사랑이 넘치는 말을 건네거나 자신은 적이 아님을 어필할 필요가 있다. 몸에 두르고 있는 얇은 가운은 비무장 상태를 뜻한다. 이런 노력의 결과, 긴장감이 맴도는 상황을 벗어날 수 있다.

기 본 KEYWORD

본질적인 힘

일방적으로 억압하는 힘이 아닌, 마음을 통하여 상생하는 힘을 의미한다. 불굴의 정신과 절묘한 힘 조절이 필요함을 뜻하기도 한다. 그것을 달성할 수 있을지는 카드의 정·역방향으로 판단한다.

역방향

견디지 못하고
모두 놓아버린다

끝까지 버티지 못하고 상대로부터 도망친다. 혹은 그렇게 행동하는 당찬 구석을 의미하는 경우도 있다. 상대방을 이용하려 들거나 지나치게 교태를 부린다. 하지만 불순한 의도를 들키면 심기가 불편해진 사자가 공격해올 수도 있으니 주의가 필요하다.

어떻게 해석하면 좋을까?

현재 상황	정방향	클라이맥스/사나운 사람(상황)을 상대해야 한다/신중하고 현명한 행동이 필요한 상황/위기를 기회로 바꿀 수 있는 시기
	역방향	운의 흐름이 감퇴/단념해야 하는 상황/정신력의 결여/모든 것을 놓아버리려고 한다/문턱에서 주저앉으려 한다
감정	정방향	이대로 끝내고 싶지 않다/끝까지 해내고 싶다/상대를 길들일 수 있겠다는 자신 감/화해하고 싶다/창의적인 아이디어로 성과를 내고 싶다
	역방향	의욕이 사라져 무기력하다/불가능한 현실을 인정하고 싶지 않다/전의를 상실한 상태/아첨으로 상대의 마음을 사려고 한다/미련이 없다
문제의 원인	정방향	사서 고생하고 있다/목표를 너무 높이 설정했다/스트레스가 쌓여 있다/생각보 다 벅찬 상대/힘 조절에 실패
	역방향	나약한 마음가짐/중도 포기/정신과 육체의 에너지 부족/뒷심이 부족하다/상대 를 이용하려던 의도가 들통난다
미래 전망	정방향	긴장감을 극복한다/적이라고 여겼던 상대를 자기편으로 만든다/도움을 받는 다/강력한 후원자가 나타난다/결점이나 약점을 극복한다
	역방향	끝까지 해내지 못한다/열정이 식는다/방심한 틈에 자잘한 실수를 한다/허물없 는 태도가 역효과를 낳는다/꿈을 좇던 의욕이 사그라진다
조언	정방향	포기하지 말고 조금만 더 힘을 내라/위기는 기회다/작전을 제대로 세워라/도와 줄 사람을 찾아라/끝까지 버티면 승리가 눈앞에
	역방향	열정이 식었다면 그만두는 것이 좋다/두려움을 떨쳐라/강한 척 말고 도움을 요 청하라/따뜻한 말과 배려를 잊지 말라

어떻게 응용하면 좋을까?

	연애	일	대인 관계	기타
정방향	끈끈한 유대감 / 서서히 싹트는 사랑 / 배려와 인 내 / 의지가 강한 사람	반드시 해낸다 / 높은 목 표를 달성한다 / 장기 프 로젝트 / 훌륭한 파트너 와 스폰서	협력하는 관계 / 신뢰 관 계 / 존경할 만한 상대 / 어 른스럽다 / 설득한다	긍정적 / 노력 / 협력 / 불굴 의 정신 / 호흡이 맞는다 / 역경을 헤쳐나간다 / 힘 조절
역방향	손에 잡히지 않는 사랑 / 포기하고 싶은 사랑 / 버 림받지 않을까 전전긍 긍 / 눈치를 살피는 상대	끈기 부족 / 집중이 되지 않는다 / 협조성이 없다 / 풀어야 할 문제 / 야심만 가득하다	독선 / 자기중심적 / 협력 할 수 없다 / 노력 없이 부수입을 노린다 / 아첨 / 제멋대로 행동한다	부정적 / 발뺌하다 / 뿔뿔 이 흩어진다 / 힘으로 굴 복당한다 / 패배 / 인내가 필요하다

은둔자

✳ THE HERMIT ✳

조용히 자신의 내면을 탐구하는 여행을 떠난다

회색 외투로 몸을 감싸고 홀로 서 있는 노인. 타인의 시선을 피하려는 듯 얼굴을 옆으로 돌리고 있다. 속세로부터 떨어져 고독하게 내면세계와 마주하려 한다. 과거 자신의 성공과 실패를 되돌아보거나 그동안 쌓은 지식과 경험을 바탕으로 인생의 진리에 대해 생각한다.

손에 든 랜턴 속에는 진리로 인도해주는 육각의 별이 빛나고 있다. 중요한 것은 겉모습이 아니라 인간의 본질이라는 점을 나타내는 카드다.

어떻게 접근하면 좋을까?

정방향 이상을 추구한다	고요한 상태로 가만히 마음을 진정시키면 자신의 내면을 돌아보는 것이 가능해진다. 그런 모습이 '모든 지식을 통달한 사람', '도를 깨친 사람'으로 여겨지면서 주위의 존경을 받아 지도자가 되기도 한다.
기 본 KEYWORD **탐구**	자기 내면을 들여다보는 행동으로 많은 힌트를 얻을 수도 있지만, 반대로 자기 생각에 갇히는 원인이 되기도 한다. 그런 자세가 카드의 정·역방향으로 드러난다.
역방향 현실을 마주하지 않는다	과거의 영광에서 헤어나오지 못한다거나 지금의 상황을 받아들이지 않고 현실 도피를 하고 만다. 자기 고집이 세서 이상이 너무 높거나 '아무도 몰라준다'며 스스로 마음을 닫아버리곤 한다. 그렇게 자신을 더욱 고독한 상황으로 몰아넣게 된다.

어떻게 해석하면 좋을까?

현재 상황	정방향	현상 유지/굴곡이 없고 평온한 상황/변화가 없다/배우는 시기/교류를 줄이고 혼자 있고 싶은 시기
	역방향	과거의 자신과 마주하는 시기/'그때가 좋았다'라며 옛 생각에 빠져 있다/일이 정체되거나 감소한다/세상과 격리되어 있는 상태
감정	정방향	남과 비교하지 않는다/무언가를 배우고 싶다/혼자만의 시간이 필요하다/자신의 마음을 들여다보고 싶다/자신을 이해해주는 사람이 없다고 느낀다
	역방향	체면을 차리고 있다/추억 속에 살고 있다/진짜 마음을 인정하려 들지 않는다/차마 말할 수 없는 외로움과 고독감을 느끼고 있다
문제의 원인	정방향	고집/지식과 경험을 충분히 활용하지 못하고 있다/마니아적인 취향/너무 깊게 생각한 나머지 엉뚱한 방향을 향하고 있다/사람을 피한다
	역방향	잘못된 사고방식/남을 모방하기 급급하다/자신만의 세계에 빠져 있다/좋아하는 것(사람)을 지나치게 이상화하고 있다/현실 도피
미래 전망	정방향	평온한 나날이 지속된다/진전의 기미 없이 현상 유지/상황이 진정된다/조언자를 만난다/자신을 찾는 여행을 떠난다
	역방향	바깥세상으로 나갈 타이밍을 놓친다/현실을 직시하지 못한다/자폐적인 태도/한동안 뜸했던 사람과의 관계가 다시 이어진다/실패했던 일에 다시 도전한다
조언	정방향	조급해하지 말고 천천히 임하라/혼자 고민하지 말고 누군가에게 상담하라/좀 더 생각해볼 필요가 있다/과거 비슷한 상황에서 힌트를 얻어라
	역방향	'그땐 이랬는데'라며 변명을 늘어놓지 말라/포기하는 용기도 필요하다/풀이 죽어 있다고 해서 누군가 도와주지는 않는다/자기 힘으로 벗어나라

어떻게 응용하면 좋을까?

	연애	일	대인 관계	기타
정방향	오랫동안 가슴속에 감춰 둔 짝사랑/연상의 상대/침착한 사람/정신적 성장을 이끌어주는 관계	정신적으로 충실하다/부하를 통솔한다/베테랑/경험/장기간 지속한다/전문직/연구직	변치 않는 관계/상담할 만한 상대/옛 친구/박식한 사람/취미 생활을 함께 즐기는 친구	신념이 있다/하고 싶은 일을 관철한다/대중적이지 않다/전문 지식
역방향	자기중심적인 사랑/망상 속의 사랑/과거의 연인을 그리워한다/사랑의 위대함을 재확인	옳은 의견을 무시한다/사회에 적합하지 않다/무직/자존심을 세워 남을 무시한다	까다로운 상대/불편한 상대/내향적인 성격/만나도 즐겁지 않다	아무도 필요로 하지 않는다/신념이 없다/지나친 고집/남의 시선을 의식한다

10

운명의 수레바퀴

* WHEEL of FORTUNE *

피할 수 없는
운명의 장난

천천히 회전하는 커다란 수레바퀴는 운명을 의미한다. 주위에는 시간을 멈추는 소드를 든 스핑크스, 생사를 관장하는 아누비스 그리고 뱀이 있다. 각 모서리에는 네 가지 원소인 불, 땅, 바람, 물을 상징하는 형상이 그려져 있다.

모든 생명은 피할 수 없는 흐름 속에 있다. 그 과정 안에서는 상승할 때도 있고 하락할 때도 있다. 이 카드는 자신의 힘으로는 어찌할 도리가 없는 운명으로 인해 생각지도 못한 일이 일어나는 상황을 암시한다.

어떻게 접근하면 좋을까?

정방향

운명의 흐름을 타고
상황이 호전된다

행운이 찾아든다. 생각지도 못한 기회가 도래하여 일이 술술 풀린다. 이 카드가 의미하는 행운은 천천히 기다려주지 않으므로 재빨리 낌새를 알아차리고 붙잡아야 한다. 첫눈에 반하거나 갑작스러운 결혼 등 운명적인 일의 발생을 암시하기도 한다.

기본 KEYWORD

숙명

인간은 쉴 새 없이 흐르는 시간 앞에 자유로울 수 없다. 불가피한 운명이라고 할 수 있다. 앞으로 다가오는 것이 기회인지 혼란인지, 카드의 정·역방향에 따라 해석해보자.

역방향

운명의 장난에
휩쓸린다

〈운명의 수레바퀴〉가 거꾸로 회전하여 운이 따르지 않는다. 노력한 만큼 성과가 없거나 모처럼 얻은 기회를 놓친다. 기대와 다르게 흘러가는 전개에 휘둘리다가 지치고 만다. 상황을 편안히 받아들이고 더는 상처가 깊어지지 않도록 하는 것이 중요하다.

어떻게 해석하면 좋을까?

현재 상황	정방향	일이 순조롭게 풀리는 시기/운이 호전된다/행운이 거듭된다/기쁜 상태/막혀 있던 것이 갑자기 움직이기 시작한다/운명의 갈림길
	역방향	모든 것이 겉도는 상황/같은 상황이 반복되어 진척이 없다/갈팡질팡하는 사이에 하락한다/예상 밖의 변화에 휘둘린다/갑자기 찾아온 불운
감정	정방향	직감적으로 정답을 찾아낸다/이것이 운명이라고 믿고 있다/무슨 일이든 임기응변으로 대처할 수 있다/예측 불가능한 상황을 즐기고 있다
	역방향	실패의 원인을 찾지 못해 낙담한다/답을 찾을 수 없다/눈앞의 상황에 막막함을 느낀다/모순된 감정
문제의 원인	정방향	행운이 찾아오기만을 기다리고 있다/자연의 흐름을 거스르고 있다/운명을 맹신하여 노력을 게을리하고 있다/아집이 강하다
	역방향	일이 틀어지고 있는 것을 눈치채지 못한다/변화가 두려워서 현재 상황에 매여 있다/모든 것을 컨트롤하려고 한다
미래 전망	정방향	행운이 찾아든다/천운을 타고났다/무슨 일을 하든 잘 풀린다/마침 만나고 싶은 사람과 만난다/올바른 답을 찾아낸다
	역방향	눈 깜짝할 사이에 불리한 형세에 몰린다/사건에 말려든다/피할 수 없는 재난을 겪는다/말실수로 제 발등을 제가 찍는다/내기에 진다
조언	정방향	직감을 믿어라/스스로 행동하지 말고 흐름을 타는 것이 좋다/망설이지 말고 기회를 잡아라/모든 것은 연계되어 있다고 믿어라
	역방향	나서지 말고 상황에 맞게 행동하라/고집이나 자존심을 버려라/고군분투하기보다는 운이나 주변의 도움을 빌려라

어떻게 응용하면 좋을까?

	연애	일	대인 관계	기타
정방향	운명을 느끼는 만남/첫눈에 반한다/의기투합할 수 있는 상대/결혼/열렬히 사랑하는 사이	모든 기회를 잡는다/좋은 흐름을 탄다/감이 좋다/발탁된다/최상의 컨디션	느낌이 좋은 사람/말이 잘 통한다/왠지 친숙한 사람/소울메이트/자연스럽게 마음이 맞는다	운명적인 전개/재미있다/흥미를 끈다/영감/시의적절하다/기억에 남는 일
역방향	찰나의 사랑/만날수록 나빠지는 사이/살아온 환경이 다른 상대/놓친 사랑/파란만장한 사랑	맞지 않는 일을 맡게 된다/제대로 해내지 못한다/아무리 노력해도 해낼 수 없다/겉돌고 있다	위화감/따분한 대화/타이밍이 좋지 않다/자연스럽게 멀어진다/어울리지 않는 사람	따분하다/타이밍이 어긋난다/기억에 남지 않는다/좋은 기회를 놓친다/시대착오

정의

* JUSTICE *

무슨 일이 있어도 중립을 지키고
공정하게 판단한다

당당한 모습의 중성적인 여성이 중앙에 앉아 있다. 그녀는 재판관이며 왼손에 든 천칭으로 죄의 무게를 달고 오른손의 검으로 심판을 내린다.

감정에 이끌리지 않고 원인과 결과를 객관적으로 들여다보면서 공정한 판단을 내리는 냉정함을 암시한다. 이 카드를 뽑은 사람이 떳떳하지 못한 행동을 하고 있다면, 검으로 가차 없이 단죄를 받을 것이다. 반대로 누군가로부터 부당한 대우를 받고 있다면, 불균형 상태를 바로잡는 구원의 검이 되어줄 수도 있다.

어떻게 접근하면 좋을까?

정방향
감정을 개입하지 않는
냉정한 대처

모든 것이 공평한 상태이며, 사실을 합리적이고 올바르게 평가할 수 있다. 예로부터 남성성은 논리, 여성성은 감정을 의미한다고 여겨지는데, 중성적인 여성으로 그려진 재판관은 가능한 한 감정을 배제하고 객관적인 판단을 내리려는 의지를 나타낸다.

기 본 KEYWORD

균형

배경에 보이는 두 개의 기둥과 의자는 모두 돌로 만들어져 있어 그녀가 어느 쪽으로도 치우치지 않는 공정한 정신을 지닌 사람임을 보여준다. 마음이 균형 잡힌 상태를 정방향, 무너진 상태를 역방향이라고 생각하면 된다.

역방향
감정에 좌우되는
불합리한 대응

감정이나 개인적인 생각이 개입된 판단을 한다. 사회 규범으로는 이해될 수 없는 특수한 상황일지도 모른다. 부당한 대우를 받고 있거나, 부도덕한 행위를 하는 상태를 나타내는 경우도 있다.

어떻게 해석하면 좋을까?

현재 상황	정방향	운이 모든 것을 해결해주지 않는다/정에 치우치지 않고 사실만으로 평가받는다/과거의 행동이 빚어낸 결과/어느 쪽도 가담하지 않는다/잘못은 심판받는다
	역방향	상식적으로 이해되지 않는 상태/과거의 부정이 밝혀진다/불평등한 대우를 받는다/노동과 대가의 균형이 맞지 않는다/필요악을 인정한다
감정	정방향	감정보다 사실을 우선하고 싶다/누구의 편도 들지 않는다/작은 거짓말도 놓치지 않는다/양심에 걸리는 일은 하고 싶지 않다/논리 정연하지 못함에 대한 불만
	역방향	누군가의 잘못된 행동에 분개하고 있다/자기변호에 열을 올린다/눈물로 용서받으려고 한다/양심에 가책을 느끼고 있다
문제의 원인	정방향	옳고 그름을 기준으로만 판단/배려심이 없고 상대의 심중을 헤아리지 않는다/지나치게 엄격하고 차가워서 주위 사람이 어려워한다
	역방향	얌체같이 행동하고 있다/불평불만만 늘어놓고 행동하지 않는다/삐뚤어진 사상에 빠져 있다/독단적인 행동으로 따르는 사람이 없다/죄악감
미래 전망	정방향	현실에 맞선다/자신이 옳다고 생각하는 것을 밀고 나간다/점차 유리한 상황으로 변화한다/과거의 행동에 대한 보답을 받는다/노력의 대가가 돌아온다
	역방향	불합리한 상황에 직면한다/권리를 침해당한다/일방적으로 착취당한다/관계의 균형이 무너진다/반칙이나 부정 등 과거의 빚을 갚는다
조언	정방향	감정이 아닌 사실 관계로만 판단하라/문제를 한번 정리할 필요가 있다/앞으로 어떻게 하면 좋을지 건설적으로 생각하라/부도덕한 행위를 엄격히 금하라
	역방향	자신에게 유리한 쪽으로만 생각하지 말라/불리한 처지에 놓여 있다는 점을 깨달아야 한다/단념하지 말라/균형을 되찾아라

어떻게 응용하면 좋을까?

	연애	일	대인 관계	기타
정방향	대등한 연인 관계/어울리는 상대/균형 잡힌 조건/좋지도 싫지도 않은 상대	정당한 보수와 평가/예상한 성과를 거둔다/사생활과 일의 양립/책임을 지다	주고받는 관계/사적인 감정을 개입하지 않는다/사무적/중립적인 사람/평등	무승부/비교/냉정한 의견/도덕/법적인 조치를 취한다/재판/논리적인 사고
역방향	계산적/일단 만나고 보는 사이/어울리지 않는 상대/상대를 평가한다	부당한 보수와 처우/불공평한 업무 환경/변명하고 싶은 일만 한다/공을 가로채려 한다	이익을 우선시하는 관계/이용하는 사람/한쪽으로 치우친 사고/어설픈 감정 이입	균형이 깨지면서 생기는 변화/편파/독선적인 정의감/사기/사전에 조작한 일

매달린 남자
✳ THE HANGED MAN ✳

꼼짝 못 하는 상황에 직면하면
오히려 맑아지는 사고

THE HANGED MAN.

뒤로 손이 묶인 채, T자 모양의 나무에 한쪽 다리로만 거꾸로 매달린 남성. 고된 자세에도 불구하고 표정은 매우 온화하며 머리에는 후광이 빛나고 있다. 꼼짝 못 하는 상태로 있기 때문에 오히려 사고가 또렷해지고 머릿속이 점점 맑아지는 것인지도 모른다.

다사다난함에 혼란스럽기만 한 평소와 달리, 아무것도 할 수 없는 상황에서야말로 자신의 진심을 확인할 수 있다. 반성의 시간을 갖는 것의 소중함을 의미하는 카드라고 할 수 있다.

어떻게 접근하면 좋을까?

정방향
현재 상황을 마주하고
냉정하게 바라본다

생각처럼 되지 않는 현실을 인정하고 조용히 자신을 돌아본다. 그러는 동안 마음이 진정되고 불안과 두려움이 사라지고 냉정하게 현재 상황을 파악할 수 있게 된다. 번데기처럼 새로 태어날 시간을 기다리고 있는 상태로 본다면 새로운 해석이 가능해진다.

기본 KEYWORD
정지

신체를 구속당하면 답답함을 느낀다. 우선은 그런 현실을 인정하는 것이 급선무다. 정방향은 상황을 마주하고 있는 상태로, 역방향은 거역하고 있는 상태로 해석한다.

역방향
현재 상황을
받아들이지 않고 발버둥 친다

꼼짝 못 하는 힘든 상황에 직면했으나 그런 현실을 받아들이지 않는다. 초조해하거나 발버둥 칠수록 밧줄이 몸을 옥죄어 통증을 느끼게 될 것이다. 우선 현실을 있는 그대로 바라보는 것이 중요하다. 시련을 겪고 나면 세상을 바라보는 눈도 달라진다.

어떻게 해석하면 좋을까?

현재 상황	정방향	혼자 힘으로는 어쩔 도리가 없는 상황/누군가의 관리하에 있는 등 자유롭지 못한 상황/혼자 지내는 시기/강제적 중지/무력함을 느낀다
	역방향	고통에서 도망치려 할수록 더 괴롭다/필사적으로 저항해도 손 쓸 수 없는 상황/무언가를 다시 하도록 지시받는다/본보기가 된다
감정	정방향	각오하고 있다/참고 있다/고통을 견디고 있다/답답하다/자신의 한계를 깨닫는다/현재 상황에 대한 체념
	역방향	각오가 서지 않는다/도망갈 수 있다면 도망가고 싶다/자신의 한계를 인정하지 않는다/자포자기한 심정/타인을 위해 자신을 희생한다
문제의 원인	정방향	정신적·육체적 한계/너무 지쳐서 냉정하게 생각할 수 없다/수동적인 태도/현실을 거부하고 사고 정지 상태로 있다/도움받기 어려운 환경
	역방향	발버둥 치고 있다/필사적인 나머지 분별을 못 한다/자기만 생각한다/스스로 결정을 못 하고 어중간한 상태/부담스러운 환경
미래 전망	정방향	인내를 강요당하는 전개/자신과 마주한다/자원봉사 등 남을 돕는 일을 한다/고심을 거듭한 끝에 새로운 자신을 발견한다/극복한다
	역방향	고통이 더해진다/견디지 못하고 폭발한다/공포심에 저항한다/초조함과 불안이 잘못된 행동을 만든다/소중한 것을 잃는다/답답한 전개
조언	정방향	모든 것을 받아들이고 시간이 흐르길 기다려라/차분하게 생각하면 빛이 보인다/외부 의견을 차단하면 새로운 영감이나 깨달음을 얻을 수 없다
	역방향	자신의 무력함을 인정하면 마음이 편안해진다/안달하느니 아무것도 안 하는 편이 좋은 결과를 가져온다/자신의 사고방식을 객관적으로 파악하라

어떻게 응용하면 좋을까?

	연애	일	대인 관계	기타
정방향	진전이 없다/시간이 필요하다/모든 것을 바친 사랑/사랑의 응어리/헤어지는 편이 낫다	허용치를 넘긴다/심신이 지친다/보상이 없다/시련이 닥친다/봉사나 다름없는 일	고독해진다/혼자 있고 싶다/생각을 정리한다/견뎌낸다/꼼짝 못 하는 상대	희생정신/부진/헝그리 정신이 있다/엄격함/받아들이고 반성한다/멈춘다
역방향	힘들고 아픈 사랑/희망이 없는 짝사랑/자기중심적인 사랑/집착	보상을 의식한다/현실에서 도망치고 싶은 마음/자신의 권리만 생각한다	피해를 주는 사람/위축된다/소동을 일으킨다/평온한 척한다/몸부림	자학/초조함/피할 수 없는 고통/아무것도 받아들여지지 않는다/혼자 있고 싶지 않다

13
죽음
* DEATH *

인생의 끝과 시작을 알리는
저승사자

백마를 탄 사신이 조용히 전장을 지나고 있다. 무시무
시한 광경으로 보일지도 모르지만 죽음은 모든 생물
의 숙명이며 결코 피해야 할 대상이 아니다.

저 멀리 떠오르는 태양을 주목하라. 밤이 지나고 아침
이 찾아오듯, 죽음을 넘어선 곳에 새로운 탄생, 시작이
있다. 즉 〈죽음〉 카드는 육체의 죽음보다는 정신이나
인간관계, 환경 등을 아우른다. 저 너머에는 반드시 새
로운 미래가 펼쳐져 있다.

어떻게 접근하면 좋을까?

정방향	
새로운 단계로 나아간다	〈죽음〉이 가져오는 변화를 받아들인다. 물론 그 순간에는 충격을 받고 마음이 찢어질 듯한 슬픔과 쓸쓸함을 느낄 것이다. 하지만 그곳에서 자신의 새로운 모습을 발견할 수 있다. 이 카드가 나오면 이미 마음의 결정을 내린 상태라고 볼 수 있다.

기본 KEYWORD	
운명	〈죽음〉은 다음 단계로 가기 위해 일단락을 짓는 것을 의미한다. 그것을 받아들이면 다음 단계로 나아갈 수 있지만, 현재 상황에 매여 있다면 한 걸음도 내딛지 못하고 고통이 지속될 것이다.

역방향	
과거에 매여 앞으로 나아갈 수 없다	아직 현재 상황에 미련이 남아 있다. 그렇게 되면 상황이 정체되어 힘든 상태가 지속되고 만다. 〈죽음〉이 말하는 '끝과 시작'은 이미 정해져 있고 쉽게 바꿀 수 있는 것이 아니다. 깨끗이 털고 일어나서 다음 단계로 넘어가는 것이 좋다.

어떻게 해석하면 좋을까?

현재 상황	정방향	무언가를 끝내는 시기/중요한 사람과 이별을 경험한다/다음 단계로 향한다/인생의 전환점/변화가 계속된다
	역방향	제자리에 머무는 시기/변화하는 상황에 적응하지 못한다/결론을 짓지 않으려 한다/마음의 정리가 안 되어 있다/받아들일 수 없는 결말
감정	정방향	결심이 선다/마음은 이미 정해져 있다/집착을 내려놓는다/고뇌 속 선택/단념/후련하다/이미 마음은 미래에 가 있다/무미건조
	역방향	깨끗이 체념하지 못한다/미련이 남아서 포기하기 어렵다/결심이 서지 않는 사정이 있다/기사회생을 노린다/진퇴양난/아직 가시지 않은 마음의 상처/감상적
문제의 원인	정방향	단적이고 중간이 없는 사고방식/갑자기 일어난 일에 마음의 준비가 되어 있지 않다/당연한 결과이므로 명확한 원인이 없다/모든 것은 세상의 섭리
	역방향	강한 충격/상황을 제대로 파악하지 못했다/발을 내디딜 용기가 부족하다/계속해서 되살아나는 기억/앞으로 나아가려 하지 않는다
미래 전망	정방향	새로운 모습으로 다시 태어난다/관계나 상황이 강제적으로 리셋된다/세대교체/갑작스러운 변화로 생활이 확 바뀐다/불가항력적인 일
	역방향	지속되는 고통/방법을 바꾸지 못한다/오랫동안 한곳에 머물러서 답답함을 느낀다/그만둘 수 없는 상황/좀처럼 끊을 수가 없다/현재 상황을 인정할 수 없다
조언	정방향	깨끗이 리셋하라/손절매 하는 용기도 필요하다/다시 태어난 기분으로 처음부터 다시 시작하는 것이 좋다/새로운 무언가가 시작될 것을 믿어라
	역방향	우물쭈물하고 있으면 아무것도 변하지 않는다/미련은 자신만 고통스럽게 만들 뿐이다/깨끗한 퇴진이 중요하다/낡은 껍질을 벗고 새로운 자신이 되어라

어떻게 응용하면 좋을까?

	연애	일	대인 관계	기타
정방향	무미건조한 상대/단절/조건적인 만남/새로운 만남을 찾는다/관계를 끝낸다/몰래 만나는 관계	새로운 환경/전근/이직/이동/실업/결단을 내린다/갈림길에 선다/방침의 변경	뜻밖의 이별/깔끔한 성격/차가울 정도로 합리적이다/새로운 관계를 맺는다	이사/졸업/종료/새롭게 시작한다/재생/신구교체/교환/전환기
역방향	그만둘 수 없다/연을 끊고 싶지 않다/재결합/재혼/고백하지 못하는 애매한 상태	재취업/재차 채용된다/옛 직장으로 돌아간다/구조 조정/과거의 직위나 일에 목을 맨다	질질 끈다/관계를 끊기 싫다/진전 없는 관계/안 좋은 인연이 이어진다/끝이 좋지 않다	재도전/깔끔하지 못한 끝맺음/유급/제자리걸음/어중간하다/반복되는 실패

TEMPERANCE.

14
절제
* TEMPERANCE *

서로 다른 것을 섞어 만들어내는
유의미한 무언가

〈절제〉는 '섞다', '결합하다'라는 의미의 라틴어에서 유래한 카드다. 두 컵에 든 물을 능숙하게 다루는 천사의 모습은 마치 커뮤니케이션을 의미하는 듯하다.

서로 다른 성질의 것을 섞으면 화학 반응이 일어나고 새로운 무언가가 생겨난다. 섞는 정도를 알맞은 수준으로 조절하는 것도 중요하다. 자신과 전혀 다른 사람과 교류하게 되면 다양한 감정을 느끼거나 새로운 깨달음을 얻기도 한다. 이 카드는 그런 인간관계의 중요성에 대해 이야기한다.

어떻게 접근하면 좋을까?

정방향

**새로운 것을
받아들인다**

타인으로부터 적극적으로 영향을 받으려는 자세를 보인다. 서로 의견이나 가치관이 달라도 열린 마음으로 이해하고 임기응변으로 대처한다. 그와 동시에 토론을 통한 자기주장도 잊지 않는다. 그렇게 서로 간의 알맞은 정도를 찾아나간다.

기 본 KEYWORD
대응

두 사람 사이에서 어떻게 반응하고 균형을 잡을 것인지 정·역방향에 따라 해석한다. 천사의 발이 물(잠재의식)과 땅(표면의식)에 닿아 있는 것처럼, 자기 마음의 모순에 어떻게 타협할 것인지를 드러내기도 한다.

역방향

**이질적인 것을
받아들이지 않는다**

타인을 거부하는 자세를 보인다. 남의 의견이나 생각을 받아들이지 않음으로써 자기 자신은 순수한 상태로 지켜낼 수 있지만 엇갈림이나 싸움 등 부조화한 일을 초래한다. 인간은 타인의 영향을 받지 않고 살아갈 수 없다는 사실을 기억해야 한다.

어떻게 해석하면 좋을까?

현재 상황	정방향	조절이 필요하다/사람과의 교류에서 깨달음을 얻는 시기/긍정적인 화학 변화가 생긴다/통합과 재편/새로운 발견/알맞음
	역방향	섞이지 못하는 시기/타인과의 만남에 거부반응을 보인다/엇갈림이 많은 시기/맞지 않는 환경에 처해 있다/충돌이 잦은 시기
감정	정방향	마음이 열려 있어 매우 솔직하다/상대도 마음을 열기를 바라고 있다/서로 이해하고 싶다/다양한 의견을 듣고 싶다
	역방향	남의 의견을 흘려듣는다/까다로움이 일을 더욱 복잡하게 만든다/자신의 방식을 밀어붙이려고 한다/유연성이 없다
문제의 원인	정방향	남의 의견을 가리지 않고 받아들인다/너무 다양한 것에 관심을 두어 제대로 하는 일이 하나도 없다/정직한 태도가 오히려 주위를 힘들게 한다
	역방향	다방면으로 엮이지 않는다/대화 부족/말하지 않아도 알아줄 것이라는 착각/상대를 제대로 이해하지 못하고 있다/어긋나고 있다/본래 궁합이 좋지 않다
미래 전망	정방향	다양한 것을 하나로 합치는 시기/새로운 바람이 불어온다/문화충격을 가져다주는 상대가 나타난다/지나친 부분을 조절한다
	역방향	소화불량 상태/오지도 가지도 못한다/기회를 살리지 못한다/기대에 어긋난 전개/타인에 대한 강한 거부반응/생활이 흐트러진다/컨디션 난조
조언	정방향	'적당한 상태'를 목표로/우선은 자신의 감정을 정리하라/상황에 맞는 방법을 발견하라/절충안을 찾아라
	역방향	모든 것(사람)을 부정적으로 받아들이지 말고 흥미를 붙여라/대화를 거듭하여 상대를 이해하라/자신의 껍데기 속에 갇혀 있지 말라

어떻게 응용하면 좋을까?

	연애	일	대인 관계	기타
정방향	순조롭게 발전하는 사랑/상대에 대한 관심/몸과 마음의 궁합이 맞는 관계/지성에 끌린다	좋은 환경/동료와 적극적으로 관계를 맺는다/토론/업무에 도움이 되는 공부를 한다	교우 관계가 넓어진다/대화/다른 환경과 가치관을 가진 사람과의 교류/성실하게 대한다	능수능란/효과적인 치료/약이나 음식이 잘 받는다/막힘이 없다
역방향	진전이 없는 사랑/상대를 휘두른다/자기중심적 관계/일방통행	협조성이 없다/임기응변 부족/독립/일을 매듭짓지 못하고 끌어안는다/독단적	마음을 열지 않는다/상대방에게 맞추지 않는다/일방적인 대화/어긋남/이야기를 듣지 않는다	활용을 못 한다/낭비가 많다/효과가 없다/약이나 음식이 맞지 않는다/교통체증이나 지연

악마

✦ THE DEVIL ✦

마음에 깃들어 있는 악마가 끝없는
욕망 속으로 유혹한다

아무것도 걸치지 않은 남녀가 〈악마〉에게 붙잡혀 있다. 이것은 〈연인〉 속 아담과 이브가 유혹을 뿌리치지 못하고 지혜의 열매를 먹고 만 뒤의 모습이라고 여겨진다. 하지만 쇠사슬은 느슨하고 그들의 표정도 평온하다. 즉 붙잡혀 있는 것은 육체가 아니라 쾌락에 빠진 타락한 마음이라는 사실을 의미한다.

이 카드는 자신의 마음속에 있는 〈악마〉를 나타낸다. 한번 자제심을 잃으면 한없이 흔들려 빠져나올 기력마저 빼앗기고 만다.

어떻게 접근하면 좋을까?

정방향	
마음속 악마에게 지고 만다	마음의 갈등 끝에 〈악마〉에게 주도권을 빼앗겼다. 이런저런 유혹을 이겨내지 못하고 휩쓸려버린 상태를 암시한다. 머리 위에 거꾸로 그려진 오각의 별에는 '욕망이 이성을 빼앗는다'라는 의미가 있다. 이성을 잃으면, 욕망은 그칠 줄 모르고 더욱 강력한 집착을 만들어낸다.

기본 KEYWORD	
주문	술 같은 기호품에 대한 의존이나 쾌락에 빠지는 행위, 인간관계 등 잘못된 일인 줄 알면서도 행동하고 마는 경우가 있다. 자신과의 싸움에서 이겨낼 수 있을지 여부는 정·역방향으로 판단한다.

역방향	
마음속 악마와 싸운다	마음속에 깃들어 있는 〈악마〉와 싸우려는 의지가 생기면서 자신의 욕구를 컨트롤하려고 한다. 벗어날 수 없다고 여기던 쾌락적 관계를 끊어내거나 생활 전반을 규칙적으로 개선한다. 다만 그것은 말처럼 쉬운 일이 아니어서 또다시 욕망에 사로잡혀 버리는 경우도 많으므로 주의가 필요하다.

어떻게 해석하면 좋을까?

현재 상황	정방향	현실에 만족한다/얽매인 채 발전이 없다/유혹이 따라온다/찰나의 방심으로 모든 것을 잃을 수도 있다/욕망에 내맡긴다/무질서한 환경
	역방향	현재의 안 좋은 상황에서 벗어나려고 한다/올바른 길로 돌아갈 기회/오랫동안 옭아매던 굴레를 잘라내는 시기/순간적으로 나쁜 마음을 먹었던 과거에 대한 속죄
감정	정방향	알고 있어도 그만둘 수 없다/소유욕을 자극받는다/어쩔 수 없다고 합리화를 한다/지나친 어리광과 의존심/짜증/그다지 나쁘지 않다
	역방향	나쁜 일을 하고 있다는 자각이 없다/현재 상황에서 벗어나고자 한다/자신을 억제하려고 한다/자신의 약점과 맞서고자 한다
문제의 원인	정방향	이성적으로 판단하지 못한다/열망을 잠재울 수 없다/금지된 것을 동경한다/유혹을 거역할 수 없는 약한 의지/자극을 원하는 마음
	역방향	현실을 바꾸려는 의지가 부족하다/순간적으로 나쁜 마음을 먹는다/한 번의 실수/'이 정도쯤이야'라는 안일함/자기 컨트롤이 안 된다
미래 전망	정방향	유혹당한다/무언가에 마음을 빼앗긴다/무의식중에 의존한다/나쁜 마음이 들 것 같은 상황/잠시 망설이는 순간에 모든 것을 잃는다/예상보다 길어진다
	역방향	유혹에서 벗어난다/나쁜 버릇이나 습관을 고친다/관계를 정리하는 계기/자신의 결점을 고친다/다시 태어난다
조언	정방향	유혹을 이겨내라/달콤한 말에 넘어가지 말라/나쁜 습관이 들지 않도록 하라/타락으로 끌어들이는 사람이나 부정한 생각을 하는 사람을 주의하라
	역방향	자신을 믿어라/물리적으로 거리를 둬라/험담이나 남을 괴롭히는 행동에 가담하지 말라/법과 논리에 반하는 행동은 피하라/변명을 하지 말라

어떻게 응용하면 좋을까?

	연애	일	대인 관계	기타
정방향	질투/연애에 의존한다/불륜/위험한 사랑/속박한다/육체적인 사랑/데이트 폭력	해고당한다/지위에 집착한다/부정/부패/자신을 속이면서 일한다/서로 속인다	약점을 잡힌다/억지로 만난다/나쁜 친구/집요한 사람/저급한 대화/안이한 사람	비상식/무질서/낭비/추하다/더럽다/공포/반칙/호색/악습/논리에 어긋나는 일
역방향	관계를 개선하려고 시도한다/사랑의 구속에서 벗어난다/나쁜 연을 끊으려고 한다	원하던 퇴직/부당한 대우를 인지한다/개선을 바라고 있다/마음을 정리한다/해방	나쁜 인연을 끊는다/설득하려고 시도한다/상대를 피한다/건전한 인간관계를 추구한다	상식과 질서를 지키려고 한다/의존에서 벗어난다/남아 있는 양심/공포를 극복하려 한다

탑

✦ THE TOWER ✦

일순간에 상황을 변화시키는, 천둥이 몰고 오는 붕괴

천둥 번개로 인해 무너져 내리는 〈탑〉. 낙하하는 왕관은 쌓아 올린 권력의 실추를 의미한다. 구약성서의 '바벨탑'을 떠올리는 사람도 많을 것이다. '충격적인 변화', '예상치 못한 사건'을 의미하는 카드이므로 두려움을 느낄 수도 있다.

하지만 인생은 항상 변화한다. 갑작스러운 충격으로 잠시 정신을 못 차릴 수도 있지만, 파괴 없이는 새로운 탄생도 없다. 단단하게 엉겨 붙은 고정 관념과 상식을 새로 고치는 귀중한 기회로 삼아야 한다.

어떻게 접근하면 좋을까?

정방향
갑자기 닥친 충격

엄청난 기세로 번개가 〈탑〉을 관통한다. 그야말로 청천벽력 같은 충격이다. 전혀 예상하지 못했던 사건이 일어나 혼란스럽지만, 그 틈을 타서 쌓여 있던 욕구 불만이 해소되기도 한다. 충격은 크지만 금세 지나가고, 지나간 후에는 마음이 후련해진다.

기본 KEYWORD
파괴

〈탑〉 카드는 쌓아 올린 것의 파괴와 현실의 개혁을 의미한다. 카드의 정·역방향을 '다양한 형태로 나타나는 충격'으로 해석해보자. 충격이 파괴가 아닌, 번뜩이는 영감으로 나타나기도 한다.

역방향
서서히 느껴지는 충격

최초의 충격으로 인한 피해는 미미했으나 조금씩 썩어들어가듯 붕괴해간다. 긴박감과 동요가 오래 지속되는 만큼 힘겨워하는 사람도 있다. 고름이 차오르는 것처럼 나쁜 것을 속에 품고 몸집을 불린다는 의미도 있다. 머지않아 그 일에서 손을 떼는 편이 좋다.

어떻게 해석하면 좋을까?

현재 상황	정방향	변화의 시기/예상치 못한 사고가 발생한다/영문을 모르고 어리둥절해 있다/사고방식이 바뀌는 시기/놀랍지만 나쁘지 않은 상황
	역방향	무언가가 점점 무너지고 있다/바뀔 듯 바뀌지 않는, 안달하는 상황/천천히 진행되는 세대교체/전성기가 끝나고 사라지는 일만 남았다
감정	정방향	변화하고 싶은 마음/자기반성에 대한 각성/벼락을 맞은 듯한 충격/개성을 발휘하고 싶다
	역방향	변하고 싶지 않다/새로운 것을 거부한다/상황을 받아들이지 못하고 있다/재촉하는 것을 원치 않는다/스트레스로 인한 자포자기 상태/욕구 불만
문제의 원인	정방향	나쁜 것이 겉으로 드러난 것일 뿐이므로 아무 문제 없다/급작스러운 전개로 마음을 정하지 못한다/자신도 멈출 수 없는 충동에 마음이 움직이고 있다
	역방향	동요/응급조치가 아니라 근본적인 개선이 필요하다/노후화된 시스템/시대에 맞지 않는 사고방식/새로운 것을 받아들이지 않는 좁은 도량
미래 전망	정방향	상황이 급하게 전개된다/생각지도 못한 행동을 한다/대담한 계획 변경/자기 힘으로는 막을 수 없는 사태/누군가의 새로운 일면을 엿본다
	역방향	이대로는 지속할 수 없다/변해야만 하는 사태에 놓인다/저항할수록 고통이 지속된다/서서히 충격을 느낀다
조언	정방향	다른 방법을 시도하라/인생을 다시 시작하는 기회로 삼아라/어차피 할 일이라면 대담하게 진행하는 것이 좋다/고장 난 것은 수리하기보다 처분하라
	역방향	무너질 숙명을 막을 수는 없다/조금씩 마음을 현실에 순응시켜라/지금 상황을 무너뜨려야 새로운 기회가 찾아온다

어떻게 응용하면 좋을까?

	연애	일	대인 관계	기타
정방향	자극적인 사랑/대담한 행동/별거/변심/갑작스러운 결혼/짧은 만남으로 육체관계를 맺는다	상황이 갑자기 바뀐다/갑작스러운 퇴직이나 이직/대담한 리뉴얼/트러블/도산	심한 싸움/속을 터놓고 이야기한다/달라진 관계/상식을 파괴하는 사람/충동적인 발언	커다란 재난/사고/부상/개성적/내기를 건다/갑자기 쓰러진다/인상적/근본적인 개혁
역방향	싸우고 남은 후회/서서히 이별을 의식한다/생각을 거듭할수록 우울해지는 형국	방식을 고집한다/좀처럼 늘지 않는 실적/긴박한 근무 환경/조금씩 허점이 드러난다	감정의 폭발/하고 싶은 말을 참지 못하고 조금씩 내뱉는다/이해할 수 없는 상대/일촉즉발	작은 재난/변하지 못하고 서서히 무너져 내린다/최악의 피해는 피한다/침몰 직전의 배를 탄 상태

별

* THE STAR *

언제나 변함없이 사람들을
이끌어주는 맑은 빛

오래전부터 〈별〉은 여행자에게 목적지를 가리키는 이정표였다. 카드 중앙에 유독 크게 그려진 별은 고대 이집트에서 항해할 때 길잡이로 쓰였던 시리우스다. 그와 함께 일곱 개의 별이 젊은 여인의 나체를 비추고 있다. 천진무구한 여인은 무엇이든 될 수 있는 가능성을, 올려다본 하늘에 빛나는 별은 앞으로 꽃피울 재능을 암시한다.

무슨 일이 있어도 변함없이 빛나는 〈별〉은 이상과 희망을 의미한다.

이렇게 접근하면 좋을까?

정방향 밝은 미래가 기다린다	이상이나 목표를 향해 올바른 길을 가고 있다는 증거로 머리 위에 희망의 〈별〉이 반짝이고 있다. 맑은 물은 아낌없는 사랑과 함께 정화를 의미한다. 따라서 몸도 마음도 컨디션이 매우 좋은 상태라고 할 수 있다.
기본 KEYWORD **희망**	여인을 지켜주는 것은 예술의 창시자라고 여겨지는 새, 아이비스다. 땅과 바다로 흘러 들어가는 물은 사랑의 상징이다. 희망이 있는 곳에 예술과 사랑, 만물이 탄생한다. 높이 내건 이상과 꿈이 어떤 결말을 맞을지 카드의 정·역방향에 따라 해석해보자.
역방향 아무런 결실도 거두지 못하고 떠내려가 버린다	하늘 높이 반짝이던 〈별〉이 땅에 떨어지고 만다. 어떤 사정으로 인해 희망이 실망으로 변하고, 너무 높이 잡은 목표는 환상으로 끝나버린다. 이처럼 모든 일이 무모한 노력에 그치는 상황을 나타낸다. 물은 그대로 '흘러가 사라져버리는 것'을 암시한다.

어떻게 해석하면 좋을까?

현재 상황	정방향	희망의 빛이 보인다/무언가(누군가)에 기대가 싹튼다/미래를 향해 기세를 높이는 시기/보람을 느끼는 일상/몸도 마음도 컨디션이 좋다
	역방향	이정표가 되는 별을 놓친다/일을 정리한다/백지상태로 돌아온다/기대했던 이벤트가 연기된다/맥 빠지는 전개/미래에 거는 희망 없이 울적한 일상
감정	정방향	목표가 생긴다/동경하는 사람이 생긴다/마음을 의지할 곳이 생겨 정신적으로 안정된 상태/영감을 받는다/미래가 기대된다
	역방향	앞을 내다볼 수 없어 혼란스럽다/목표를 잃는다/동경하던 사람에게 환멸을 느낀다/낙담하고 있다/미래를 비관하고 있다/무기력
문제의 원인	정방향	세워둔 목적과 목표에 문제의 씨앗이 있다/시기적인 문제/희망적 관측보다는 확실한 데이터가 필요하다/이상이 너무 높아서 손에 넣을 수 없다
	역방향	불필요한 행동이 많다/노력과 시간을 낭비하고 있다/그럴싸해 보이지만 알맹이가 없다/경험이 축적되지 않는다
미래 전망	정방향	전망이 밝다/문제 해결의 실마리를 찾는다/생각지도 못하게 운 좋은 전개가 잇따른다/누군가가 이끌어준다/재능이나 실력을 인정받는다
	역방향	전망이 서지 않는다/문제 해결의 실마리를 놓친다/그동안 해온 일이 쓸모없어진다/좋은 기회를 놓친다/실망스러운 전개/이상과 현실의 격차에 직면한다
조언	정방향	희망을 잃지 말라/긍정적으로/자신을 믿음으로써 자기 자신이 스타가 된다/새로운 아이디어나 하고 싶은 일을 적극적으로 채용하라
	역방향	과거는 모두 잊고 새로운 목표를 찾아라/부정적인 것보다는 아름다운 것에 주목하라/우선은 실현 가능한 꿈을 그려라

어떻게 응용하면 좋을까?

	연애	일	대인 관계	기타
정방향	희망이 보이는 사랑/이상적인 연인/동경하는 사람/아름다운 사람/보상을 바라지 않는 사랑	재능으로 눈부시게 빛난다/목표를 정한다/모두의 기대를 받는다/좋은 컨디션/선견지명이 뛰어나다	사람들과의 만남으로 마음이 따뜻해진다/깨달음이나 힌트를 얻는다/성심성의/건전한 우정	건강하다/컨디션을 회복한다/발견해낸다/순수/약이 잘 듣는다/알코올 음료/맑게 갠 밤
역방향	높은 이상/자만/마음이 가지 않는다/비관한다/사랑할 마음이 생기지 않는다	실패한다/목표가 보이지 않는다/채용되지 않는다/업무에 치인다/잘못 짚는다/헛수고	알맹이가 없는 잡담/항상 돈을 내는 입장/함께 있으면 낭비가 심해진다	삭막한 마음/즐겁지 않다/건강이 좋지 않다/놓친다/희망이 없다/저기압/불순

달
* THE MOON *

달빛에 비친
환영과 진심

슬픔에 찬 표정의 〈달〉이 떠 있다. 태양과 달리 달빛
아래에서는 모든 것이 어슴푸레하다. 무엇이 옳은지,
무엇이 현실인지 알 수 없는 모호한 상황을 나타내는
카드다.

매일 차고 이지러지는 달은 불안정한 감정을 나타낸
다. 그런 달을 올려다보며 짖고 있는 개와 늑대도 불온
한 것을 느끼고 있는 모습이다. 잠재의식을 의미하는
물속에서 기어오르는 가재는 마음에 감춰진 불안이
표면으로 드러나고 있음을 보여준다.

어떻게 접근하면 좋을까?

정방향

환상을 통해
현실을 본다

달빛에 비친 세계는 어딘지 베일에 싸인 듯 중요한 것을 숨기고 있
다. 달은 스스로 빛을 발하고 있는 것이 아니라 태양의 빛을 받아서
빛난다. 말하자면 환영인 것이다. 만약 달을 보고 불안함을 느낀다
면, 본인의 거짓말이나 비밀, 불안 등이 투영되었기 때문일 것이다.

기본 KEYWORD
신비

무슨 일이 일어날지 모르는 신비한 달밤. 〈달〉은 대상의 윤
곽이 확실히 드러나지 않은 상태를 나타낸다. 카드의 정·
역방향에 따라 달빛 아래에 있는 상황인지, 어둠에서 벗어
나고 있는 상황인지를 알 수 있다.

역방향

서서히
현실이 보인다

새벽이 다가오면서 달빛이 차츰 희미해진다. 눈앞에 있던 환영이 사
라지고 실제 모습이 드러난다. 밝은 햇빛이 사방을 비추면서 고민과
불안이 사라진다. 꿈에서 깨어난 인간도 이런저런 것들을 알아차리
기 시작한다.

어떻게 해석하면 좋을까?

현재 상황	정방향	변하기 쉽고 불안정한 시기/원인을 알 수 없어 답답하다/걱정이 있다/보이지 않는 것이 있다/주위에 자신을 속이려는 사람이 있다
	역방향	여러 가지 의미로 눈을 뜨는 시기/눈앞이 선명해져서 갑자기 현실이 보이기 시작한다/불안이 해소된다/지금까지 있었던 곳이 갑자기 낡고 허름해 보인다.
감정	정방향	개운치 않은 기분/동요하고 있다/막연한 불안감이 감돈다/누군가를 불신하고 있다/숨기고 싶은 것이 있다/보고 싶은 것만 보인다
	역방향	배신, 비밀, 은닉, 거짓말을 꿰뚫어 보면서도 모르는 척하고 있다/상대에게 환멸을 느끼고 있다/정신을 차린다/누군가에게 속 깊은 이야기를 하고 싶은 기분
문제의 원인	정방향	상대의 행동과 심리를 억측하고 있다/현실을 제대로 보고 있지 않다/아직 분명치 않은 사실이 있다/누군가가 정보를 조작하고 있다
	역방향	숨길 수 없는 진실/거짓말과 사기가 차례차례 밝혀진다/허점이 드러난다/지금까지의 방법이 통용되지 않는 환경/냉정하게 자신의 한계를 깨닫는다
미래 전망	정방향	예측할 수 없다/모든 것이 막연하다/숨겨진 적의 존재/거짓말과 함정에 둘러싸인다/불안함에 취했던 행동이 나중에 문제를 일으킨다
	역방향	점차 다음 전개가 보인다/모호했던 이야기가 구체화된다/나쁜 일이 발각된다/환멸을 느끼면서 '지금이라도 눈치채서 다행이다'라고 여긴다
조언	정방향	지금은 깊이 관여하지 말고 거리를 두는 것이 좋다/요령껏 피해서 꼬투리 잡히지 않도록 하라/때로는 눈감아줄 필요가 있다/진짜 실력은 감추어라
	역방향	눈을 뜨고 현실을 보라/정말 원하는 것이 무엇인지 생각해보라/결심했다면 불안이나 의심은 버려라/현실과 망상을 구분하라

어떻게 응용하면 좋을까?

	연애	일	대인 관계	기타
정방향	불성실한 태도/거짓 사랑/사연이 있는 사랑/숨겨진 경쟁자/로맨틱한 분위기	상황 파악이 안 된다/오해를 산다/부실/모호하다/망설인다/보증이 없다/적의	상대의 속내를 알 수 없다/모든 것을 보여주면 안 된다/상대의 심리나 사정을 살핀다	애달프다/찾지 못한다/색안경을 끼고 본다/사기/만성적인 병/수수께끼/권태/도둑
역방향	갑자기 마음이 식는다/상대의 본 모습을 알게 된다/숨기고 싶은 관계가 드러난다	상황이 보이기 시작한다/냉정함을 되찾는다/현실적으로 파악한다/문제의 원인을 찾는다	거짓이나 본성을 꿰뚫어 본다/의심이 풀린다/서로 조금씩 알아간다/속마음을 터놓는다	위험 회피/병이 낫는다/새벽의 방문/트릭이나 수수께끼가 풀린다/머릿속을 정리한다

태양

* THE SUN *

미래의 성장과 성공을
약속하는 존재

구름 한 점 없는 하늘에 빛나는 〈태양〉, 그리고 알몸으로 말을 타는 어린아이. 숨김없이 모든 것이 비치고 있는 광경이다. 아이의 표정에도 드러나듯 즐거움을 만끽하고 기쁨에 가득 차 있는 상태를 나타낸다.

두말할 나위 없이 태양은 만물의 생명력의 원천이고 살아가는 기쁨과 에너지를 의미한다. 어린아이는 앞으로 쑥쑥 성장해나갈 존재다. 이 카드는 미래에 크게 성공할 가능성을 암시한다.

이떻게 접근하면 좋을까?

정방향
노력의 성과를
얻는다

태양의 아이가 바깥세상을 향해 한 걸음 내디디고 성장해나간다. 붉은 깃발이 정열을 의미하는 것처럼, 하고자 하는 자신의 열의에 따라 점점 앞으로 나아간다. 그렇게 살아가는 기쁨을 알아가면서 자연히 그에 대한 대가도 얻게 되는 것이다.

기본 KEYWORD
기쁨

이 카드는 성과를 얻을 가능성을 암시한다. 그것을 진심으로 기뻐할 수 있는지, 기뻐할 수 없는 사정이 있는지 카드의 정·역방향으로 읽어보자.

역방향
빛을
보지 못한다

태양이 카드의 밑 부분에 있다면 '저무는 태양'을 의미하며, 그 힘을 충분히 발휘할 수 없다. 빛을 보지 못하는, 생명력이 부족한, 성장 못하고 미숙한 상태를 의미한다. 그렇지만 저문 태양은 다시 떠오르는 법이므로 재도전의 기회가 언젠가는 찾아올 것이다.

어떻게 해석하면 좋을까?

현재 상황	정방향	최고조에 달한 시기/노력의 성과가 기다리고 있다/기쁨으로 가득 찬 나날/행복하다/상승 곡선/에너지가 가득 차 있다
	역방향	먹구름이 몰려오는 시기/애써도 잘 풀리지 않는다/원치 않는 결과로 끝나게 된다/무엇을 해도 즐겁지 않다/용두사미/심신이 지친 상태
감정	정방향	노력을 아끼지 않고 즐기고 있다/결과뿐 아니라 과정도 중시한다/어려움을 극복할 각오와 패기가 있다/무슨 일이 일어나도 모든 것을 받아들인다
	역방향	각오가 서지 않아 도망친다/이도 저도 아닌 어중간한 심경/자신에게 관대하다/주위의 도움을 당연하게 생각한다/누군가를 편애하고 있다
문제의 원인	정방향	개방적이고 꾸밈없는 태도가 역효과를 가져온다/너무 많은 패를 보여주고 있다/너무 정직하다/정신적 미성숙/천박한 언동으로 평판이 좋지 않다
	역방향	삐뚤어진 사고방식 탓에 솔직해질 수 없다/지나치게 소심하다/누군가에게 공로를 빼앗긴다/공을 세우고도 주목받지 못한다/노력 부족
미래 전망	정방향	주위의 주목을 받는다/사람들 앞에서 칭찬받는다/성공과 성과를 손에 넣은 자신을 자랑스러워한다/노력을 인정받는다
	역방향	기대한 만큼 주목받지 못한다/원치 않는 주목/노력한 만큼 보상받지 못한다/동기 부여가 눈에 띄게 줄어든다
조언	정방향	즐기다 보면 성공은 저절로 찾아온다/항상 밝은 마음으로/하던 대로 하면 된다/남을 따라 하기보다는 자기답게/웃는 얼굴로 인사한다
	역방향	의미 없는 노력임을 깨달아라/자신을 적극적으로 어필하라/조금 더 높은 곳을 향하라/건강한 라이프 스타일을 유지하라

어떻게 응용하면 좋을까?

	연애	일	대인 관계	기타
정방향	사랑의 성취/주위로부터 축복받는다/성실한 상대/건전한 사랑/사랑을 위해 협력할 수 있는 관계	성공한다/승진한다/빛을 본다/영광을 차지한다/힘든 작업도 즐겁게 해낸다	숨기는 것이 없다/힘이 되어주는 상대/계산적이지 않고 건전한 관계/행복하고 즐겁다	즐겁다/건강/활기/노력하면 이루어진다/주목받는다 / 어린아이 / 자식/대낮/쾌청
역방향	앞날이 불안한 사랑/진심으로 기뻐할 수 없는 사랑/믿고 싶어도 믿을 수 없는 상대	성공을 실감할 수 없다/인정받지 못한다 / 애쓰고 싶지 않다/칭찬에도 기뻐할 수 없다	이해관계가 신경 쓰인다/진심으로 대하기 어렵다/즐겁지만 허무함이 남는다	소극적인 태도/마음껏 즐기지 못한다/미온적인 태도/보고만 있다/쇠약한 체력

심판

* JUDGEMENT *

끝났다고 생각한 것이
선명하게 되살아난다

카드 중앙에는 나팔을 부는 천사가 있고 관에서는 죽은 이들이 소생하고 있다. 성서의 '최후의 심판'을 모티브로 한 카드이다.

나팔에 달린 깃발의 십자가는 인생의 분기점을 나타내며 사람들에게 무언가 결단을 내리기를 촉구한다. 죽은 이가 소생한다는 점에서 '과거'와 연관이 깊은 카드다. 과거에 사라진 것들을 다시 한번 되살리는 기회임을 말해주고 있다.

어떻게 접근하면 좋을까?

정방향

재빨리
기회를 잡는다

확실하게 기회를 잡을 수 있다. 그동안 소중히 간직하고 있었던 대상, 아이디어, 마음 등 과거에 '이미 끝난 일'이라고 여겼던 일을 해방시켜 밖으로 드러내는 시기다. 그런 부활이 인생의 터닝 포인트가 될 수도 있다.

기본 KEYWORD

해방

그동안 좇고 있던 꿈, 과거에 친했던 사람, 잘 풀리지 않았던 계획 등 포기했던 일, 다시는 빛을 보지 못할 것이라고 여겼던 대상에 한 줄기 빛이 비춘다. 그런 기회를 확실히 잡을 수 있을지 없을지를 정·역방향으로 판단해보자.

역방향

뒤로 미뤄둔 채
중단한다

모처럼 얻은 기회를 놓친다. 이때다 싶은 상황에서 용기를 내지 못하거나 망설이다가 타이밍을 놓치기도 한다. 그 결과 되살리고 싶었던 생각이나 계획, 사람과의 관계는 또다시 봉인되어 한동안 보류되고 마는 경우도 있다.

어떻게 해석하면 좋을까?

현재 상황	정방향	터닝 포인트/잊고 있던 계획이나 기억이 되살아난다/포기하고 있었던 기회가 찾아온다/중요한 사람과 재회한다/재도전하는 시기
	역방향	아무리 기다려도 도움의 손길이 오지 않는 상황/천재일우의 타이밍을 놓친다/기회가 좀처럼 오지 않는다/뭐든지 한발 늦는다/바람맞는다
감정	정방향	해방감에 상쾌한 기분/흑백을 확실히 가르고 싶다/인생의 중요한 결정을 내리고 싶다/중요한 무언가를 생각해낸다/과거를 돌아본다
	역방향	고립감에 괴로워하고 있다/안 좋은 추억/더는 어쩔 수 없다고 생각한다/기회도 문제도 모두 내버려두고 싶다
문제의 원인	정방향	거짓 기회에 현혹되고 있다/만일의 상황을 대비하여 필요 없는 것도 손에 넣으려고 한다/과거의 인간관계 속 분쟁/다시 떠오른 문제/병의 재발
	역방향	중요한 상황에 때를 놓친다/무엇을 하든 타이밍이 맞지 않는다/중요한 것을 잊고 있다/용기를 내지 못하고 뒤로 미루던 일 때문에 기회를 놓친다
미래 전망	정방향	포기했던 일이 다시 시작된다/마음을 다잡고 더는 망설이지 않는다/가장 중요한 것을 선택한다/과거에 일어난 일의 의미를 이해한다/잃은 것을 되찾는다
	역방향	결심이 서지 않는다/선택하지 못하고 같은 곳을 맴돌고 있다/당분간 두 번째 기회는 찾아오지 않는다/망각한다/과거를 매듭짓지 못하면 앞으로 나아갈 수 없다
조언	정방향	이 순간을 소중히 여겨라/과거의 기억이나 경험에서 힌트를 얻어라/지금 할 수 있는 일을 하라/재도전하라/그동안 준비해온 것을 실행에 옮겨라
	역방향	미루고 있던 것과 마주하라/시간을 낭비하지 말라/이제 결정을 해야 할 때/엄청난 기회를 바라지 말라/정말 그것이 필요한지 판별하라

어떻게 응용하면 좋을까?

	연애	일	대인 관계	기타
정방향	확신이 가는 상대/고백/과거 청산/옛 연인과 다시 시작한다/결혼을 결심한다/재혼	기사회생의 기회/명예를 회복한다/초심으로 돌아간다/무거운 짐을 내려놓는다/성공적인 결정	관계에 결말을 짓는다/추억/재회/관계를 되찾는다/붙잡아두어야 할 중요 인물	승부에 운이 따른다/찾아낸다/즉단즉결/감이 좋다/회복/흐름이 좋다/청렴
역방향	실패하는 사랑/타이밍이 좋지 않은 고백/미련/결말이 나지 않았다/안타까운 사랑	아무도 알아주지 않는 노력/기회를 놓친다/좌절을 맛본다/어려운 작업을 뒤로 미룬다	점점 소원해진다/존재를 잊는다/관계를 되돌리기 어렵다/재회는 이루어지지 않는다/성가신 사람	승부 운이 없다/찾아내지 못한다/준비 부족으로 진행되지 않는다/좋은 시기를 놓쳤다

21
세계
* THE WORLD *

도달한 곳에서 보이는
최고의 광경

리스 안에서 춤을 추고 있는 나체의 댄서는 양성구유의 존재다. 리스는 〈세계〉의 시작이라고 여겨지는 우주의 알(cosmic egg)을 의미한다.

이 카드는 모든 것이 충족된 상태를 보여준다. 손에 든 두 개의 완드는 상반되는 것을 자기 안에서 통합시켜 완전한 세계를 만들어냈음을 나타낸다. 각 모서리에 자리한 네 가지 원소를 상징하는 형상은 세계의 완성을 뜻한다. 그야말로 '기나긴 시간을 들인 끝에 이루어낸 완성'을 상징하는 카드다.

어떻게 접근하면 좋을까?

정방향	
목표를 이루고 만족한다	목표에 도달한 기쁨과 동시에 '끝까지 해냈다'라는 만족감이 있다. 여기서 훌륭하게 완결지은 일은 어쩌면 더 큰 목표를 위한 중간 과정에 지나지 않을지도 모른다. 하지만 다음 단계로 넘어가기 위한 준비를 시작하기 전에, 잠시 기쁨과 행복감을 느껴보자.

기본 KEYWORD	
완성	무언가를 달성하기 위해서는 상당한 노력이 필요하다. 달성했다는 결과뿐만 아니라 그 과정에 얼마나 충실했는지도 중요한 포인트가 된다. 그것을 얻을 수 있을지의 여부가 카드의 정·역방향에 따라 나타난다.

역방향	
만족스럽지 못한 결과로 물러난다	일정 부분 완성하긴 했지만 기대했던 것과는 조금 다른 결과를 얻는다. 어쩌면 마지막 순간에 정성을 다하지 못해 만족할 만한 결과가 나오지 않았을 수도 있다. 그런 결과를 앞에 두고 포기하고 그만둘지, 더 높은 곳을 목표로 할 것인지는 자신에게 달려 있다.

어떻게 해석하면 좋을까?

현재 상황	정방향	최상의 컨디션/자신에게 만족하고 있다/남이 부러워할 만큼 행복하다/문제가 최종 국면에 달했다/최고의 성과를 내는 시기
	역방향	슬럼프 상태/아직 만족할 만한 성과를 얻지 못한 단계/좋지도 나쁘지도 않은 불완전연소 상태/주위의 기대에 부응하지 못한다/미완성 상태
감정	정방향	하나에 몰두하고 있다/잡념이 없는 고도의 집중 상태/완전연소의 만족감/그동안 해온 일이 헛되지 않았음을 느낀다/최고의 자기 긍정감
	역방향	주위 시선을 신경 쓰느라 실력을 발휘할 수 없다/전력을 쏟지 못하고 후회한다/마무리가 허술하다/어설픈 마무리로 불완전연소 상태/맥이 빠진다
문제의 원인	정방향	오로지 하나에만 집중하여 주위가 보이지 않는다/도를 넘었다/자아도취 상태/자기만족에 빠져 타인의 공감을 얻지 못한다
	역방향	여차하면 발을 빼려는 부족한 근성/중요한 문제를 남겨둔 상태/마지막까지 해낼 에너지가 부족하다/미래에 대한 비전이 부족하다
미래 전망	정방향	최고의 해피 엔딩/염원하던 목표를 달성한다/지금껏 해온 일의 최종 성과를 낸다/꿈을 이룬다/더는 바랄 게 없을 만큼 행복하다/만족감
	역방향	목표에 못 미치는 결과/불만족스러운 마무리/결정적인 한 방이 부족하여 허탕을 친다/꿈을 이루지 못한다/될 대로 되라는 심경/지나침이 독이 된다
조언	정방향	마지막까지 자기 페이스를 지켜라/응원해주는 사람을 믿는 것이 중요하다/기쁨은 주변 사람들과 함께 나눠라/도전 그 자체에 의의를 두라
	역방향	큰 목표를 위해 작은 일부터 해나가라/방해 요소를 배제하라/자기의 사명을 명확히 하라/도망치지 말라/끝까지 힘을 다해 달려가라

어떻게 응용하면 좋을까?

	연애	일	대인 관계	기타
정방향	서로 사랑하는 사이/결실을 거두는 사람/상대에 대한 존경과 신뢰/행복한 결혼/축복받는 관계	천직/결과에 상관없이 성취감을 느낀다/최선을 다했기에 미련 없이 새로운 일에 도전하려 한다	오래 알고 지낸 사이/옛 친구나 반가운 화제/인맥/자리를 마련해주는 사람/좋은 관계	승리한다/기쁨/자신만의 세계관/지지자가 나타난다/넓다/깨달음/모든 것을 이해한다
역방향	권태로운 연인 관계/미래가 없다/고마움을 모른다/결혼으로 이어지지 않는 관계	미래에 대한 두려움/목표를 달성하기 전에 만족해버린다/자만심/현실 도피를 위한 이직	진전이 없는 관계/인상적이지 않은 사람/소원한 관계/한계	어떻게 되든 상관없어진다/실력을 발휘하지 못한다/현상 유지하며 스스로 만족한다

세계 타로 도감
캐릭터 편

타로카드의 그림은 그 종류가 매우 다양하다.
여기에서는 등장 캐릭터가 확 바뀐 카드를 소개한다.
이런 귀여운 카드라면 〈죽음〉도 〈악마〉도 무섭지 않다!

Gummy Bear Tarot
구미베어 타로

부드럽고 가벼운 선으로 그려진 구미베어 타로. 웨이트 버전의 구성을 따르므로 거의 모든 모티브가 실려 있어서 사용이 용이하다. 특히 초보자에게 추천할 만한 덱이다. 틴 케이스에 들어 있어서 휴대하기도 편리하다.

Tarot of Pagan Cats
페이건 캣 타로

전 세계 애묘인들이 강력 추천하는 타로. 모든 등장인물이 고양이로 변신! 다양한 표정의 고양이들이 타로 세계 속을 활보하는 모습에 고민 많던 마음도 어느덧 누그러진다. 카드의 의미가 강조되어 그려져 있기 때문에 비교적 리딩이 쉬운 덱이다.

The Wonderland Tarot
원더랜드 타로

너무나도 친숙한 '이상한 나라의 앨리스'를 모티브로 한 타로. 낯익은 장면이 타로카드와 잘 맞아떨어지고 있어서 앨리스를 좋아하는 사람이라면 누구보다 빨리 그 의미를 알아차릴 터. 각 카드에 어떤 장면이 그려져 있는지 확인하는 것만으로도 색다른 재미를 느낄 수 있다.

Chapter

네 가지 원소로 이루어진

마이너 아르카나 56장

카드 매수가 많다고 겁먹을 필요는 없다!
각 카드에 대한 상세한 설명을 따라가며
차근차근 익혀보자.

네 가지 슈트에 대한 이야기,
마이너 아르카나

타로카드라고 하면 메이저 아르카나를 먼저 떠올리기 때문인지 대부분 '56장이나 더 있는 줄 몰랐다'라고 말한다. 하지만 역사를 들춰보면 트럼프의 원형으로 여겨지는 마이너 아르카나(Minor Arcana)가 메이저 아르카나보다 더 먼저 생겨났다는 사실을 알 수 있다.

마이너 아르카나의 특징은 네 가지 슈트(기호)에 있다. 만물을 구성하는 기본적 원소인 불·땅·바람·물에 대응하며 각각 인간을 움직이게 하는 네 가지 동기를 나타낸다.
완드는 불에 대응하며 열정을, 땅에 대응하는 펜타클은 물질을, 바람에 대응하는 소드는 사고를, 컵은 물에 대응하며 감정을 상징한다. 이 모든 것은 살아가는 데 꼭 필요한 요소다.
마이너 아르카나는 네 장의 코트 카드와 A부터 10까지의 핍 카드로 이루어진다.

코트 카드는 자기 안에 있는 네 명의 캐릭터라고 생각하면 된다. 완드의 경우, '정열을 어떻게 바라보고 표현할 것인가'가 페이지·나이트·퀸·킹이라는 네 명의 캐릭터로 드러나는 것이다.
핍 카드는 슈트를 둘러싼 하나의 이야기다. 열정이나 지성을 바탕으로 목적을 실현해가는 과정, 사랑이나 돈을 손에 넣는 과정 등이 각 슈트에 표현되어 있으므로 순서대로 카드를 들여다보고 이야기의 흐름을 이해하자.

메이저 아르카나가 피할 수 없는 운명적 상황을 나타내고 있다면, 마이너 아르카나는 일상적인 일을 나타낸다. 그만큼 표정이 풍부한 마이너 아르카나의 등장인물은 더욱 인간적으로 다가올지도 모른다.

이러한 그림은 웨이트 버전 타로에서부터 시작되었다. 그전까지의 타로는 〈펜타클 2〉에 두 개의 펜타클이, 〈소드 7〉에 일곱 개의 소드가 그려진 단순한 카드였다. 여기에 직관적인 그림이 더해지면서 지금의 모습이 되었고, 카드의 의미를 파악하기 쉬워졌다.

마이너 아르카나의 세계까지 속속들이 맛봐야 비로소 타로를 더 깊이 이해하게 된다. 더욱 섬세하고 생활에 밀접한 메시지를 56장의 카드에서 읽어보자.

POINT

코트 카드도 불·땅·바람·물에 대치될 수 있다

슈트뿐만 아니라 네 종류의 코트 카드를 각각 불·땅·바람·물로 나누어 생각할 수 있다. 그럴 경우 페이지는 땅, 나이트는 바람, 퀸은 물, 킹은 불이 된다. 따라서 〈펜타클의 나이트〉는 〈펜타클(땅)〉 × 〈나이트(바람)〉가 되며 정보를 바탕으로 성실하게 행동하는 성격이라고 해석할 수 있다. 이러한 접근 방법으로 코트 카드의 이미지를 확장할 수 있다.

	페이지 (땅)	나이트 (바람)	퀸 (물)	킹 (불)
완드 (불)	불×땅	불×바람	불×물	불×불
펜타클 (땅)	땅×땅	땅×바람	땅×물	땅×불
소드 (바람)	바람×땅	바람×바람	바람×물	바람×불
컵 (물)	물×땅	물×바람	물×물	물×불

완드
* WAND *

불

인간의 생명력과 행동력, 살아가는 힘이 된다

완드란 막대기를 뜻하며 오래전부터 인류가 사용해온 도구다. 식사할 때 땔감으로 사용하거나 호신용 도구, 집을 짓는 재료가 되기도 한다. 인류의 의식주, 즉 생명을 지탱해주는 가장 중요한 아이템이라고 할 수 있다.

원소로는 불에 해당하며 인간의 생명력, 무언가를 하고 싶은 열정, 손에 넣고 싶은 경쟁심을 나타낸다.

코트 카드에는 무엇이 그려져 있을까?

PAGE
페이지

막 피어난 정열을
신중하게 표현
완드(불)의 페이지(땅)는 땅에 발을 안정적으로 딛고 선 정열이 특징이다. 막대기를 바라보며 조급해지는 기분을 가다듬고 신중하게 다음 걸음을 옮기려 한다.

KNIGHT
나이트

자신감 넘치는
젊은 야심
완드(불)의 나이드(바람)는 정열을 커뮤니케이션으로 표현한다. 꿈을 널리 알려 주변 사람들을 끌어모으는 힘이 있다.

QUEEN
퀸

마음을 나누는 것에
대한 강한 의지
완드(불)의 퀸(물)은 타인과 감정을 공유하고, 고취하고 싶어 한다. 열정적으로 자기 생각을 전하여 사람들의 마음을 사로잡는다.

KING
킹

거칠 것이 없는
열의로 가득 찬 존재
완드(불)의 킹(불)은 열정적인 영혼의 소유자다. 자신의 열정을 그대로 행동에 옮겨, 앞길을 가로막는 것을 물리치는 기세가 있다.

핍 카드에는 무엇이 그려져 있을까?

의욕의 탄생
무언가를 시작하려는
의욕이 생겨난다.

비상하고 싶은 욕망
열정을 어떻게 실현할지
계획을 세운다.

더 넓은 세상으로
다음 단계로
나아가기로 한다.

일시적 평온함
하나의 매듭을 짓고
잠깐 휴식을 취한다.

정열의 전환기
문제가 생겨 대책을
마련해야 한다.

거머쥔 승리
바라던 것을 쟁취하여
사람들의 칭송을 받는다.

지금보다 더 높은 곳으로
새로운 목표를 향해
스스로 투쟁에 나선다.

망설임 없이 나아간다
기세 좋게 목표 달성을
향해 돌진한다.

가진 것이 주는 불안
목표를 달성했지만 낙관
하기 어려운 상태다.

끝없는 욕망으로 파멸에 이른다
모든 것을 가지려 하지만
감당할 수 없다.

POINT

열정의 고조와 종결에 대한 이야기

완드 카드에는 한 명의 마음속에 생겨난 정열이
어떤 결말을 맞이하는지가 그려져 있다. 완드는
횃불로, 빛을 밝히는 아이템이기도 하므로 무언
가를 시작할 때 반드시 필요한 도구다. 완드를
손에 들고 투쟁에 나서 멋지게 승리를 거머쥐지
만, 더 높은 곳을 향하려 하면서 점차 형세가
나빠지고 결국 부담을 이겨내지 못하고 만다.

완드
A
* ACE of WANDS *

ACE of WANDS.

정열을 쏟을 대상을 발견한다

신의 손이 생명력의 상징인 완드를 쥐고 있다. 배경에 그려진 성 같은 건물은 달성하고 싶은 목표의 상징이다. 바라는 것을 손에 넣고 싶은 강한 의지를 나타내는 카드다.

| **정방향** 새로운 도전이 시작된다 | 힘이 강해지고 있다. 새로운 목표가 생기거나 자신을 성장시키기 위한 한 걸음을 내딛으려 한다. |

기본 KEYWORD
생명력

인간을 움직이는 힘, 열정을 나타낸다. 정·역방향이나 나온 위치에 따라 그 힘이 높아질 것인지, 저하될 것인지를 판단한다.

| **역방향** 하나의 도전이 끝난다 | 의욕이 떨어지고 무언가가 끝을 향해 가고 있다. 반대로 힘이 폭주하는 상태를 나타내기도 한다. |

	현재 상황	감정	문제의 원인	미래 전망	조언
정방향	하고 싶은 일에 진전이 있다/새로운 도전을 하는 시기/의욕이 넘친다	다방면에 왕성한 의욕/흥미로운 아이디어/긍정적인 사고	과도한 욕심/아이디어를 구체적인 계획으로 이끌어내지 못한다	취직·입학 등 인생의 선환점/새로운 일을 시작한다/기회가 찾아온다	생각에 그치지 말고 행동으로 옮겨라/열정을 드러내라/직감을 따르라
역방향	억지로 진행된다/잘못된 방향으로 폭주하기 쉬운 상황/에너지 저하	의욕 소멸/모든 일이 귀찮다/결심이 안 선다/누군가를 방해하고 싶다	타이밍을 놓친다/목적을 잃는다/해결 못 한 일이 있다	열의가 부족하다/의욕을 잃는다/예상보다 늦어지거나 중단된다	결정은 나중으로 미뤄라/현실을 받아들이고 매듭을 지어라

	연애	일	대인 관계	기타
정방향	새로운 사랑에 열정을 쏟는다/연애에 열중한다/성적인 매력/왕성한 성욕/임신과 출산	좋은 생각이 떠오른다/기획력이 관건/팀의 결성/신규 사업/의욕적인 동료	새로운 만남/파트너가 생긴다/빈번하게 연락을 주고받는다/동호회 활동	시작/탄생/새로운 발명·발견/신장개업/여행
역방향	관계를 청산한다/물러선다/주위로부터 박해받는 사랑/연을 끊는다/성욕 감퇴/불임	의욕이 없는 환경/쇠퇴하고 있는 경영/사업 철수/계약이 백지상태로 돌아간다/팀의 해체/도산	연락이 끊긴다/발목을 잡는 사람이 있다/무기력하고 속을 알 수 없는 사람	끝/기세가 꺾인다/과거를 청산한다/이탈/퇴학/퇴직/폐업

완드 2

* TWO of WANDS *

더 높은 단계를 향한다

작은 지구를 손에 들고 성의 정상에 서 있는 성공한 자의 모습이다. 이미 영광을 손에 넣었지만, 결과에 만족하지 못하고 새로운 야심을 품고 있다. 또 한 번의 도약을 향한 의욕을 나타내는 카드다.

정방향
목표를 달성하여
자신감에 차 있다

자신의 공적이나 성장에 보람을 느낀다. 그런 자신감을 발판 삼아 더 높은 곳을 향하고 싶은 야심이 싹튼다.

기본 KEYWORD

도달

이미 어느 정도의 성공을 손에 넣었다. 그것을 바탕으로 발전해갈지, 허무함을 느낄지 정·역방향에 따라 해석해보자.

역방향
손에 넣은 것을
잃을지도 모른다

손에 넣은 것을 잃고 지위를 빼앗기는 전개가 예상된다. 혹은 노력의 성과가 퇴색되기도 한다.

	현재 상황	감정	문제의 원인	미래 전망	조언
정방향	목표 달성을 목전에 두고 있다/만족 못하는 상태/곧 다음 전개가 시작된다	불가능은 없다는 자신감/다음 목표를 정하고 싶다/더 높은 곳을 향하고 싶다	모든 것을 혼자서 해낸 기분이 든다/사태의 중대성을 깨닫지 못하고 있다	목표를 무사히 달성한다/자신감이 생긴다/새로운 갈망이나 야망이 생긴다	이제껏 노력해온 자신을 인정하라/가슴을 펴라/더 높은 목표를 향하라
역방향	예기치 못한 사태에 놓인다/고립된 환경/손발이 맞지 않는다	타인을 깔보고 있다/나쁜 방향으로 나아가고 있는 예감/배신당한 기분	충격적인 사건/동요하여 판단력이 흐려진다/깊은 후회	상실의 두려움을 깨닫는다/성과가 물거품이 될 수 있다/갑작스러운 병/계획 중지	오만한 태도는 금물/상대의 마음을 확인하라/트러블의 대안을 마련하라

	연애	일	대인 관계	기타
정방향	원하던 사랑을 이룬다/상대를 손에 넣는다/진지한 사람/미래를 그리는 사랑	실적을 인정받는다/지휘를 맡는다/현재에 한계를 느끼고 새로운 목표를 향한다/전략 수립	책임을 다한다/돈독해지는 관계/자신감이 넘치는 사람/성공한 사람/장래성이 있는 사람	건강한 신체/돈이 생긴다/협력자가 나타나 한 단계 발전한다/자기 관리
역방향	잘 풀리지 않는 관계/초조함/상대를 지배하고 싶어 한다/고압적인 사람/갑작스러운 이별	계획을 단념한다/자신의 의지와 상관없이 일이 중단된다/무리한 계획/갑작스러운 전근	상대의 태도가 급변한다/견제당한다/계획에 변동이 많은 사람/갑자기 연락이 끊긴다	건강을 해친다/갑자기 돈을 잃는다/관리 능력이 저하된다/곤란한 상황에 부닥친다

완드
3
* THREE of WANDS *

기회를 엿본다

남자가 절벽 위에서 바다를 바라보고 있다. 배의 출항을 지켜보고 있는 것일까, 아니면 귀항을 기다리고 있는 것일까. 이 카드는 자신의 현재 상황이나 새로운 목적지를 궁리하는 상태를 나타낸다.

정방향
도전할 기회를
엿본다

다음 단계로 나아가려 한다. 조금만 마음을 먹으면 결의를 굳힐 기세다. 꿈틀대기 시작한 타이밍이 코앞까지 다가와 있다.

기 본 KEYWORD

모색

새로운 목표를 향해 행동에 나설 기회를 엿보고 있다. 기대감이 높아지고 있지만, 원하는 대로 진행될지는 카드의 정·역방향에 따라 판단한다.

역방향
기대가
물거품이 된다

몸과 마음은 만반의 준비를 마쳤지만, 마지막 결심이 서지 않아 행동에 옮기지 못한다. 기다리는 소식이 들려오지 않는다.

	현재 상황	감정	문제의 원인	미래 전망	조언
정방향	일이 커지는 분위기/반가운 소식을 기다린다/도움을 받을 기회	희소식을 듣고 기뻐한다/'이 정도면 괜찮다'라는 여유/기대감	도와줄 사람과 타이밍이 맞지 않는다/계기로 삼지 못했다	기다리던 소식이 찾아온다/바라던 깃을 얻는다/협력자가 나타난다	긍정적인 마음으로/서포터를 찾아라/경험을 살려라
역방향	기대와 다른 상황/연락이 늦어진다/애쓴 보람이 없다/아쉬움	예상과 다른 전개에 낙담한다/생각대로 되지 않아 초조하다/불안함	아무것도 안 하면서 기대만 하고 있다/마음의 여유를 잃었다/행동이 굼뜨다	때를 놓친다/연락이 오지 않는다/상대 해주지 않는다	타이밍을 놓치지 말라/지나친 기대는 금물/초조해하지 말고 차분하게

	연애	일	대인 관계	기타
정방향	좋아하는 사람과 연인이 된다/사랑의 기회가 찾아온다/결혼으로 발전하는 사랑/적극적	비즈니스 기회가 찾아온다/융자를 받는다/사업이 확대된다/새로운 계약을 체결한다	가치관이 비슷하다/이해해주는 사람/기대에 부응하는 사람/이상적인 협력자	밝은 미래/크게 성장할 기세/아직 희망이 있다/탐구심이 생긴다/여행 준비
역방향	상대해주지 않는다/짝사랑으로 끝난다/연락이 오지 않는다/수동적인 사람/소극적	타이밍을 잘못 짚었다/기회를 놓친다/이익이 감소한다/예정보다 늦어진다	연락이 되지 않는다/상대해주지 않는 사람/이유 없이 나타나지 않는다/점점 멀어지는 관계	앞이 보이지 않는다/단기 유학/지연/연기

완드
4
* FOUR of WANDS *

자유를 얻고 기쁨에 사로잡힌다

완드 너머로 꽃다발을 흔드는 사람들이 보인다. 모두가 평온한 삶을 살고 있다. 배경에 보이는 성은 풍요로움을 상징한다. 안정된 행복과 기쁨을 전하는 카드다.

정방향
진정한 기쁨을 얻는다

굴레에서 벗어난다. 평온함과 자유를 얻어 '진심으로 원하고 있던 것'을 실감한다.

기 본 KEYWORD
환희

정신적인 기쁨을 의미하는 카드다. 심신이 모두 충만해 있어, 현재 상황에 만족한 나머지 헝그리 정신을 잃기도 한다.

역방향
현재 상황에서 기쁨을 찾는다

새로운 것을 얻으려 하지 않고 지금 환경에서 기쁨을 찾는다. 매사에 수동적인 태도를 의미하기도 한다.

	현재 상황	감정	문제의 원인	미래 전망	조언
정방향	무거운 짐을 내려둔 상황/좋은 만남이 생기는 시기/기쁜 소식	평온하고 온화한 기분/해방된 기분/들떠 있는 상태	지나친 안심/잘되고 있다고 단정 짓는다/해방감에 방심하고 있다	한숨 돌린다/매듭을 짓고 성취감을 느낀다/타인의 행복을 축하한다	너무 고민하지 말라/자기 자신답게, 편안한 마음으로/잠시 휴식을 취하라
역방향	나쁘지는 않지만 만족할 수도 없다/현재 상황에서 즐거움을 찾는 시기	현재에 만족한다/적당히 자신을 속이고 있다/게으름	끝맺음이 불분명하다/만만하게 보고 있다/고마움을 잊고 있다	아무것도 결정하지 못한다/현실에 안주한다/틀을 벗어나지 못한다	여유는 금물/자신을 몰아붙이지 말라/타인의 의견에 동조하지 말라

	연애	일	대인 관계	기타
정방향	새로운 사랑이 시작된다/대화를 나눈다/결혼식/함께 있으면 안심되는 사람	목적을 달성한다/문제없이 무거운 짐을 내려놓는다/선임자/장기 휴가/뒤풀이	자신을 드러낸다/화기애애/단란한 가족/진심으로 편한 관계/안면 있는 사람	자기 자신답게 있을 수 있는 곳/자유로워진다/이벤트나 파티에 참가한다/귀성/자택
역방향	좋지도 나쁘지도 않다/딱히 좋은 점이 없다/권태감/사랑싸움/일방적인 대화	목표 달성 후에도 만족감이 없다/주위의 기대를 받고 자만한다/적당히 일한다/기복이 심한 사람	자잘한 싸움이 계속된다/매너리즘/친한 사이에 예의 없게 행동한다	자신을 속이려고 하는 딜레마에 빠진다/내연/본래 자신의 모습을 잃는다

완드
5
✲ FIVE of WANDS ✲

강한 의지로 맞서 싸운다

파란 하늘 아래에서 다섯 명이 의기양양하게 싸움을 벌이고 있다. 밝은 배경색은 이 싸움에 나쁜 감정이 담겨 있지 않다는 점을 나타낸다. 투지와 승부에 대한 의지를 의미하는 카드다.

정방향
**절차탁마하며
분투한다**

투쟁심은 높아져 있지만 나쁜 감정은 없다. 맞서 싸움으로써 목표에 도달하고자 한다.

기본 KEYWORD
쟁취

카드가 '승부의 의미'를 묻고 있다. 자신을 격려하기 위함인지 타인을 이기기 위함인지 카드의 정·역방향으로 해석해보자.

역방향
**상대를
제압한다**

상대를 해하여 밀쳐내고자 전투태세를 갖추고 있다. 상대가 패배를 인정할 때까지 철저히 싸워서 이기려는 의지를 불태운다.

	현재 상황	감정	문제의 원인	미래 전망	조언
정방향	변화의 시기/솔직하게 마주하는 시기/승부가 난다	의사를 전달하고 싶다/무사히 해결하고 싶다/반대 의견에 대한 반항심	자신감에 차 있지만, 실력이 받쳐주지 않는다/지나치게 솔직하다/불안정	더 높은 곳을 목표로 힌나/좋은 경쟁자가 나타난다/그룹 내 경쟁	자기주장을 확실히/의견을 지설적으로 전하라/도전을 망설이지 말라
역방향	혼란스러운 상황/수습이 안 된다/주변에 휩쓸린다	나쁜 망상이 심해진다/자신이 가장 힘들다고 생각한다/질투/조바심	자기 멋대로 한다/갈피를 잡을 수 없다/수단을 가리지 않는 태도	결말이 나지 않은 상태로 중단된다/충돌을 피하고자 타협한다	한쪽이 굽힐 수밖에 없다/상황을 길게 끌고 가지 말라/의견을 수렴하라

	연애	일	대인 관계	기타
정방향	다수의 이성이 다가온다/다툰 뒤 사이가 돈독해진다/경쟁자가 있다/빼앗은 사랑	대회나 오디션에 참가한다/유익한 의견을 나눈다/PR 경쟁/경합한다	논의한다/공통의 목적을 달성한다/자극을 주는 그룹/서로 마음을 나눌 수 있는 사람	앞이 보이지 않는 상황에서 분투한다/적당한 긴장감/포지션을 두고 다툰다/어수선하다
역방향	다툼이 그치지 않는다/독점욕에 사로잡힌다/부정적인 사고로 인해 더욱 힘들어진다/폭력적인 사람	의견이 정리되지 않는다/어쩔 수 없이 제안을 받아들인다/고착 상태에 빠진다/관계가 틀어진다	작은 일에도 서로 부딪친다/대화가 겉돈다/집요하고 삐뚤어진 사람	자신이 처한 상황을 모르고 있다/현실을 인정하고 싶지 않다/어떻게든 자신을 지키고 싶다

완드 6

∗ SIX of WANDS ∗

사람들의 칭송을 받는다

승리의 완드를 움켜쥔 남성이 말을 타고 행진하고 있다. 군대를 이끄는 것으로 보아 그는 분명 훌륭한 장수일 것이다. 영광을 차지하고 행복을 느끼는 것을 의미하는 카드다.

정방향
스스로가 자랑스럽다

주위의 인정을 받아 진심으로 기뻐하고 있는 상태다. 약간의 우월감에 젖어 무사히 일을 끝마친 자신을 자랑스럽게 생각한다.

기본 KEYWORD
칭송

사람들에게 칭송을 받는다. 곧 기쁜 일이 생길 테지만 그것을 어떻게 받아들일지는 카드의 정·역방향에 따라 다르게 나타난다.

역방향
부당한 결과에 불만을 품고 있다

'더 잘될 수 있었는데'라고 내심 불만을 품고 있다. 주변의 찬사에도 불구하고 초조함을 느껴 마음껏 기뻐하지 못한다.

	현재 상황	감정	문제의 원인	미래 전망	조언
정방향	목표를 달성하는 시기/기쁜 소식이 들려온다/마음이 들뜬다	매우 기쁜 상태/남에게 자랑하고 싶다/우쭐해져 있다/성취감	칭찬이 불러온 주변의 시샘/원치 않게 주목받고 있다/자의식 과잉 상태	자기만의 방법으로 성공한다/주목의 대상이 된다/경쟁에서 승리하여 약진한다	힘을 합쳐라/자신 있게 맞서라/리더십이 중요하다
역방향	예정대로 진행되지 않는다/목표를 달성했지만 기뻐할 수 없다/기한을 넘긴다	예상과 다른 결과에 낙담하고 있다/거만하다/자신이 없다/열등감	자존심이 너무 세다/으스대는 태도/변명만 늘어놓는다	좋은 소식이 없다/단결력이 약해진다/성공하지만 성취감이 없다	배신자를 조심하라/우월감이 실패를 부른다/초조해하지 말고 천천히

	연애	일	대인 관계	기타
정방향	경쟁자를 물리친다/고백 성공/기대하고 있던 이야기를 듣는다/인기가 많은 사람	거래가 성립된다/목표를 달성하여 주목받는다/활약으로 인해 승진한다/팀워크가 좋다	의기투합한다/협력하는 관계/희소식을 가져다주는 사람/그룹에 새로운 멤버가 들어온다	있는 그대로 보여준다/단결하여 한곳을 향한다/가슴이 벅차오름을 정도로 충실감을 맛본다
역방향	'사랑받고 있다'라는 착각/고백 실패/연락 두절/혼담·약혼·혼인 신고가 연기된다	답변을 기다리고 있다/형식적인 승진/계획이 연기된다/팀워크가 좋지 않다/조직의 붕괴	믿는 도끼에 발등 찍힌다/거짓말로 사이가 틀어진다/연락이 늦어진다/말뿐인 사람	허언과 허세로 자신을 포장한다/지나친 자신감/과대평가/배신하는 행위/인심을 잃는다

완드
7

* SEVEN of WANDS *

주도권을 쥐고 승부에 나선다

고군분투하는 남성의 모습이 그려져 있다. 들어 올리는 완드의 수만큼이나 적의 수도 많지만, 그는 절벽 위라는 유리한 위치를 선점하고 있다. 압도적인 우위는 흔들리지 않는다는 것을 나타낸다.

정방향
유리한 위치에서 승기를 잡는다

유리한 위치에 있으므로 상황을 제어할 수 있다. 운의 흐름이 좋고 모든 것이 자기편처럼 느껴진다.

기본 KEYWORD

분투

카드의 정방향은 어떤 상태에서 위기를 헤쳐갈 것인지를 나타낸다. 당신이 있는 곳은 절벽 위일까, 아니면 절벽 밑일까.

역방향
불리한 상황에서 고전을 면치 못한다

어려운 국면에 놓인다. 압도적으로 불리한 상황에서 투쟁이나 도전을 강요당한다. 정신적인 흔들림을 나타내기도 한다.

	현재 상황	감정	문제의 원인	미래 전망	조언
정방향	자기주장이 가능한 상황/약점을 극복한다/승부를 걸기에 좋은 시기	목표를 정했다/신념이 싹튼다/승리를 향한 의욕과 자신감이 가득하다	주도권을 발휘하지 못하고 있다/유리한 상황을 과신한다	유리한 위치를 선점한다/YES, NO로 확실하게 답변한다	주변 사람을 자기편으로 민들이라/지신을 믿어라/유리한 위치를 이용하라
역방향	각오가 서지 않는 상황/피할 수 없는 다툼에 휘말린다	생각이 정리되지 않아 혼란스럽다/전의를 상실했다/불안/갈등	마음속으로 갈등이 일고 있다/불가능하다고 단정 짓는다/방해받는다	불리한 상황에 놓인다/타인의 방해로 기운을 낭비한다	방해나 간섭에 주의하라/어려운 싸움을 각오하라/무의미한 다툼을 하지 말라

	연애	일	대인 관계	기타
정방향	적극적으로 마음을 전한다/일단 부딪히고 본다/쟁취해낸 사랑/실연을 두려워하지 않는다	프로젝트에서 좋은 성과를 얻는다/줄다리기를 한다/대회에서 수상한다/윤택한 자금/스폰서	대화를 이끌어간다/가식 없는 사람/강수를 두는 것이 효과적이다/아낌없이 줄 수 있다	굳은 결심으로 쟁취해낸 승리/망설임이 없다/상대를 무너뜨리는 기세/승산/승기
역방향	연인을 빼앗긴다/헛된 노력으로 끝난다/망설인다/실연	패색이 짙은 프로젝트/불의의 습격을 받는다/경합·공모에서 떨어진다/두 배의 노력 필요	본심과 다른 표면적인 대화/신통치 않은 대답/겉과 속이 다른 관계/귀가 얇은 사람	겁에 질려 패한다/자기 마음속의 방황/약점을 잡힌다/승산 없는 싸움

완드 8

✦ EIGHT of WANDS ✦

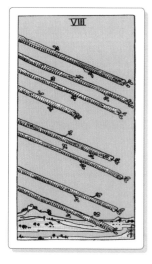

바람처럼 빠르게 전진한다

여덟 개의 완드가 화살처럼 돌진하는 모습은 강한 힘과 속도를 상징한다. 또한 완드의 끝부분이 같은 방향을 향하고 있는 것은 의지와 행동이 일치하여 망설임 없이 나아가는 자세를 암시한다.

정방향
빠른 속도로 나아간다

성급하게 일을 시작한다. 예상하지 못한 속도로 빠르게 사태가 변화한다. 기대할 만한 사건이 일어나는 것을 암시하기도 한다.

기본 KEYWORD

빠른 전개

일의 진전 속도를 나타낸다. 카드의 정·역방향에 따라 놀라운 기세로 나아갈 것인지, 그대로 멈춰버릴 것인지가 결정된다.

역방향
생각지 못한 난관에 봉착한다

지금껏 순조로웠던 것이 갑자기 꼼짝 않고 멈춘다. 예상외의 문제로 초조함과 답답함을 느낀다.

	현재 상황	감정	문제의 원인	미래 전망	조언
정방향	사태가 호전하는 시기/일이 순조롭게 풀린다/끊임없는 변화가 일어난다	운이 따르고 있음을 실감한다/긍정적으로 생각한다	급하게 전개되는 상황이 혼란스럽다/기세에 눌렸다/잘못된 대처 방법	기쁜 전개를 맞는다/거침없이 빠르게 일이 해결된다	망설이지 말라/자신의 운을 믿어라/흐름에 몸을 맡겨라
역방향	달갑지 않은 변화가 생기는 시기/예상 밖의 전개/안 좋은 소식이 날아든다	기대에 못 미쳐 충격을 받는다/최악의 상태/끝없는 불만	막다른 길에 서 있다/상대의 변덕스러운 마음/열의와 기세를 잃었다	기대하지 않았던 상황이 발생한다/바라던 것을 얻지 못한다	상황을 제대로 관찰하라/만약의 사태를 대비하라/변심을 조심하라

	연애	일	대인 관계	기타
정방향	첫눈에 반한 사랑/열정적으로 구애한다/생각지 못한 사랑의 시작/빠른 전개/기세	제안을 받는다/갑작스러운 의뢰를 받는다/손님이 는다/주식·투자로 성공한다/매출이 는다	예기치 못한 권유를 받는다/갑자기 연락이 온다/황급히 만난다/순조롭게 진전되는 관계	순풍이 불어온다/정체된 상황에서 벗어난다/갑작스러운 장거리 이동/당장 움직여야 한다
역방향	심한 질투심에 사로잡힌다/독점욕으로 인한 구속/태도가 급변한다/변심한다	계획 무산/갑작스러운 연기/꺼리는 일이 들어온다/원치 않은 이동	섣부른 판단이 싸움을 부른다/말을 번복한다/약속을 변경하는 사람/참견하기 좋아하는 사람	역풍을 맞는다/발이 묶인다/강요당한 일로 인해 일정이 틀어진다

완드
9

* NINE of WANDS *

자신을 돌아보고 사태에 대비한다

주의 깊게 경계하는 남성의 모습이 그려져 있다. 상처를 입었지만 다시 맞서 싸우려는 모습에서 지기 싫은 불굴의 정신이 느껴진다. 다시금 맞서는 이유를 묻는 카드다.

정방향
대처 방안을
준비한다

어떤 상황에도 대처할 수 있는 상태이다. 착실히 준비하고 경계를 늦추지 않는다. 몸과 마음에 긴장감이 감돈다.

기 본 KEYWORD

대비

위기에 맞서는 힘을 나타낸다. 만전의 태세를 갖추고 도전할 것인지, 준비 부족 상태로 타격을 입을 것인지 카드의 정·역방향으로 해석해보자.

역방향
자만하여
타격을 입는다

지나치게 낙관적이다. 현실적인 국면에 대처하지 못하여 혼란을 초래한다. 스스로 깨닫지 못하고 있는 상태에 대한 경고를 나타내기도 한다.

	현재 상황	감정	문제의 원인	미래 전망	조언
정방향	태세를 재정비하는 시기/미래를 대비하여 준비한다/위험을 경계하고 있다	위험이나 적에 대한 방어 태세를 갖추고 있다/유비무환/신경과민	일이 진행되지 않는다/나중으로 미루고 있다/지나치게 신중하다	만반의 준비를 한다/어떤 난관이 닥쳐도 맞선다/과거의 경험을 살린다	용의주도하게 대비하라/경험을 살려라/오래된 상처나 병을 조심하라
역방향	제대로 대처하지 못한다/같은 잘못을 반복한다/때를 놓친 상황	예상과 다른 사태에 낙담한다/안일했던 마음가짐에 대한 후회	태평한 태도/생각이나 인식이 무르다/과거의 경험에서 얻은 것이 없다	준비한 것을 발휘하지 못하고 끝나버린다/예상치 못한 일이 발생한다	무엇에 대비해야 하는지 우선순위를 정하라/서둘러 예약하라/방심은 금물

	연애	일	대인 관계	기타
정방향	강력한 경쟁자임을 인식한다/이성을 앞에 두고 경계한다/의심의 눈으로 바라본다/지키고 싶은 사랑	말썽에 대비한다/최악의 사태를 염두에 둔다/철저한 확인이 관건/강적	부담을 느낀다/대화가 예상대로 흘러간다/경험이 풍부한 사람/경계심이 강하다/주의할 인물	논리 정연한 상태/충분히 준비하여 맞서 싸운다/에너지가 가득하다/승리한다
역방향	진전 없는 관계/바람맞는다/스쳐가는 사랑/타이밍이 안 맞는 사람	현재 상황을 파악할 수 없다/요령이 없어 일이 제대로 풀리지 않는다/선수를 빼앗긴다/해킹	독단적인 행동으로 손발이 맞지 않는다/따분한 대화/의지할 수 없는 미숙한 사람	모든 일에 어중간한 태도/준비가 부족하여 허를 찔린다/빈약/패배/허약체질

완드 10

* TEN of WANDS *

짊어진 짐을 어떻게 할지 정해야 하는 시기

여러 개의 완드를 품에 안은 남성의 모습에서 '절대 놓치지 않겠다'라는 집착이 느껴진다. 무엇을 갖고 무엇을 포기해야 하는지 선택을 종용하는 카드다.

정방향
자신이 선택한 무거운 짐으로 양손이 가득하다

녹초가 되어서도 짐을 내려놓지 못하는 상황이다. 자신이 책임져야 하는 무언가에 쫓기고 있는 상태를 나타낸다.

기본 KEYWORD
중압감

심리적인 부담이나 사회적 책임을 나타낸다. 무거운 짐을 떠안은 상황에서 불투명한 미래나 지금의 심경을 카드의 정·역방향에 따라 판단한다.

역방향
떠맡았던 것을 놓아버린다

한계에 달해 있다. 짐을 내려놓고 해방되고 싶은 상태다. 일을 포기해버리는 무책임함을 의미하기도 한다.

	현재 상황	감정	문제의 원인	미래 전망	조언
정방향	지쳐 있다/문제를 끌어안은 상태/마음의 여유가 없다	반드시 해내야 한다는 마음가짐/심신이 지쳐 있다/마음이 무겁다	혼자 떠안고 있다/너무 많은 일에 관여하고 있다/성실함	너무 애쓴 나머지 과열 상태가 된다/도움이 필요해진다	주변 사람들에게 상담하라/역할을 분담하라/상대의 요구를 전부 들어주지 말라
역방향	엎친 데 덮친 격/잇따르는 말썽/도망치고 싶은 상황	부담에서 해방되고 싶다/자신의 결백을 주장한다	중도에 포기한다/자기에게 관대하다/책임감이 없다	끝까지 해내지 못한다/현재 상황에서 도망친다/계속되는 문제	책임을 회피하지 말라/남에게 피해를 주지 말라/자신이 없으면 남에게 넘겨라

	연애	일	대인 관계	기타
정방향	미움 받을까 봐 싫은 내색을 하지 못한다/책임감 때문에 헤어지지 못한다/손이 많이 간다	일을 떠맡는다/책임감으로 인한 부담/이중 예약/과로	자책한다/잘못을 인정하는 발언/잔걱정이 많은 사람/기대가 부담스럽다	자기가 아니면 안 된다며 모든 일을 떠맡는다/힘들다고 여겨지는 일/간호/육아/의무감
역방향	연인과 헤어진다/잘못을 추궁당한다/연인을 버리고 도망친다/문제가 많은 사람	도중에 그만둔다/책임을 강요당한다/연쇄적인 말썽/실패하여 좌절한다	사건에 말려든다/문제를 떠맡는다/화풀이/자기중심적인 사람	무책임하게 내던진다/책임을 전가한다/시련을 겪는다/도피/전선 이탈

완드의
페이지
✦ PAGE of WANDS ✦

PAGE of WANDS.

미래에 대한 희망을 품는다

메신저 역할을 하는 소년이다. 자신보다 큰 완드를 올려다보는 모습에서 그의 순박함을 느낄 수 있다. 미래에 대한 희망을 품는 순수함과 그것을 실현하려는 열의를 나타낸다.

정방향
미래를 확신하여 열의를 불태운다

순수한 눈으로 미래를 바라보는 상태이다. 욕망에 충실하며 솔직하다. 꿈을 향해 순조롭게 나아간다.

기 본 **KEYWORD**
전령

밝은 미래를 응시하며 무언가 이야기하려는 소년. 어떤 이야기를 꺼낼지 카드의 정·역방향으로 해석해보자.

역방향
우쭐한 마음에 큰소리친다

희망을 말하지만, 한편으로는 저항심과 변덕이 아른거린다. 스스로 자각하지 못한 사이에 타인에 대한 반항심으로 그르친 행동을 하게 된다.

	현재 상황	감정	문제의 원인	미래 전망	조언
정방향	의욕적인 상태/미래를 좌우할 기회가 찾아온다	다른 생각을 할 수 없을 정도로 하나에 열중한 상태/혈기 왕성	주변 상황이 눈에 들어오지 않는다/어린아이처럼 꿈에 부풀어 있다/단순함	기회가 찾아온다/기운을 차린다/좋은 소식이 들려온다	눈앞에 있는 것만 보라/불필요한 것은 생각하지 말라
역방향	자신만 흥분하여 폭주하고 있는 상태/변덕으로 마음을 정하지 못한다	부도덕한 생각이 머릿속에서 떠나지 않는다/타인의 기분에 공감할 수 없다	타인을 얕보는 잘못된 태도/그저 반발하고 싶은 마음뿐인 얕팍한 언동	허세를 부린다/답변이 오지 않는다/서두르다가 일을 그르친다	소문에 동요하지 말라/답장이나 보상을 너무 기대하지 말라

	연애	일	대인 관계	기타
정방향	행복한 연애/새로운 이성과의 만남/사랑싸움을 즐긴다/연하의 이성	맡은 일에 집중한다/기술 습득/해외 업무	신뢰 관계를 쌓는다/새로운 친구를 사귄다/동심으로 돌아간다/대화가 즐겁다	정력/어린아이/젊은 세대/직설적인 화법/단순/전화/편지/이메일/외국어
역방향	새로운 이성이 나타나 변심한다/숨겨둔 사실을 들킨다/일방적으로 밀어붙인다	이기적인 태도로 인해 신뢰를 잃는다/말만 앞서고 행동이 따라주지 않는다/비밀 누설/해커	비밀이 밝혀진다/내심 따분해하고 있다/의심쩍은 상대/허영심이 있는 사람	주목받고 싶어 한다/문제가 생긴다/성급함/제멋대로/말뿐인 약속/미숙한 사람

완드의 나이트

* KNIGHT of WANDS *

KNIGHT of WANDS.

새로운 도전을 향한 의욕이 차오른다

도약하고 있는 말에 올라탄 용감한 청년의 모습이 그려져 있다. 활력이 넘치고 매력적이지만 그를 제어하는 것은 쉽지 않다. 제어 불가능할 정도의 정열과 강력한 움직임을 나타내는 카드다.

정방향

새로운 세상을 향하여 길을 떠난다

새로운 시작을 앞두고 설레고 있다. 도전을 향한 의욕이 넘치는 상태로 행동에 나서는 것을 암시한다.

기 본 KEYWORD

출발

새로운 일이 시작된다. 카드의 정·역방향에 따라 어떻게 변화를 받아들이는 것이 최선일지 판단해보자.

역방향

마음가짐이 변화를 따라잡지 못한다

기대하지 않았던 변화로 당혹스러운 상태다. 본래의 환경을 지키고 싶은 마음에 공격적인 태도를 보이기도 한다.

	현재 상황	감정	문제의 원인	미래 전망	조언
정방향	여행을 떠난다/전근이나 이동이 있는 시기/신기한 우연	시작하려고 벼르고 있다/도전에 대한 의욕/일단은 시작하고 싶다	의욕만 넘치고 구체적인 계획이 없다/무모하다/고민이 부족하다	영향력 있는 사람과 만난다/도전하려는 의지가 생긴다/여기저기 돌아다닌다	앞뒤를 따지지 말고 우선은 행동하라/심기일전하여 시작하라
역방향	지금 있는 곳에서 떠나는 시기/문제가 생기는 시기/성공을 목전에 둔 상황	갈피를 잡지 못한다/자리를 잃게 생겨서 시비가 붙는다/흥분 상태	약점을 잡혔다/현재 상황에 집착한다/과장된 발언	말싸움으로 문제가 생긴다/상황의 변화에 휘둘린다	오만한 태도는 금물/상대의 마음을 확인하라/트러블의 대안을 마련하라

	연애	일	대인 관계	기타
정방향	적극적으로 상대를 설득시킨다/성적 매력에 끌리는 관계/대담하고 정열적인 사람	새로운 고객과 시장을 개척한다/영업 관련 업무/새로운 도전/유학/출장/승진/무역	정보를 주고받는다/뒤탈이 없는 관계/무모한 사람/함께 스포츠를 즐기는 사이/여행 친구	용감하다/성급함/자신감/갑자기 떠나는 여행/드라이브/자동차/버스나 기차 등 대중교통
역방향	예측 불가능한 사랑/싸움이 잦은 커플/자신을 지키려고 한다/이기적인 사람	하는 일마다 뒤처진다/시간 약속을 못 지킨다/무계획/인간관계가 악화된다/방해	뜻이 맞지 않는다/만날 때마다 기분이 상한다/다툼이 생기는 관계/문제를 일으키는 사람	차분하지 못하다/불안정/충동적/자기 자랑/낙담/여기저기 얼굴을 내비친다/좌절

완드의 퀸

QUEEN of WANDS.

꽃향기처럼 퍼지는 매력

완드와 해바라기를 손에 든 여성의 모습이다. 도발적으로 벌어진 다리는 성적인 매력을 느끼게 하며, 발밑에 있는 검은 고양이는 마성을 상징한다. 표리가 없는 강인한 심지를 표현하는 카드다.

정방향
주변 사람을 끌어당긴다

주목의 대상이 된다. 마음에 여유가 생겨 타인에게 친절을 베풀고 싶어진다. 솔직함이 매력으로 작용하는 시기이기도 하다.

기 본 KEYWORD

매력

시선을 사로잡는 힘을 나타낸다. 하지만 그런 매력이 긍정적인 영향을 주기도, 불필요한 다툼의 씨앗이 되기도 한다.

역방향
느긋함이 오해를 부른다

자신은 옳다고 생각했던 것이 마이너스 방향으로 작용한다. 질투나 오해를 살 가능성이 있다.

	현재 상황	감정	문제의 원인	미래 전망	조언
정방향	신뢰받고 있다/인망을 얻는다/가식 없는 모습을 드러내는 시기	남에게 마음을 쓸 여유가 없다/해야 할 일을 완수하고 싶다/의지하고 싶지 않다	뭐든 혼자 해 버려 한다/인기를 시샘한다/잔재주는 많지만 뛰어난 하나가 없다	주변 사람들에게 사랑받는다/인망을 얻는다/타인의 아픔에 관심을 기울인다	여유를 가져라/너무 애쓰지 않아도 괜찮다/타인의 의견을 참고하라
역방향	이기적인 태도가 두드러지는 시기/고집이 세진다/마음의 여유가 없다	주목받지 못하여 초조한 상태/상대를 꺾기 위해 강경한 태도 고수	냉정함을 잃고 폭주한다/오만하다/과거의 경험이 도움이 되지 않는다	싫증이 난다/자기주장을 하고 싶어진다/질투에 눈이 멀어 나쁜 일에 빠진다	질투심을 버려라/억지를 부리지 말라/주위 사람들을 배려하라

	연애	일	대인 관계	기타
정방향	애태우도록 정열적인 사랑/여장부/관능적인 매력/정조 관념	일과 가정 양립/인망을 쌓은 덕을 본다/보람을 느낀다/여성 사업가	고민을 털어놓는다/긍정적인 관계/믿을 수 있는 사람/좋은 기운을 나누는 사람	금전 운이 좋다/매력이 넘친다/여장부/은근한 성적 매력/카리스마/윤택하다
역방향	사랑보다 의존하는 마음이 큰 관계/질투/외도의 유혹/가정의 붕괴/책임 전가	공과 사를 구별 못 한다/일에 싫증을 느낀다/서로 물고 늘어진다/업적을 시샘한다/공격적	상대를 배려하지 않는다/푸념이 많다/샘이 많다/그릇이 작은 사람/무책임한 관계	주제넘게 나선다/품성이 좋지 않다/신용할 수 없다/쓸데없는 참견/매력이 없다/거칠다

완드의 킹
* KING of WANDS *

KING of WANDS.

주위를 압도하는 카리스마

언제든 자리에서 일어설 수 있도록 완드를 손에 쥐고 있는 왕이 그려져 있다. 그의 자세는 행동력과 카리스마를 나타내며, 발밑을 기어가는 샐러맨더(불도마뱀)는 열정과 파워를 상징한다.

| **정방향** 신념을 갖고 끝까지 해낸다 | 온몸이 강한 파워로 차 있다. 주위 사람들을 자기편으로 만들고 아무리 어려운 일이 있어도 반드시 성과를 이루어낸다. |

기본 KEYWORD
대담

강인한 심신과 리더십을 나타낸다. 하지만 그런 강경한 자세가 좋은 운세인지 나쁜 운세인지 카드를 신중하게 해석해야 한다.

| **역방향** 억지로 제어한다 | 무슨 일이든 해내고자하는 강한 의지가 비판을 받는 불씨가 된다. 지나치게 흥분하여 정상적인 판단력을 잃기도 한다. |

	현재 상황	감정	문제의 원인	미래 전망	조언
정방향	마음에 여유가 있다/운이 좋다/미래를 확신할 수 있는 상황	인생을 즐기고 있다/자신만의 신념이 있다/낙관적인 사고	지금 벌이고 있는 일 자체에 문제가 있다/통솔력이 부족하다	지도자가 된다/리더십을 발휘한다/새로운 것에 도전한다	리더십이 필요하다/흔들리지 않도록 중심을 잡아라/건설적으로 생각하라
역방향	감당하기 힘든 상황/매우 당황스러운 위험한 상황	강제로라도 계획을 완수하고 싶다/걱정할 여유가 없다/조급하다	권력이나 포지션에 의존하고 있다/때를 잘못 골랐다/성질이 급하다	통솔력을 잃는다/여유가 없어 자신의 행동을 돌아보지 못한다	바쁠수록 돌아가라/위험을 피할 수 있는 결정을 하라/준비를 철저히 하라

	연애	일	대인 관계	기타
정방향	하루하루가 행복하다/여성 앞에서만 수줍어하는 남성/정열적이고 성실한 사랑	새로운 비즈니스에 투자한다/새로운 사업 개척/독립/창업/모범적인 상사/프레젠테이션	아이디어를 주고받는다/서로 의욕이 넘친다/의지할 수 있는 사람/상식적인 사람	모두에게 사랑받는다/자극을 받는다/활력이 넘친다/정직/성실/멘토
역방향	억지로 이어지는 관계/위험이 따르는 관계/위압적인 사람/가정 폭력/하룻밤의 사랑	높은 위험, 낮은 보상/주변을 위축시키는 제멋대로인 사람/독재자 같은 상사/블랙컨슈머	더는 깊어지지 않는 관계/불안정하다/갑자기 화를 내는 사람/구두쇠	모두가 꺼리는 존재/괴팍하다/타인에게 엄격하다/아집/완고함

펜타클
* PENTACLE *

재물이 가져다주는 풍요로움

펜타클이란 인간이 만들어낸 금화를 말한다. 금화로 다양한 가치를 교환할 수 있게 되면서 자신의 능력으로는 얻을 수 없었던, 타인이 만들어낸 풍요로움을 맛볼 수 있게 되었다.

원소로는 땅에 대응하며, 금전뿐만 아니라 재산, 집, 소유물, 육체 등 일상 속 여러 방면에서 인간의 삶에 도움을 주는 모든 물질이 펜타클에 해당된다.

코트 카드에는 무엇이 그려져 있을까?

페이지

눈앞에 있는 것을 차곡차곡 쌓아간다
펜타클(땅)의 페이지(땅)는 매우 현실적이다. 필요한 것을 얻기 위해 모험보다는 안전하고 확실한 길을 선택한다.

나이트

효율과 실리를 중시하며 착실하게 살아간다
펜타클(땅)의 나이트(바람)는 호기심과 전략적인 사고를 지니고 있으며 가장 확실하고 효과적인 길을 가는 사람이다. 노력을 아끼지 않는 근성도 있다.

퀸

소중한 사람을 지키기 위해 일상을 돌본다
펜타클(땅)의 퀸(물)은 현모양처를 닮은 이미지다. 따뜻한 마음으로 일상을 안전하고 평화롭게 지키고자 한다.

킹

오랜 노력 끝에 원하던 것을 손에 넣는다
펜타클(땅)의 킹(불)은 무턱대고 열정을 쏟아 붓지 않는다. 오랜 시간 공을 들이다가 마지막 순간에 원하던 것을 손에 넣는다.

핀 카드에는 무엇이 그려져 있을까?

A

확실한 것을 얻는다
금전이나 능력 등 이익을
손에 넣는 상태다.

2

가능한 범위에서 최선을 다한다
획득한 보수나 연마한
기술을 재주껏 활용한다.

3

누군가의 눈에 띈다
역량을 인정받아
기회를 얻는다.

4

보수를 독차지한다
노력하여 손에 넣은 것에
만족하고 있다.

5

탐욕이 부른 결과
흥청망청하다가 빈곤한
상황으로 전락한다.

6

마음을 다잡는다
반성하여 마음을
다잡고는 독점을 멈춘다.

7

자기 자신을 반성한다
노력한 결과에 행복을 느끼나,
한편으로 반성을 한다.

8

다시 초심으로 돌아간다
한 단계 높은 곳을 향해
꾸준히 노력한다.

9

인정받는다
능력을 인정받아 포지션
을 확고히 한다.

10

지켜야 할 것들이 생긴다
자신의 성과 안주할 곳을
마련하겠다는 목표를 달성한다.

POINT

좌절의 끝에 성공하는 이야기

펜타클 이야기에는 노동이나 부의 축적, 기부,
보수, 행복한 가정 등 노동의 시작부터 멋진 집
을 짓기까지 재물과 관련된 내용이 그려져 있
다. 도중에 자만에 빠져 전락하지만, 꾸준한 노
력으로 재기에 성공하고 마지막에는 확고한 지
위와 성을 손에 넣는다. 재물을 대하는 방법, 사
회적인 포지션을 구축하는 방법이 그려져 있다.

펜타클
A
* ACE of PENTACLES *

ACE of PENTACLES.

확실한 능력으로 성공을 거둔다

A에 그려진 신의 손 위에는 '풍요로움'을 상징하는 펜타클이 놓여 있다. 아래쪽에 펼쳐진 아름다운 정원 너머로 힘난한 산이 보인다. 노력하면 풍족한 환경에 이른다는 것을 나타낸다.

정방향
능력을 발휘하여
풍요로움을 얻는다

원하는 것을 얻을 수 있는 확실한 능력을 지니고 있다. 이제껏 해온 노력을 인정받는다. 부나 명성을 얻을 가능성도 있다.

기본 KEYWORD
실력

노력으로 얻어낸 능력을 나타낸다. 이제껏 해온 노력을 어떻게 인정받는지, 그 능력을 어디에 쓰게 될지 밝혀진다.

역방향
이익을 앞세우다가
노력이 물거품이 된다

이익만을 따지며 부적절한 행동을 하게 된다. 혹은 오랜 시간 쌓아온 소중한 인간관계를 무너뜨리기도 한다.

	현재 상황	감정	문제의 원인	미래 전망	조언
정방향	성공한다/계획을 실행한다/임시적인 수입이 있다/새롭게 시작한다	노력하려고 한다/아이디어를 형상화한다/구체적인 방안을 생각한다	현실에 만족한다/재능이나 재산을 활용하지 못하고 있다/욕구 자각 실패	지금까지의 노력이 결실을 본다/원하는 것을 얻는다/안정을 찾는다	할 수 있는 깃부터 해나가라/건설적인 사고방식이 중요하다/심기일전하라
역방향	금전적으로 불안하다/잘못된 시작/준비 부족	실력에 자신이 없다/힘을 뺀 상태/부족함을 느낀다	장래성이 없다/해야 할 일을 하지 않았다/금전 감각이 잘못됐다	잘못된 방향으로 나아간다/배금주의/안일한 사고로 손해를 본다	실현 가능한 계획을 세워라/이익은 자연스럽게 따라오는 것이라고 여겨라

	연애	일	대인 관계	기타
정방향	결실을 본다/사랑이 점점 커진다/만족스러운 결혼/아이가 생긴다/내 집 마련	안정적인 직업/큰 성공을 거둔다/윗사람에게 인정받는다/유능한 사람	품위가 있는 사람/경제적으로 안정된 사람/유익한 정보를 주는 사람/식사를 함께하는 사람	미래에 대해 의욕적인 태도/눈에 보이지 않는 성과를 올린다/충실한 복지 제도
역방향	분위기에 휩쓸려 시작한 사랑/불만족스러운 결혼/잡은 물고기에게 먹이를 주지 않는 상태	큰 손실/실패한다/직책을 잃는다/기회를 놓친다/현재의 지위와 직함을 내던진다	품위가 없는 사람/모든 것을 돈으로 해결하려고 한다/세속적인 이야기를 좋아하는 사람	대가를 치른다/쓸데없이 돈을 쓴다/지위에 집착한다/재능이나 재산을 낭비한다

펜타클 2

* TWO of PENTACLES *

어떤 변화에도 적응한다

곡예사가 춤을 추며 두 개의 펜타클을 능숙하게 다루고 있는 모습이 그려져 있다. 어떤 상황에서도 당황하지 않고 능수능란하게 대처하는 능력과 유연성을 나타낸다.

정방향
상황을 파악하고 올바르게 행동한다

눈앞에 펼쳐진 일에 적절히 대처한다. 상황이 좋은 흐름을 타고 순조롭게 흘러가기 시작한다.

기본 KEYWORD
유연성

다방면에 능숙하게 대처하는 능력, 균형 감각을 나타낸다. 인생을 즐기고 있는지, 그렇지 않은지가 카드에 드러난다.

역방향
상황에 대응하지 못하고 고뇌한다

새로운 변화에 대처하지 못하고 고민에 빠져 있다. 주변과 섞이지 못하고 불안을 느끼는 상태를 나타내기도 한다.

	현재 상황	감정	문제의 원인	미래 전망	조언
정방향	능숙하게 해결한다/멀티태스킹 가능/가장 자신 있는 일을 하고 있다	편안한 마음/낙천적/즐겁다/잡념 없이 집중한 상태	약삭빠른 행동/인기에 의존하고 있다/지나친 염려	올바로 행동한다/상황을 즐긴다/좋아하는 일이 생긴다	배려하는 마음으로/좀 더 편하게 받아들여라/순간을 소중히 여겨라
역방향	불균형 상황/문란한 생활/이런저런 문제를 안고 있다	마음껏 즐길 수 없다/싫증을 느낀다/인간관계에서 오는 스트레스	서툰 대응/기분 내키는 대로 행동한다/마음이 흔들리고 있다/어수선한 생활	지지부진하다/정체한다/균형이 잡히지 않는다/손길이 미치지 않는다	즐기고 있을 때가 아니다/진지하게 생각하라/어중간한 태도는 좋지 않다

	연애	일	대인 관계	기타
정방향	상대를 웃게 하는 것이 중요하다/미래가 안 보이는 관계/흐름에 내맡긴다/변화가 잦은 두 사람	뛰어난 대응력으로 실력을 발휘한다/다수의 업무를 맡는다/동시 진행/서비스업/프리랜서	대등한 관계/재치 있는 사람/즐거운 시간을 공유할 수 있는 관계/시간 가는 줄 모르게 즐거운 대화	연예인 등 인기 있는 직업/엔터테인먼트/놀이/게임/순발력 있는 대응
역방향	무슨 일이 일어나도 이상하지 않다/적당히 만나는 사이/웃음 코드가 맞지 않는다/조건 불일치	지각이나 졸음 등 근무 태도가 나쁘다/업무상 술자리로 인한 숙취/정직원으로 채용되지 못한다	대등하지 않은 관계/무책임한 사람/취향이 다른 사람/말이 통하지 않는 사람/꿍꿍이가 있는 사람	약점을 잡힌다/지나친 음주·가무로 균형이 무너진 상태/도를 넘는다

펜타클
3

* THREE of PENTACLES *

노력의 성과가 드러난다

받침대 위에 올라 서 있는 사람은 조각가. 실력을 인정받아 큰 작업을 맡게 될 듯하다. 지금껏 해온 노력과 실력을 평가받는 기회가 찾아온다.

정방향
갈고닦은 실력을 인정받는다

지금까지 꾸준히 해온 노력을 사람들에게 인정받는다. 빛을 보지 못하던 재능이 주목받기도 한다.

기본 KEYWORD

기술력

갈고닦은 기술을 나타낸다. 기술이 어느 정도 레벨에 도달했는지, 어떤 평가를 받고 있는지를 해석해보자.

역방향
능력을 인정받지 못한다

실력은 있지만 좀처럼 주위의 평가를 받지 못하는 상태. 혹은 아직 실력이 갖추어지지 않았음을 나타낸다.

	현재 상황	감정	문제의 원인	미래 전망	조언
정방향	발탁된다/주변과 연계한다/경험을 살린다/계획적으로 진행한다	자신이 있다/오기로 해낸다/완벽하게 해내고 싶다/할 수 있는 일은 다 했다	실력이 너무 뛰어나다/지나치게 면밀한 계획/과도한 믿음	활약할 기회가 생긴다/재능을 인정받는다/우수한 동료를 맞이한다	과정을 중요시하라/자격증을 준비하라/기술을 연마하라/자신을 믿어라
역방향	시기가 무르익지 않았다/아직 해야 할 일이 남았다/실수를 저지르기 쉽다	불만이 점점 쌓이고 있다/의욕이 생기지 않는다/스스로 한심하게 느껴진다	잘못 인지하고 있다/협력이 잘 안 된다/공부 부족/상황을 파악하지 못하고 있다	성공의 기미가 보이지 않는다/쉽게 체념한다/실수 연발/신뢰받지 못한다	형식에 얽매이지 말라/노력이 부족하다/꼼꼼하게 확인하라

	연애	일	대인 관계	기타
정방향	재능이 있는 사람/진지한 교제/전략적인 접근이 좋은 결과를 가져온다/결혼을 전제로 한 관계	절호의 기회/실력을 인정받는다/기대하지 않은 발탁/승진이나 승격/지도자 역할을 맡는다	사무적인 관계/분야는 다르지만 서로 협력하는 관계/알기 쉽게 설명해 주는 사람	노력이 고생스럽지 않다/창조적인 취미/전문가가 된다/작품을 인정받는다
역방향	역경에서 헤어나지 못하는 관계/일방적인 짝사랑/의사소통에 어려움을 겪는다	좀처럼 기회가 생기지 않는다/실적이 좋지 않다/미숙하다/꼼꼼하지 못해 일을 그르친다/간과	협력하지 않는 사람/빗나간 대처/물정을 모르는 사람/오해가 생긴다	잘못된 해석/세세하고 융통성이 없다/적당히 그만둔다/불친절

펜타클
4
* FOUR of PENTACLES *

풍요로운 생활에 집착한다

펜타클을 소중히 끌어안고 있는 구두쇠. 배경에 보이는 마을은 그가 세상의 돈의 흐름에 관여하고 있음을 의미한다. 강한 소유욕과 풍요로움에 대한 집착을 나타내는 카드다.

정방향
확실한 이익을 우선한다

실패하지 않도록 신중하게 행동한다. 착실하지만 눈앞의 욕심에 빠져 물질에 집착하는 경향이 있다.

기본 KEYWORD
소유욕

물질이나 권력, 안정 등에 대한 욕구가 강하다. 눈앞의 욕구에 사로잡혀 행동을 서두르고 있지는 않은지 카드의 정·역방향으로 판단한다.

역방향
탐욕에 빠져 자기 자신을 잃는다

이익만을 우선하여 올바르지 못한 행동을 하고 있을 수도 있다. 또한 돈을 내는 것을 아까워하는 모습도 보인다.

	현재 상황	감정	문제의 원인	미래 전망	조언
정방향	착실하다/자기 것을 빼앗길까 봐 조마조마하다/이익을 고집한다	중요한 것을 지키고 싶다/미래를 대비하고 싶다/일상생활을 관리하고 싶다	가진 것을 효과적으로 활용하지 못하고 있다/변화를 두려워한다	현재 상황을 유지한다/경제적으로 안정된다/더욱 절약하는 생활	물욕을 채운다고 해결되지 않는다/남과 나누는 기쁨을 느껴라
역방향	방해받는다/의도를 들키는 상황/탐욕스러운 사람에게 이용당한다	전부 갖고 싶다/상대를 지배하고 싶다/타인의 돈을 쓰고 싶다	인색하다/탐욕스럽다/타인에게 미움을 사 발목 잡힌다	대비책이 역효과를 가져온다/생각대로 진행되지 않는다/중요한 사람이 떠난다	두 마리 토끼를 쫓으면 모두 잃는다/평판을 낮추는 행동은 삼가라

	연애	일	대인 관계	기타
정방향	안정된 삶이 예상되는 사랑/권력자와의 결혼/점차 결혼을 생각하게 된다/동거를 시작한다	야심에 불타오른다/규모를 확대한다/금융 업무/견실한 계획을 짠다/권력자	대단한 사람과 연줄이 생긴다/안정적이지만 재미없는 관계/노력하는 사람	돈 걱정이 끊이지 않는다/임시 수입이 생길 예감/끝까지 지켜낸다/소유욕을 채운다
역방향	파트너를 구속한다/이별에 대한 공포/자유를 빼앗는 사랑/지배적인 사람/호불호가 심하다	프로젝트를 방해받는다/독단적이고 유연하지 못하다/힘과 돈을 아끼려다 실패한다	자신의 이익만을 생각하는 사람/남을 이용한다/서로 발목 잡는 관계/미움받는다	뭐든지 돈으로 해결하려든다/돈을 좇는다/손실을 본다

펜타클 5

* FIVE of PENTACLES *

상황이 악화되면서 찾아오는 시련

두 사람이 교회 앞을 지나고 있다. 자존심 탓에 교회에 구걸할 생각은 없다. 냉엄한 인생을 나타내는 카드다.

정방향
혹독한 상황으로 인해 정신이 황폐하다

상황이 점점 악화되고 있다. 고립무원의 처지로 기분이 가라앉고 폐쇄적인 태도를 보인다. 도움이 절실한 비장감이 감돈다.

기본 **KEYWORD**

곤란

물질적·정신적 결핍을 암시하는 카드다. 궁지에 몰린 상태지만 이후의 전개는 카드의 정·역방향에 따라 판단한다.

역방향
도움을 받고 희망을 되찾는다

지금껏 좋지 않았던 상황이 점차 개선된다. 도움의 손길을 받고 마음이 밝아진다.

	현재 상황	감정	문제의 원인	미래 전망	조언
정방향	시련이 가로막고 있는 시기/도움을 받지 못하는 시기/금전적으로 문제가 있다	자포자기/기댈 곳이 없다/소외감과 고독감	의지할 사람이 없다/건강 상태가 좋지 않다/설 곳이 없다고 느낀다	고통스러운 상황이 다가온다/시기가 안 좋다/원하는 것을 손에 넣지 못한다	지금 가진 것에 감사하라/자신을 얕보지 말라/욕구에 대해 솔직해져라
역방향	시련을 이겨내는 시기/도움을 받는 시기/희망을 되찾는 시기	고통이 누그러진다/기적이 일어날 예감/긴장이 점차 풀린다	미봉책으로 상황을 모면하려 든다/솔직하게 도움을 요청하지 못한다	기적/위기에서 벗어난다/컨디션을 회복한다/조언자를 만난다	오기 부리지 말고 도움을 요청하는 편이 낫다/공적 기관을 활용하라

	연애	일	대인 관계	기타
정방향	아무것도 바라지 않는 관계/체념한 관계/빈곤한 사람/냉담한 태도	불리한 일/성가신 일을 맡는다/불운/해고/문전박대/예상할 수 없다	서로를 위로하는 관계/의존/의지하던 사람에게 거절당한다/되는 일이 없다/항상 궁핍한 사람	마음을 기댈 곳이 없다/냉혹한 현실을 느낀다/일상 속 작은 불만/사원, 교회
역방향	가까스로 마음이 통한다/한순간의 기쁨/일시적인 좋은 조짐/이별을 앞두고 사이가 좋아진다	궁지에 몰리지만 도움을 받는다/구직 활동/취업 훈련/선배나 상사에게 상담을 받는다	급할 때 도와주는 사람/나눔/손이 큰 사람/이웃 간에 서로 돕는다	의지할 곳을 발견한다/인생은 제법 살 만한 가치가 있다고 느낀다/일상 속 작은 기쁨

펜타클 6

* SIX of PENTACLES *

베푸는 자와 나눔을 받는 자

한 손에 천칭을 든 권력자가 사람들에게 무언가를 나누어주고 있다. 권력자는 선의를 베풀면서 스스로 마음을 충족시키고, 사람들은 선의를 고맙게 받아들이는 상호 관계를 나타낸다.

정방향
선의를 베푸는 사람과 받는 사람의 관계

누군가에게 '무언가를 해주고 싶다'라는 마음이 바탕에 깔려 있다. 혹은 상대가 어떤 행동을 기대하고 있을지도 모른다.

기본 **KEYWORD**

관계성

인간 사이의 다양한 권력 관계를 나타내는 카드다. 어떤 관계성인지는 카드의 정·역방향이나 놓여 있는 위치를 고려하여 해석한다.

역방향
지배하는 사람과 지배받는 사람의 관계

상대를 지배하고 싶은 마음이 드러난다. 좋아하는 상대를 구속하고 싶은 마음이 생겨나기도 한다.

	현재 상황	감정	문제의 원인	미래 전망	조언
정방향	마음이 여유로운 시기/남에게 베풂으로써 기회를 얻는다/심사숙고하는 시기	보상과 관계없이 남을 돕고 싶다/공평하게 대하고 싶다/성과를 나누는 기쁨	친절함을 의심받는다/타인의 선의를 곧이곧대로 받아들이지 못한다	친절을 베푼 것에 대한 보상을 받는다/거래가 순조롭게 진행된다/선물을 받는다	표면상의 득실에 얽매이지 말라/관대함이 중요하다/상부상조를 잊지 말라
역방향	부당한 대우를 받고 있다/권력욕이 생긴다/인간관계에 대한 고민이 깊어진다	상대에게 생색내고 싶다/편을 들고 싶다/독차지하고 싶다	사람을 차별하여 대한다/보상을 바라고 있다/누군가를 부당하게 대우한다	기대를 밑도는 보상/거짓된 모습으로 선망의 대상이 된다/질투를 받는다	가식적인 선의는 간파당한다/정당한 대가를 지급하라

	연애	일	대인 관계	기타
정방향	마음을 다하는 것에 즐거움을 느낀다/기쁜 선물/고백받는다/상대가 사랑을 받아준다	사업으로 성공한다/경영 업무/상여금을 받는다/장사가 번창한다/파견 업무	취미가 같은 친구/서로 돕는 관계/공통의 지인/소개나 중개를 한다	NPO/봉사활동/필요 없는 물건은 기부한다/세금 대책/지지 기반/적절한 관리
역방향	사랑의 대가로 보상을 바란다/좋은 사람인 척/쇼윈도 부부/대등하지 못한 지배 관계	애쓴 일이 헛수고로 돌아간다/노동을 강요당한다/부당한 평가/악덕 기업/비자금	돈으로 사람을 움직이게 한다/상대를 지배하려고 한다/모르는 사람에게만 상냥한 사람	과시를 위한 자선 사업이나 종교 단체/탈세/돈을 물 쓰듯 한다/지나친 관리

펜타클
7

* SEVEN of PENTACLES *

상황을 지켜봐야 한다

수확한 펜타클의 결실을 슬픈 표정으로 바라보는 남성. 아무래도 고생한 것에 비해 성과가 충분하지 않은 듯하다. 이 카드는 성장하기 위해 뛰어넘어야 할 장벽을 암시한다.

정방향
문제를 개선하여
다음 단계로

재검토가 필요하다. 방법, 계획, 창의적인 아이디어 등 개선점을 발견한다면 다음 단계로 나아갈 수 있다.

기 본 KEYWORD
성장

생각대로 되지 않는 현실을 극복하여 다음 단계로 넘어갈지 말지를 암시하는 카드다. 카드의 정·역방향이나 나온 위치에 주목한다.

역방향
불안함을 품고
목적 없이 살아간다

자신을 과대평가하고 있을지도 모른다. 혹은 막연한 마음으로 임하여 열의나 노력이 부족하다고 해석한다.

	현재 상황	감정	문제의 원인	미래 전망	조언
정방향	상황을 돌아보는 시기/결과를 근거로 미래를 바라본다/대가를 받는다	최선을 다하고 싶다/더 좋은 방법을 찾는다/다음 목표를 찾고 있다	방법이 틀렸다/응용이 안 된다/빡빡한 스케줄로 쉴 틈이 없다	착실하게 한 단계 발전한다/분기점을 맞게 된다/잠시 쉬면서 전략을 점검한다	큰 변화가 아니라 지금의 방법을 조금만 바꾸면 된다/빨리 포기하지 말라
역방향	점차 쇠퇴하는 시기/현재 상황에서 벗어나지 못한다/계획성이 없어 답답하다	모든 것을 내팽개친 상황/자신을 과대평가하고 있다/현재에 대한 불만	의욕이 없다/의식이 낮다/계획성이 없다/생산성이 낮다/투자 부족	성장하지 못해 초조해한다/성과가 없다/틀에 박힌 행동에만 머무른다	완전히 새로운 방법으로 재도전하라/실패에서 배워라/불만을 품지 말라

	연애	일	대인 관계	기타
정방향	이상과 현실의 차이를 느낀다/장래를 생각한다/관계가 한 단계 진전된다	노력에 걸맞은 성과/심사숙고하여 힌트를 얻는다/전략적 행동/현재 상황의 개선부터 시작한다	한발 물러선 관계/서로 장점을 꼽는 사이/향상심이 있는 인물/대화 속에 힌트가 있다	견적이나 심사/현실적으로 생각한다/외상을 갚는다/대책을 세운다/보상받는다/비전이 있다
역방향	불평이 많은 사람/관계를 유지하면서 다른 상대를 찾는다/하찮게 여기는 사랑	아무것도 안 하면서 불평만 한다/시키는 일만 하는 사람/잘못된 예측/지나친 기대로 낙담한다	망이나 비뚤어진 마음으로 이어진 관계/함께 있어도 득이 되지 않는 관계/돈을 요구한다	타인을 시샘한다/타인을 얕보는 발언/외상을 갚지 않는다/장래성이 없다

펜타클
8

* EIGHT of PENTACLES *

인내와 노력으로 얻는 것

묵묵히 펜타클을 만드는 성실한 장인. 배경에 그려진 마을은 그의 일이 사람들에게 인정받는 날이 온다는 것을 의미한다. 노력의 축적을 나타내는 카드다.

정방향
눈앞의 일에 집중한다

집중력이 높아진 상태. 목표를 향해 꾸준히 노력하면 확실한 기술을 몸에 익혀 성공에 한 발 더 다가가게 된다.

기본 KEYWORD
수행

목표에 도달하기 위한 꾸준한 노력을 암시한다. 최선을 다하고 있는지, 편한 길을 찾아 꾀를 부리고 있지는 않은지 판단해보자.

역방향
눈앞의 일에 집중할 수 없다

이런저런 방해 요소 탓에 집중력이 산산해진 상태. 성실한 척하지만, 사실은 건성으로 임하고 있을지도 모른다.

	현재 상황	감정	문제의 원인	미래 전망	조언
정방향	자신을 갈고닦는다/눈앞의 일에 집중해야 할 시기/고집을 버린다	목표를 향해 돌진한다/열중해 있다/의욕에 넘친다	상황을 제대로 파악하지 못한다/결과가 나올 때까지는 시간이 걸리는 법이다	결과가 좋다/좋은 스승을 만난다/노력 끝에 성공한다/자격증을 딴다	반복이 중요하다/신중하게 대응하라/독학보다는 올바른 지식을 배워라
역방향	정체하는 시기/타이밍을 놓치기 쉽다/잡념이 많고 집중할 수 없다	짜증이 난다/겉만 번듯하다/대충한다/들키지만 않으면 된다는 마음가짐	적당히 둘러대는 대응 방식/노력의 방향성이 틀렸다/대충대충/집요한 연락	약속을 지키지 못한다/일상에 쫓긴다/산만하여 결과를 남기지 못한다	한눈팔지 말고 하나에 집중하라/집착하지 말라/시간을 잘 분배하라

	연애	일	대인 관계	기타
정방향	몸과 마음을 다해 사랑한다/자주 연락한다/자연스러운 배려/서툴러도 성실한 사람	예습·복습이 중요하다/전문가·아티스트로서 재능을 펼친다/제자를 들인다/자신만의 방식 고집	눈치는 없지만 천성은 좋은 사람/노력하는 사람/응답이 빠르다/배려하는 관계	포인트가 쌓인다/합격한다/득실을 따지기보다는 고집을 버리는 것이 중요하다
역방향	좋아하는 사람에게 연인이 있다/불성실한 태도/스토커에게 쫓긴다	기한을 맞추지 못한다/실수투성이/서류/애쓰지 않는다/남을 흉내 낸다	필요할 때만 연락하는 사람/뻔뻔스럽다/이기적인 관계/지겨운 대화	불필요한 일을 계속하고 있다/나쁜 생활 습관/돈과 능력을 아낀다/고리대금

펜타클
9
* NINE of PENTACLES *

높은 자리에 오른다

지성의 상징인 매를 길들인 우아한 여성. 배경에 성처럼 보이는 건물은 그녀의 높은 신분을 증명한다. 매력과 재능으로 성공을 이루는 것을 나타내는 카드다.

정방향
남보다 월등하여 성공을 이룬다

특출한 능력으로 성공을 이루어낸다. 독립하거나 확실한 지위를 얻는 등 보상이 따른다.

기 본 KEYWORD
달성

지금껏 해온 노력으로 목표를 달성한다. 더욱 높은 곳으로 가려면 어떻게 해야 할지 해석해보자.

역방향
거짓과 속임수로 성공을 노린다

사기와 거짓말로 성공을 노린다. 그 결과로 주위 사람들에게 외면당해 고립될 가능성이 있다.

	현재 상황	감정	문제의 원인	미래 전망	조언
정방향	행운이 다가오는 시기/한 단계 위로 전진하는 시기/뜻밖의 도움을 받는다	마음에 여유가 있다/타인과의 교류에 기쁨을 느낀다/자신감이 생긴다	자신감에 찬 태도기 빈볼을 사고 있다/후원자의 존재로 인해 발생한 문제	영향력 있는 사람을 만난다/원조를 얻어 독립/재능 발휘/연인이 생긴다	타인의 도움을 고맙게 받아들여라/사람들에게 호감을 사는 것도 실력이다
역방향	거짓말이 난무하는 시기/나쁜 생각에 빠지기 쉽다/사람들에게 외면당한 상태	사람들에게 호감을 사고 싶다/나쁜 일이 탄로 날까 봐 걱정한다/지위에 집착한다	지금껏 해온 모든 거짓말/돈벌이 제일 주의/과도한 야심/뻔뻔함	지지자를 잃는다/모든 사람이 등을 돌린다/거짓말이 들통난다	잘 보이려고 애쓰지 말라/거짓말은 자신을 힘들게 할 뿐이다

	연애	일	대인 관계	기타
정방향	사랑이 결실을 본다/구애받는다/파트너의 맹목적인 사랑/결혼을 통한 사회적 신분 상승	투자나 융자/재능을 인정받는다/독립하여 사업을 시작한다/투자자가 나타난다/순조롭게 출세한다	인망이 높은 사람/지지를 받는다/현명한 인간관계/사회적 신분 상승에 도움이 되는 관계	사람과의 관계에서 기회가 생겨난다/세련된 행동/멋쟁이/물장사
역방향	사랑하는 척/돈을 노린 관계/결혼사기/불륜/애인 관계/가정 내에서 고립된다	거짓말로 돈을 모은다/나쁜 일로 돈을 번다/지나치게 자신감 넘치는 태도로 자기편을 잃는다	돈이 끊기면 연이 끊긴다/상대를 이용한다/거짓말만 하는 사람/조심해야 할 관계	사람을 대하는 태도 탓에 자리에서 물러난다/권력 다툼/사내 정치/모방/허세 부리는 행동

펜타클
10
* TEN of PENTACLES *

과거에서 미래로 이어지는 것

유복한 삶을 꾸린 가정이 그려져 있다. 가운데 서 있는 남성은 마법 막대기를 손에 들고 있다. 왼쪽에 보이는 노인에게서 힘을 물려받은 것일까. 계승이나 번영을 나타내는 카드다.

정방향
물려받은 것으로 번영해 안정을 찾는다

유산을 상속받아 재산이 늘거나 누군가에게 계승받은 실력으로 성공을 이룬다. 점점 풍요로워진다.

기본 KEYWORD
계승

어린아이, 청년, 노인이라는 가족의 모습은 세대를 넘어 이어가는 것, 그 자체를 의미한다. 그것이 어떤 영향을 미칠지 해석해보자.

역방향
물려받은 것이 한계에 달한다

물려받은 것을 충분히 발휘하지 못하거나 그것이 다툼을 일으키거나, 나쁜 유산이 되어버리는 상태다.

	현재 상황	감정	문제의 원인	미래 전망	조언
정방향	무언가를 물려받아 발전하는 시기/전통과 문화를 중요시해야 하는 상황	중요한 것을 지키고 싶다/모든 것을 손에 넣은 안도감/결과에 만족한다	현상 유지에 만족한다/규칙에 얽매여 있다	중요한 역할을 맡는다/가족이 늘어난다/재산이 생긴다/생활이 풍요로워진다	책임을 다하라/일반적인 행복을 목표로 하라/형식을 중요시하라
역방향	무언가를 이어받아 다툼이 생기는 시기/부담을 떠안게 되는 상황	더는 지속할 수 없다/지금의 상황이 부담스럽다/부정적	맡은 일에 의욕적으로 임하지 못한다/정실 인사/간과한 것이 있다	자기 몫이나 계승을 둘러싼 다툼/금전 관리 실패/독립하지 못한다	계획적으로 살아라/자만하지 말라/돈 관리를 다시 한 번 점검하라

	연애	일	대인 관계	기타
정방향	생활력이 있는 사람/가족에게 소개한다/동거를 시작한다/결혼을 생각한다/아이가 생긴다	프로젝트의 성공/모두 힘을 합친다/대기업이나 관공서/일류 기업	강한 결속을 다진 사람/가족이나 친척/오랜 기간 신뢰를 쌓아온 관계/그룹 활동	돈을 제대로 관리한다/투자로 돈을 번다/집을 산다/유산을 상속받는다/가문의 번영
역방향	금전적으로 불안한 사람/부모에게 의존적인 사람/미래가 불투명한 관계/집안 문제의 영향	리더의 부재/엄격하지 않은 평가/사람이나 자금 관리가 제대로 되지 않는 환경	돈을 둘러싼 친척 간 다툼/맺고 끊음이 없는 사람/가문을 중시한다/과거의 공로를 뽐낸다	돈 관리가 허술하다/가족을 잃는다/빚을 진다/손실이나 도난의 위험/가정에 매인다

펜타클의 페이지

* PAGE of PENTACLES *

PAGE of PENTACLES.

배움으로 밝은 미래를 맞이한다

양손으로 들어 올린 펜타클을 응시하는 소년에게서 강한 탐구심과 근면함이 느껴진다. 서두르지 않고 다양한 기술을 습득하여 장래에 크게 성공할 가능성을 암시한다.

정방향
시간을 들여 쌓아 올린다

깊이 빠져들어 있다. 지금 들인 시간이 앞으로 무언가에 커다란 도움이 되는 것을 암시한다.

기본 KEYWORD

진지

매사에 진지하게 임하고 있는 상태다. 그런 자세가 미래의 상황을 좌우하게 된다는 것을 나타낸다.

역방향
시간만 낭비하고 있다

불필요하게 시간을 낭비하고 있다. 조금 더 박차를 가하거나, 방법을 개선할 필요가 있어 보인다.

	현재 상황	감정	문제의 원인	미래 전망	조언
정방향	노력하는 시기/무언가를 배우는 시기/지금 쌓은 실력이 언젠가 강점이 된다	목표를 실현하고 싶다/신중하게 배우고 싶다/탐구심 왕성/자격증에 관심	너무 진지하다/타인의 결점만 보인다/지나치게 꼼꼼하다	희망하는 진로로 나아간다/착실하게 목표를 향한다/시식이나 기량을 쌓는다	서두르지 말라/지금의 노력이 미래의 힘이 된다/안전한 길을 선택하라
역방향	비효율적인 시기/현실 도피/해야 할 일을 미룬다	상황을 받아들이지 못하고 있다/근거 없는 자신감에 차 아무것도 하지 않는다	말뿐이고 행동하지 않는다/잘못된 전제/경험 부족	희망하는 진로를 단념한다/경험 부족을 실감한다/생각이 정리되지 않는다	더 많은 경험이 필요하다/자신을 과대평가하지 말라/안일한 생각은 버려라

	연애	일	대인 관계	기타
정방향	시간을 들여 발전하는 사랑/사랑이 점점 깊어진다/성실한 상대/만남을 이어간다	향상심을 갖는다/기술 향상에 여념이 없다/아르바이트/구직 활동/수완이 좋다	상대에게 호기심을 느낀다/진지한 대화/결점을 지적할 수 있는 사이/관찰력이 좋은 사람	확실한 지식/현명함/노동자/돈을 벌고 싶다/독서/좋아하는 것을 연구한다/수습
역방향	사랑이라고 착각하고 있다/미숙하고 유치한 상대/상대의 마음을 읽지 못한다/사랑을 놓친다	눈앞의 이익에 사로잡힌다/타인의 출세가 신경 쓰인다/비현실적인 기획/능력이 부족하다	해가 지나도 발전하지 않는 관계/편한 방법을 선택하는 사람/필요 없는 존재로 여겨진다	악의 없는 착각/성장할 수 없는 환경/실직자/시간 낭비가 심하다/안일한 생각

펜타클의 나이트

* KNIGHT of PENTACLES *

KNIGHT of PENTACLES.

근면함으로 운명을 개척한다

갑옷을 몸에 두른 채 검은 말에 올라 있는 〈펜타클의 나이트〉. 먼 곳을 응시하며 성공한 미래를 그리고 있는 모습이다. 근면한 자세를 나타내는 카드다.

| 정방향 **끝까지 해낸다** | 지금 임하고 있는 일을 끝까지 해낼 수 있다. 인내력과 책임감이 필요하다는 것을 의미하기도 한다. |

기본 KEYWORD

현실성

매사에 적확한 행동으로 임하고 있다. 그러한 태도가 앞으로 어떤 결과를 가져다주는지를 나타낸다.

| 역방향 **현상 유지로 끝난다** | 지키려는 마음이 지나쳐서 좀처럼 긍정적인 변화가 일어나지 않는다. 지금 하는 일이 타성에 젖어 있을지도 모른다. |

	현재 상황	감정	문제의 원인	미래 전망	조언
정방향	착실하게 나아가는 시기/하나에 집중해야 할 시기/노력을 필요로 하는 상황	책임감이 강해 대충 넘기지 않는다/신중하다/외골수	지나친 책임감/너무 애쓰고 있다/과도한 노동/충성심이 역효과를 가져온다	받아들일 수 있을 만한 상황/꾸준한 노력이 결실을 가져온다/신뢰 획득	꾸준히 노력하라/조금씩 앞으로 나아가라/성공을 그려보라
역방향	제자리걸음 상태/지지부진한 상황/절제를 못 하는 시기	자기 생각만을 고집한다/아이디어가 없다/도전을 두려워한다	노력 부족/요령이 없다/둔하고 눈치가 없다/지키고자 하는 마음이 강하다	노력이 물거품이 된다/타성에 젖은 생활이 계속된다/현재 상황에 안주한다	좀 더 박차를 가하라/용기를 내서 도전하라/타락한 생활을 개선하라

	연애	일	대인 관계	기타
정방향	소극적/낯을 가리는 사람/연애를 시작하는 것이 두렵다/포용력이 있다/참고 견딘다	신뢰하고 맡길 수 있다/확실한 능력을 갖춘다/자격증을 딴다/성실하게 일한다/보상을 받는다	자극이 되는 관계/함께 무언가를 배운다/절대로 배신하지 않는 상대/오랜 기간 이어온 신뢰	화끈한 성격/속도보다 완성도를 중시한다/노력에 대한 보상/자립해야 할 시기
역방향	지나치게 신중하여 상황이 진전되지 않는다/한심스러운 상대/따분한 분위기/권태로운 관계	안심하고 맡길 수 없다/딱딱한 대응/정체/수지가 안 맞는다/수비적인 행동	서로 발목을 잡는다/의지가 되지 않는 상대/희생하려 들지 않는 상대/발전이 없는 관계	박하다/노력이 부족하여 일을 그르친다/꾸물거린다/자립하지 않는다

펜타클의
퀸

* QUEEN of PENTACLES *

QUEEN of PENTACLES.

어머니와 같은 따스함으로 행복을 손에 쥔다

온화한 표정으로 펜타클을 바라보고 있는 퀸. 오른쪽 아래에 보이는 토끼는 풍요를 상징한다. 어머니와 같이 모든 것을 받아들이는 자애심이 부와 행복을 가져다준다.

정방향
무언가를 키우면서 자신도 성장한다

누군가를 위해 애쓰는 것에 기쁨을 느끼고 있다. 그것이 상대뿐만 아니라 자신에게도 좋은 영향을 끼쳐 강인함을 낳는다.

기본 KEYWORD
관용

소중한 사람을 받아들이는 도량의 깊이를 나타내는 카드. 힘이 되어주고 싶은 마음이 어떤 영향을 가져올지 해석해보자.

역방향
지나친 관용으로 서로를 망친다

무엇이든 떠맡는 것이 역효과를 불러온다. 자신은 노력하는 데 반해 상대는 의존적으로 되어 서로를 타락시키고 만다.

	현재 상황	감정	문제의 원인	미래 전망	조언
정방향	안정된 상태/무언가를 쌓아 올리는 시기/누군가를 키우는 시기/쾌적한 상태	시간이 걸려도 꾸준히 해내고 싶다/누군가를 위해 살고 싶다/키우고 싶다	관용이 역효과를 낳는다/빈틈이 없다/주위의 시샘/표현 부족	환경이 갖추어진다/조력자가 나타난다/목표가 구체화된다	우선 뼈대를 세워라/만반의 준비가 필요하다/지식과 교양을 쌓아두라
역방향	발전이 없는 시기/다른 것에 신경 쓸 여력이 없다/요령을 터득하지 못한다	궁지에 몰려 있다/문제의 원인을 모른다/보상받지 못하고 있다	잘못된 방법/시작부터 어긋나 있다/나약함을 온화함으로 착각하고 있다	애쓰지 않는다/원하던 결과가 나오지 않는다/나약한 자신을 외면한다	포용하되 지나친 관용은 피하라/자신을 궁지에 몰지 말라/방법을 바꿔라

	연애	일	대인 관계	기타
정방향	온화한 사랑/눈치가 빠른 여성/현모양처/상대를 성장시킨다/결혼으로 이어진다	협력하는 직장 동료/부하를 키운다/쾌적한 업무 환경/의지가 되는 상사/배려	실수를 막아준다/힘들 때 도와주는 관계/주목받는 사람/작은 선물	훌륭한 어머니/양호한 가족관계/고상한 취미/명품/행복한 가정/내면의 아이
역방향	사랑이 전해지지 않는다/필요할 때만 만나는 관계/애인을 만든다/쏟아부은 사랑이 물거품이 된다	비효율적인 환경/발전이 없는 부하/바쁜 척하고 있다/요령이 없는 사람	일방적인 대화/허세를 부리며 사치스러운 사람/믿을 수 없는 사람/말뿐인 관계	무른 어머니/굼뜨다/주위를 곤란하게 만드는 서툰 행동/헤픈 씀씀이/의도적인 서민 행세

펜타클의 킹

✲ KING of PENTACLES ✲

KING of PENTACLES.

실력으로 사람들을 이끈다

차분한 모습으로 펜타클을 손에 들고 왕좌에 자리한 킹. 주위의 식물은 손에 넣은 부를 상징한다. 자신이 가진 것을 타인을 위해 사용한다는 의미를 지닌 카드다.

정방향
자신의 힘으로 타인을 돕고자 한다

자신의 능력을 발휘하고 있다. 자기가 할 수 있는 일로 남에게 도움이 되고자 한다. 혹은 그런 상황에 놓여 있는 상태를 나타내기도 한다.

기본 **KEYWORD**

공헌

지식, 능력, 돈, 인맥, 시간 등 자신이 가진 재산을 활용할 수 있을지 그 여부를 암시한다.

역방향
자신의 힘을 발휘하지 못하고 있다

자신의 능력을 100% 살리지 못한다. 돈도 능력도 제대로 활용하지 못하여 주위의 기대에 못 미치고 만다.

	현재 상황	감정	문제의 원인	미래 전망	조언
정방향	결과를 이루어내는 시기/조급하지 말고 차분히 임해야 할 시기/금전 운 상승	남에게 도움이 되고 싶다/서로 이해하고 싶다/배우고 싶다/깊이 생각하고 싶다	위압적인 언동/결과에만 연연해한다/타인을 관리하려 한다	훌륭히 성과를 낸다/상응하는 보수나 지위를 얻는다/공헌한다	재량껏 일하라/하기로 했으면 성공을 목표로 하라/돈을 의식하라
역방향	불만족스러운 상황/세상 물정을 모르고 있다/낭비나 연체가 잦다	어떻게 해야 좋을지 모른다/도움이 되지 않는 자신에 대한 답답함/불만족	모든 일에 자신이 없다/부담감에 뒷걸음질 친다/의견을 말하지 못한다	안일한 생각으로 가진 것을 잃는다/현실을 보지 못한다/기술을 못 살린다	세상 물정을 파악하라/다수의 의견에 주목하라/마니아적인 특성을 살려라

	연애	일	대인 관계	기타
정방향	유복한 사람/상대에게 힘이 된다/좋은 조건/포용력이 있는 남성/미래가 보인다/만남을 지속한다	비즈니스에 소질이 있다/이익이 남는다/경영자/투자 운용/서로 이익이 된다/도움이 되는 지혜	서로 도움이 되는 관계/금전적 도움을 주는 사람/신뢰할 수 있는 사람	주택 소유/학자/재산가/전문가/응용할 수 있다/야무지다/누군가에게 도움이 되는 사람
역방향	과묵한 사람/재미없는 사람/마음에 차지 않는다/좀 더 의지가 되고 싶다/억지로 지속되는 관계	자신감이 없다/전문 지식을 살리지 못한다/눈앞의 일에 얽매인다/일방적인 강요	대화가 원활하지 않다/만나도 즐겁지 않다/융통성이 없고 무딘 사람/신용할 수 없다/능력 부족	임대 주택/오타쿠/의미 없는 물건/응용할 수 없어 못 쓰는 물건/단념이 중요한 시기

소드
* SWORD *

지성과 대화를 통해 소통한다

소드는 돌이나 금속의 가공 기술이 확립되면서부터 생겨난 도구다. 즉 인류의 지혜를 상징한다고도 말할 수 있다. 무언가를 자르는 편리한 도구면서 동시에 인간을 해할 수 있는 위험한 도구다.

대응하는 원소는 바람이며, 바람은 지성과 언어를 상징한다. 소드는 육체뿐만 아니라 말이나 책략처럼 보이지 않는 검으로써 정신적 상처를 입히기도 한다.

코트 카드에는 무엇이 그려져 있을까?

PAGE
페이지

예측할 수 없는 사태에 대비하여 생각을 짜낸다
소드(바람)의 페이지(땅)는 현명한 현실파다. 매우 신중하며 적은 없는지, 자신이 손해 보지는 않을지 등 자기방어를 위해 지성을 사용한다.

KNIGHT
나이트

바람같이 날아다니며 자신이 옳음을 증명한다
소드(바람)의 나이트(바람)는 자신의 총명함을 자각하고 있어 자신감이 넘친다. 자신의 지성과 유능함을 증명하고 어필하는 것에 여념이 없다.

QUEEN
퀸

상대의 마음을 꿰뚫는 능력
소드(바람)의 퀸(물)은 상대의 마음을 꿰뚫는 통찰력과 그것을 자신의 일처럼 느끼는 공감력을 가진다. 총명한 만큼 상처를 잘 받는 경향이 있다.

KING
킹

목적을 달성하기 위해 지성을 유감없이 발휘한다
소드(바람)의 킹(불)은 냉정하게 상황을 지켜보는 판단력이 있다. 자신의 의지를 관철하기 위해 그 능력을 유감없이 발휘한다.

무엇이 그려져 있을까?

A

아이디어가 떠오른다
자신의 생각을 바탕으로
길을 개척한다.

2

일찌감치 찾아온 고뇌의 시기
둘 사이에서 망설인다.

3

충격을 받는다
고민이 가실 줄 알았지만,
충격적인 전개가 펼쳐진다.

4

홀로 휴식을 취한다
큰 타격을 받은 뒤 조용히
휴양하는 시간을 갖는다.

5

책략을 펼친다
상처를 입어, 남을
의심하고 술책을 부린다.

6

새로운 가치관을 얻는 여행
이대로는 안 된다는 것을 깨닫
고 새로운 세상을 찾아 떠난다.

7

타인의 생각을 훔친다
타인의 것을 훔쳐
활용하고자 계획한다.

8

주변은 적으로 가득하다
주위의 동의를 얻지 못하
고 고립된 상태가 된다.

9

끝나지 않는 자문자답
자신의 생각이 틀렸을지도
모른다는 두려움을 느낀다.

10

낡은 사고의 끝
모든 과거를 받아들인 뒤
깨달음의 빛이 찾아든다.

POINT

사고의 변천과 탈피에 대한 이야기

소드 카드에는 선택이나 책략, 충격이나 확신
등 다양한 지적 활동이 그려져 있다. 카드 속 고
통스러워 보이는 장면은 생각이나 마음속에서
일어난 일이라고 생각하면 이해하기 쉽다. 무언
가를 고집한 결과, 잘못된 방향으로 나아가거나
한계를 느끼기도 하지만, 마지막 카드에 그려진
동트는 모습은 낡은 사고방식의 소멸 뒤에 새로
운 가치관이 생겨난다는 사실을 보여주고 있다.

소드 A
＊ ACE of SWORDS ＊

ACE of SWORDS.

자신의 힘으로 미래를 쟁취한다

신의 손이 쥐고 있는 소드의 끝부분에 승리를 상징하는 왕관이 보인다. 배경에 그려진 험난한 산이 말해주듯 결코 쉬운 길이 아니다. 강한 정신력으로 가혹한 상황을 타개하는 것을 나타내는 카드다.

정방향	
새로운 길을 개척하여 이루어낸다	새로운 것에 도전하려고 한다. 지금껏 해본 적 없는 일에도 적극적으로 도전하려는 마음가짐을 나타낸다.

기본 KEYWORD

개척

지금까지와는 다른 새로운 길을 가려고 한다. 지식을 올바르게 사용하고 있는지, 아니면 폭주하고 있는지 카드의 정·역방향으로 판단해보자.

역방향	
강제적인 행동으로 파멸을 초래한다	결점을 고려하지 않고 자신의 이익을 우선시하여 행동한다. 나쁜 방향으로 나아가다가 결국 자기 자신을 망칠 수도 있다.

	현재 상황	감정	문제의 원인	미래 전망	조언
정방향	행동에 옮겨야 하는 상황/고난을 극복한다/자력으로 끝까지 해내는 시기	결심한 상태/승부에 나선다/강한 야심/부정을 바로잡고 싶다	정론을 고집한다/냉정하다/대담한 결단이 역효과를 부른다	새로운 길이 떠오른나/역킹을 이겨낸다/권력을 손에 넣는다/승리한다	주위의 의견을 수렴하라/마지막 힘까지 짜내라/문제에 맞서라
역방향	만회할 수 없는 상태/커다란 손해를 입는다/강제적인 행동이 반감을 산다	수단과 방법을 가리지 않는다/술책을 부린다/무언가를 파괴하고 싶다	강제적/자포자기/파괴적인 행위/폭력적 태도	무리한 행동이 나쁜 결과를 초래한다/모두 물거품이 된다/패한다	무리하게 밀어 붙이지 말라/한발 물러서라/지금까지의 노력을 헛되이 하지 말라

	연애	일	대인 관계	기타
정방향	냉정한 태도/환상에서 깨어난다/경쟁자를 꺾는다/상대를 정복하고 싶은 마음	철저히 계획을 세우면 성공한다/머리를 짜내 궁지에서 벗어난다/부정을 파헤친다	총명하고 논리적인 사람/거짓 없는 관계/실행력이 있다/객관적인 의견 교환	지배하고 관리하는 위치/리더가 된다/선악의 기준/법률에 따른다/재판/수술
역방향	감정적으로 폭주한다/상대의 마음을 무시한다/타인의 주의를 끌려다가 실패한다/데이트 폭력	크나큰 손실/무리한 계획/따르는 사람이 없다/직권 남용/권력을 이용한 괴롭힘/부당 해고	거칠고 막된 태도/폭언을 내뱉는다/회복 불가능한 싸움/방해자가 나타난다/관계가 악화된다	스스로 망친다/현실이 보이지 않는다/치명적인 판단 실수/나아가야 할 길을 잃는다

소드 2
* TWO of SWORDS *

결정하지 못하고 망설인다

양손에 소드를 든 여성. 눈을 가리고 있는 것은 보기 싫은 것이 있거나 본심을 감추고 싶기 때문일까. 두 개의 소드는 꼼짝 못 하는 상태를 암시하고 있는지도 모른다.

정방향
온화한 마음으로 조화를 유지한다

눈앞에 닥친 문제에 대해 무리하게 결론을 내지 않고 현상을 유지하고 있다. 타이밍을 가늠하다 보면 온화한 마음을 되찾을 수 있다.

기본 KEYWORD
갈등

복수의 선택지, 혹은 속마음과 겉마음의 차이 등으로 인해 망설이고 있는 상태다. 결정을 미루는 것이 어떤 결과를 가져오게 될지 해석해보자.

역방향
임시방편으로 연명한다

문제의 본질을 제대로 파악하지 못한 채, 임시방편으로 대처하다 보면 실패할 가능성이 있다. 끝났다고 생각했던 문제가 다시 불거지기도 한다.

	현재 상황	감정	문제의 원인	미래 전망	조언
정방향	분주한 일이 정리되어 안정된 상황/문제가 수습되고 있다	온화한 마음/불안함이 사라진다/다른 점도 받아들일 수 있는 심경	지나치게 냉정한 판단/과도한 이해심/자신만 알고 있는 사실	문제가 해결된다/고민이 사라진다/안정을 되찾는다/진실을 받아들인다	서둘러 결론을 내지 말라/감정보다 이성이 중요하다/균형을 유지하라
역방향	꽉 막힌 상태/억압감을 느낀다/자신의 감정을 받아들이지 않고 있다	현실 직시 거부/간섭받고 싶지 않다/자신을 속인다/결정하고 싶지 않다	감정을 외면하고 있다/사람을 멀리하는 태도/진실을 보지 않고 있다	시야가 좁고 고집이 세진다/사람들이 떠나간다/배신당한다/결정 거부	사실과 망상을 구별하라/거짓말하는 상대를 조심하라/도망치지 말라

	연애	일	대인 관계	기타
정방향	사랑하는 마음이 생겨난다/연하의 상대/이지적인 대화를 즐긴다/상대와의 균형이 중요	문제가 무사히 해결된다/온화하고 조화로운 근무 환경/예술과 관련된 일/상황을 살핀다	온화한 인간관계/언제나 상냥한 사람/상대의 태도에 맞춰 행동한다/관계의 회복	자신과 다른 의견을 받아들인다/오명을 벗는다/타협안을 생각한다/마음의 눈으로 바라본다
역방향	무관심한 척하여 미움을 산다/어린애 같은 애정 표현/어른스러운 척/결혼 사기	수완 좋게 넘긴다/잘될 거라는 착각/배신/물밑 계획/허풍쟁이	꼼짝 못하는 상황에 놓여 고통받는다/누구를 믿어야 할지 모르는 상황/누군가에게 속고 있다	스스로 힘든 길을 가려하는 사실을 깨닫지 못한다/마음을 닫고 자신이 보고 싶은 것만 본다/사기

소드 3

THREE of SWORDS

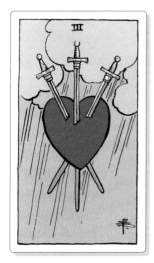

슬픔으로 상처 입은 하트

사랑과 심장을 상징하는 하트에 세 개의 소드가 꽂혀 있으며, 슬픔을 의미하는 비를 맞고 있다. 마음을 심하게 상처 입히는 충격적인 사건을 암시하는 카드다.

정방향
핵심을
받아들인다

알고 싶지 않았던 사실, 기대에 어긋난 상황을 정확히 이해하고 있다. 실의에 빠져 있으면서도 한 발 내딛으려고 한다.

기본 KEYWORD
아픔

외면하고 싶은 현실로부터 충격을 받은 상태. 그 상황을 어떻게 받아들일 것인지 카드의 정·역방향에 따라 해석해보자.

역방향
진실을 거부하고
초조함에 괴로워한다

충격적인 사건으로 혼란스러운 상태다. 눈앞의 현실을 받아들이지 못해 고통이 지속될 가능성이 있다.

	현재 상황	감정	문제의 원인	미래 전망	조언
정방향	먹구름이 드리우는 시기/트러블에 휩싸인다/충격을 받는다	고통스럽지만 받아들이려고 한다/무언가를 잘라내고 싶다	지금껏 외면해온 문제/본질을 잘못 보고 있다/초점이 빗나가 있다	피할 수 없는 이별/문제가 결착이 난다/마음에 상처를 입는다	지금은 성장하는 시기로 여겨라/마음이 진정되면 빛이 보인다/참고 견뎌라
역방향	현실을 직시하지 못한다/받아들이기 힘든 상황/혼란스러워 냉정을 잃는다	나쁜 망상이 심해진다/현실에서 도망치고 싶다/모든 것을 거부한다	스스로 자신을 힘들게 하고 있다/평상심을 잃었다/모순된 마음	알고 싶지 않은 사실을 알게 된다/마음이 정리되지 않는다/거절하고 싶은 일	피해망상에 빠지지 말라/우선 마음을 정리하라/무엇이든 받아들이기 나름이다

	연애	일	대인 관계	기타
정방향	아픈 사랑/외도나 삼각관계가 발각된다/아픔을 배우는 사랑/정신적으로 어른스러운 사람	프레젠테이션의 실패/사무적인 태도/기계적인 작업/채용되지 않는다/일을 그만둔다	다툼이 끊이지 않는 관계/말투가 과격하다/경쟁자와 서로 다툰다/장점이 없는 사람	사실을 인정한다/아픔을 받아들이면 차도가 보이기 시작한다/재봉/패션 업계/외과 수술
역방향	질투심/나쁜 망상/배신당한 느낌/실연을 두려워한다/받아들일 수 없는 이별	열악한 작업 환경/정보를 소화하지 못한다/석연치 않은 일/실수한다/손실	좀처럼 받아들여지지 않는다/강한 거부/혼란을 일으키는 사람/좋지 않은 방향으로 흐르는 대화	망상이 망상을 낳는다/피해망상/부조리한 환경/소중한 사람과 이별한다

소드
4
∗ FOUR of SWORDS ∗

미래를 대비한 휴식

기사 조각상이 눈을 감은 채 누워 있다. 가슴 위에 손을 모으고 있는 모습에서 무언가를 바라고 있는 듯한 느낌이 전해진다. 조용한 휴식이나 혼자만의 시간을 나타내는 카드다.

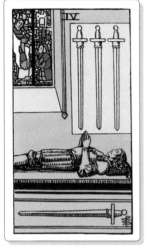

정방향	정방향은 '휴식 중인 상태'를 나타내며, 모든 것이 감속 경향을 보인다. 그러는 동안 곰곰이 생각할 시간이 주어진다.
조용히 휴식을 취하며 태세를 갖춘다	

기본 KEYWORD
회복

심신의 피로와 회복을 나타내는 카드다. 여기서 한번 태세를 갖추는 것은 다음 전개를 맞이하기 위해서도 중요하다.

역방향	역방향은 '회복 완료 상태'를 나타낸다. 휴식을 마치고 각성의 시기를 맞이하여 움직임을 시작한다.
준비를 갖추고 다시 움직인다	

	현재 상황	감정	문제의 원인	미래 전망	조언
정방향	일시적인 정체/정비나 휴식이 필요한 시기/느긋하게 보내는 시간	혼자만의 시간이 필요하다/잠자고 싶다/쉬고 싶다/추억에 잠긴다	피로의 축적/건강이 좋지 않다/바쁜 일에 매여서 자신을 돌아볼 여유가 없다	일시 정지 상태를 면치 못한다/휴식이 필요한 상태/기력이 저하된다	자신을 돌아보는 시간을 가져라/가끔은 휴식을 취하라/우선 충분히 자라
역방향	재시동/움직이기 시작하는 시기/긴 휴식의 끝/체력과 기력이 충만하다	움직이고 싶다/갑자기 얻은 깨달음/재기를 노린다	일시적 정지 상태/시작할 용기가 없다/지나치게 여유롭다	새로이 재개한다/체력이 회복된다/움직일 수 있는 상황이 된다	때가 되면 재개하라/너무 푹 쉬면 점점 귀찮아진다/꾀를 부려 쉬지 말라

	연애	일	대인 관계	기타
정방향	거리를 둘 필요가 있다/싸움이나 결혼 이야기는 잠시 중단한다/자신의 본심을 확인하고 싶은 시기	처음부터 다시 시작한다/잠시 유보하는 것이 좋다/유급 휴가/퇴직·출산 휴가로 일을 쉰다	말하지 않아도 통하는 관계/절묘한 거리감/냉정하게 조언해주는 사람	숙면/마사지나 피부 관리로 인한 치유/조용한 장소/미래를 대비한다/입원/성묘
역방향	소원했던 관계를 회복한다/더욱 친밀해진다/진짜 좋아하는 사람을 발견한다	휴가가 끝난다/공백 기간 극복/새로운 체제가 시작된다/복직/보류했던 안건이 다시 검토된다	새로운 관계로 진전된다/대화 속 깨달음/지금껏 말하지 못했던 것을 털어놓는다	스트레스가 해소된다/미래를 향해 움직이기 시작한다/일시적 정지 상태를 벗어난다/퇴원

소드 5

✦ FIVE of SWORDS ✦

힘으로 얻은 승리

싸움에 패배한 두 사람을 바라보며 소드를 세우고 있는 남자. 여기에서 무언가 다툼이 일어난 모습이다. 히죽 웃는 남자의 표정과 불온한 모양의 구름은 '덧없는 승리'를 나타낸다.

정방향
수단을 가리지 않고 강탈한다

어떤 수단을 써서라도 목적을 달성하고 싶은 마음이 나타나 있다. 술책도 마다하지 않는다. 매우 교활하고 전략적이다.

기 본 K E Y W O R D

혼란

다툼이 일어나 혼란스러운 상황이다. 정방향을 뺏는 편, 역방향을 빼앗기는 편으로 해석해보자.

역방향
중한 것을 빼앗긴다

생각지도 못한 함정이나 사건으로 인해 소중한 것을 잃은 상태다. 능력 부족이나 방심이 원인일지도 모른다.

	현재 상황	감정	문제의 원인	미래 전망	조언
정방향	씨움 중이다/체면을 차릴 새도 없는 상황/작은 틈도 용납되지 않는다	자신만 좋으며 상관없다/상대를 속이고 싶다/사정을 봐주고 싶지 않다	사람을 속인 일/과도한 책략/자신보다 약한 상대에 대한 어리석은 태도	다툼이 일어난다/지혜가 필요한 시기/술책/나쁜 일에 유혹된다	면밀한 작전을 세워라/정이니 약한 마음은 버려라/교활함도 조금은 필요하다
역방향	패전/타인의 악의가 감도는 상황/함정에 빠질 것 같다/위험이 다가오고 있다	비참한 기분/패배감/불명예스러운 기억/소중한 것을 잃은 슬픔	허점을 들킨다/사정을 봐줄 것이라는 기대/부정확한 상태/과대평가	신용을 잃는다/준비 부족으로 자멸한다/중요한 것을 빼앗긴다	손실에 대비하라/계획을 재정비하라/공격보다는 수비

	연애	일	대인 관계	기타
정방향	타인에게서 상대를 빼앗는다/전략적 사랑/파트너를 제멋대로 다룬다	부정한 수단을 쓴다/강제로 기정사실화한다/남을 밟고 올라선다/사람을 궁지에 몰아넣는다	나쁜 계략을 꾸미는 친구/파벌 싸움/서로를 밀어낸다/이기적인 사람/방심할 수 없는 관계	정복한다/타인의 것을 빼앗는다/인간의 도리를 벗어난 행동/뒤에서 홀로 웃는다/반칙 승리/도둑
역방향	배신이나 거짓말을 알아차린다/연인을 빼앗긴다/비참한 마음/답답한 사랑	공적을 빼앗긴다/누군가에게 표절당한다/적의를 느끼는 환경/권력을 이용한 괴롭힘을 당한다	배신자/누군가의 희생양이 된다/유리할 때만 고자세인 사람/교활하며 아첨하는 사람	패배한다/빼앗긴다/할 수 없이 단념한다/불합리한 조건/도난의 피해/부주의

소드
6
* SIX of SWORDS *

나쁜 상황에서 벗어난다

노를 젓는 남성과 배에 타고 있는 아이와 부모. 고개를 숙인 채 얼굴을 가리고 있는 것은 모든 것을 버리고 도망을 가고 있기 때문일까. 흐르는 물에 몸을 맡기고 새로운 세상을 향하는 상태를 나타낸다.

정방향
곤란한 상황에서 탈출한다

힘든 상황에서 차츰 벗어나고 있다. 배는 여행이나 이사 등 '이동'을 상징하기도 한다.

기본 KEYWORD
도중

지금 있는 곳에서 다음 장소로 향하는 선상에 있는 이 카드는 상황이 과도기에 있음을 암시한다. 향하고 있는 곳을 주목해보자.

역방향
다시 곤경에 빠진다

곤란한 상황에서 벗어날 수 없거나, 혹은 벗어났다고 생각했던 환경에 다시 빠져들게 되는 것을 암시한다.

	현재 상황	감정	문제의 원인	미래 전망	조언
정방향	트러블이 사라지는 시기/현재 상황에서 탈출한다/좋은 방향으로 전진한다	일단락 짓고 안심한다/도망치는 것이 득이다/미래에 조금씩 희망이 보인다	과거와의 단절로 인한 폐해/상대와 맞서지 않는다/이동이나 여행과 관련한 일	다음 단계를 향한다/곤란한 상황에서 벗어난다/건강을 회복한다	새로운 곳이 더 낫다/관점을 바꿔라/잠시 도피하여 상황을 살펴라
역방향	트러블에 휩싸이는 시기/어떻게 될지 알 수 없다/뜻하지 않은 상황	모든 것을 내려놓고 싶다/도망칠 수 없다는 두려움/깊은 후회/요동치는 마음	도망갈 수 없는 상황/다람쥐 쳇바퀴 돌 듯 한다/대인 관계에서 발생하는 다툼	어두운 미래/곤란한 상황에 다시 빠진다/벗어날 수 없다/병이 재발한다	자포자기하지 말라/피하면 아무것도 변하지 않으므로 각오를 다잡아라

	연애	일	대인 관계	기타
정방향	새로운 만남/가치관을 공유할 수 있는 사랑/사랑의 도피/구원의 손길을 받는다	일이 궤도에 올라선다/새로운 계획/절차가 중요하다/출장이나 전근/이동/전직	같은 꿈이나 목표를 가진 상대/서로를 이해하는 관계/의사소통이 원활하다/여행지에서 만난 사람	출발한다/귀로에 오른다/마중을 나온다/귀성/유턴/이사/누군가의 여행길
역방향	진흙탕 싸움/애증으로 휩싸인 파란만장한 전개/의지할 수 없는 사람/궁지에 빠져 있다	사건에 말려든다/트러블로 숨이 막히는 상황/계획의 재검토/쓸모없는 사람	어색한 대화/거리를 두는 편이 좋다/트러블을 부르는 관계/여행지에서의 다툼	병·사고·지연·빚 등 트러블 전반/마음이 동요하는 사건/꼼짝 못 한다

소드
7
* SEVEN of SWORDS *

숨어서 책략을 짠다

소드를 든 채 뒤를 돌아보며 도망치는 남성이 그려져 있다. 저 멀리 사람들의 모습이 보이지만 아직 알아채지 못한 듯하다. 부정이나 불의를 암시하는 카드다.

정방향	
뒤에서 획책을 꾸민다	아무도 모르게 뒤에서 책략을 짜고 있다. 책임을 회피하고 자신을 지키기에 급급한 모습을 보이기도 한다. 위험을 무릅쓰는 상태를 나타낸다.

기 본 KEYWORD
배신

반칙이나 속임수, 도둑질 등 인간이 느끼는 양심의 가책을 나타낸다. 자신이 악의를 품게 될지, 타인의 악의를 느끼게 될지 판단해보자.

역방향	
위험을 감지하고 만전을 기한다	누군가의 악의를 알아차리고 경계심을 높인 상태다. 만전의 대책을 세운 덕에 일이 무사히 진행된다.

	현재 상황	감정	문제의 원인	미래 전망	조언
정방향	나쁜 일에 손을 댄다/비밀리에 책략이 진행 중이다/부정이 버젓이 통하는 시기	마음에 걸리는 것이 있다/나쁜 일에 대한 자각/사람을 내려다보고 있다	중대한 위험을 무릅쓴 행위/우발적인 마음/수상쩍은 사람/나쁜 소문	중요한 것을 도난당한다/경쟁에서 밀려난다/남을 속인다	부정을 저지르다간 호되게 당한다/뒷말하는 사람을 주의하라/사기를 조심하라
역방향	가까스로 위험을 피한다/생각지 못한 발견을 한다	마음의 체증이 사라진다/도와준 사람에게 감사한 마음/신중하고 싶다	위험을 두려워한다/신경질적 태도/사죄를 둘러싼 트러블	무사히 진행된다/위기를 면한다/조언을 듣는다	솔직하게 사과하라/가능한 한 안전한 방법을 택하라/조언에 귀를 기울여라

	연애	일	대인 관계	기타
정방향	불성실/두 얼굴을 가진 사람/외도 상대/연인을 빼앗긴다/핸드폰이나 수첩을 훔쳐본다	나쁜 평판을 얻는다/스파이/비밀 정보 누설/사기나 횡령 등 부정한 돈 문제/야반도주	이익만을 챙겨 달아나는 사람/비밀을 누설한다/정보로 사람을 조종한다/상대의 실언을 유도한다	개운하지 않은 상태/딴죽을 건다/훔친다/도난이나 빈집 털이에 주의
역방향	기대 이상의 사랑/훌륭한 상대/관계의 개선/고마운 마음을 전한다	미리 대처한다/조언 덕을 본다/지도를 받는다/정보 수집이 관건	도움의 손길/고민 상담/유익한 정보 교환/상대의 말 속에 위험을 피할 수 있는 힌트가 있다	개운한 상태/기대하지 않았던 좋은 소식/남을 도우면 좋은 일이 생긴다/지혜가 샘솟는 시기

소드
8
* EIGHT of SWORDS *

구속되어 자유를 잃는다

눈이 가려진 채 묶여 있는 여성이 소드에 둘러싸여 있다. 하지만 주변에 감시자가 없고 발은 묶여 있지 않다. 몸이 아닌 마음이 매여 있는 상태를 나타낸다.

정방향
어려운 상황에서 도움을 기다리고 있다

자신에게는 힘이 없어 누군가가 도와주기를 바라는 마음이 감추어져 있다. 무력감과 고독감에 휩싸여 한 발짝도 움직이지 못한다.

기 본 K E Y W O R D
인내

궁지에 몰려 참고 견디는 상태다. 그 심경을 카드의 정·역방향에 따라 살펴보자.

역방향
도움이 없는 상황에서 마음이 요동치고 있다

고립무원의 상태에 초조함을 느낀다. 현재 상황에 저항하는 동시에 주변 탓을 하는 등 피해의식도 강하다.

	현재 상황	감정	문제의 원인	미래 전망	조언
정방향	어려운 시기/답답한 환경/주위의 지나친 간섭/타인의 질투를 사고 있다	누군가가 도와주기를 기대하고 있다/아무것도 하고 싶지 않다/살기 괴롭다	중요한 것을 깨닫지 못하고 있다/자금이 부족하다/남에게 기대하고 있다	인내심을 시험하는 일/한동안 참고 견뎌야 하는 상황/자유롭지 못한 상황	얽매고 있는 것은 자기 자신이다/남에게 휘둘리지 말라/단정 짓지 말라
역방향	본의 아닌 상황/고립되어 있다/주변 사람들에 대한 불만이 폭발하는 시기	예상과 다른 현실/배신으로 인한 충격/유연하지 못한 사고	타인을 과도하게 의식한다/시간 낭비/해결책을 진지하게 생각하지 않는다	조바심이 격해진다/잘못을 깨닫지 못한다/현 상황에서 벗어나지 못한다	자신의 잘못을 인정하라/주위에 화풀이하지 말라/때론 단념도 필요하다

	연애	일	대인 관계	기타
정방향	상대 탓을 한다/비극이나 망상에 빠진다/자기학대/구속하는 관계	직장 내에 규칙이 많다/엄중한 관리 체제/일이나 책임을 강요당한다/감시받는다	피해망상/확실하게 의견을 말할 수 없는 관계/무기력/간섭으로 숨이 막힌다/비방과 중상모략	현실을 파악하지 못하고 있다/함정에 빠졌다고 믿고 있다/채무불이행/너무 많은 짐/좁은 장소
역방향	생각에 얽매인다/스트레스가 쌓이는 관계/의지만으로는 헤어지지 못한다/사과하지 않는다	사고를 당한다/부당한 처우/갑작스러운 해임이나 해산/음흉한 사람	확실하게 의견을 말하는 사람/가시 돋친 태도/상대의 마음을 꺾는 발언/견원지간	아무리 도망쳐도 벗어날 수 없다/시간만 보내고 있다/부당하게 구속당하는 사건

소드
9

* NINE of SWORDS *

눈을 감고 싶어지는 슬픔

침대 위에서 한탄하는 여성. 악몽을 꾼 걸까, 아니면 절망하여 밤새 울고 있었던 걸까. 슬픔이나 불안, 죄의식을 나타내는 카드다. 혹은 그런 감정에서 얻는 깨달음을 암시하기도 한다.

정방향
돌이킬 수 없어
절망한다

'그때, 이렇게 했다면'이라는 깊은 후회를 나타낸다. 그 일만 생각하며 자신을 탓하느라 주위가 보이지 않는다.

기본 KEYWORD
고민

부정적인 감정 때문에 괴로워하는 상태다. 그런 기분을 자신에게 향하게 할지, 타인에게 향하게 할지 카드의 위치에 따라 해석해보자.

역방향
나쁜 상황에 맞서려고
하지 않는다

현실을 외면하고 문제의 본질을 파고 들지 않는다. 남 탓을 하거나 없었던 일로 하거나 혹은 자기 자신을 동정하기도 한다.

	현재 상황	감정	문제의 원인	미래 전망	조언
정방향	절망에 빠지는 시기/슬픔으로 잠 못 이루는 상태/상처받기 쉽다	잃어버린 것에 대한 슬픔/후회가 깊어진다/머릿속이 복잡하다	뒤늦게 소중함을 깨닐았나/킹힌 흥격/죄의식/자기혐오	소중함을 깨닫는다/잘 못 드는 밤을 보내고 있지만 새벽이 가까워지고 있다	후회하기 전에 행동하라/지금 누리는 행복을 깨달아라/조금만 더 견뎌라
역방향	피해망상이 강해지는 시기/부정적인 생각에 얽매인다	자신을 가볍게 생각한다/실태를 인정하지 않는다/누군가의 탓으로 돌리고 싶다	자신의 잘못을 모른 체한다/타인에 대한 적대심/슬픔을 억누르고 있다	원한을 품고 폭주한다/사람을 의심하게 된다/아무도 이해해주지 않는다	문제를 피하지 말라/냉정하게 현실을 직시하라/건설적인 대처가 필요하다

	연애	일	대인 관계	기타
정방향	이별의 갈림길/지키고 싶은 소중한 사람/상대에 대한 걱정에 잠 못 이룬다/자책하며 후회한다	긴장과 불안으로 예민해진 상태/꿈속에서도 일하고 있다/지난날의 실패를 되새긴다	어떤 상황에서도 냉정한 사람/아픈 곳을 찌르는 발언/대화 중에 중요한 사실을 깨닫는다	망연자실/노이로제 증상/불면증/부고가 날아든다/문제를 해결한다
역방향	상대를 의심한다/억울한 느낌/관계를 회복하기 위해 발버둥 친다/자신을 부끄러워한다	부끄러운 실패를 한다/누군가에게 발목이 잡혀 있다는 망상/유언비어에 시달린다	자기방어를 위해 남을 공격한다/마음이 좁은 사람/냉혹한 발언/대화를 통해 남에게 상처를 준다	분노를 원동력으로 삼는다/끝없는 험담과 소문/망상이 낳은 오해/동정을 사려고 한다

소드
10
TEN of SWORDS

시작을 위한 끝

열 개의 소드에 찔린 남성. 언뜻 불행한 그림처럼 보이지만 하늘의 어둠이 점차 걷히고 있다. 현실을 받아들임으로써 밝은 미래를 손에 넣을 수 있다는 것을 의미한다.

정방향
모든 것을 받아들이고 전진한다

자신의 나약함이나 처한 상황 등 모든 것을 받아들이는 상태다. 깨달음의 경지라고도 말할 수 있다. 그 결과, 다음 단계로 나아간다.

기본 KEYWORD

기로

분기점을 나타내는 카드다. 앞으로 나아갈 것인지, 그 장소에 머물 것인지는 현상을 어떻게 받아들이느냐에 따라 결정된다.

역방향
보고 싶은 것만 본다

자신에게 불리한 것을 받아들이는 마음의 준비가 갖추어지지 않았다. 그 결과, 여전히 망상의 세계에서 벗어나지 못하고 있다.

	현재 상황	감정	문제의 원인	미래 전망	조언
정방향	인생의 기로/모든 아픔을 받아들인 상태/미래를 향해 나아간다	마음의 안개가 걷힌다/모든 과거를 인정한다/깨달음	시간이 조금 더 필요하다/기분을 전환할 계기가 없다/미래를 보지 않는다	밑바닥에서 빠져 나온다/정신적 성장/고통의 원인이 사라진다/사태가 호전된다	상황이 더는 나빠지지 않으므로 안심하라/심기일전하여 다시 태어나라
역방향	일시적으로 좋아진 상황/인정할 수 없는 현상/꿈속에 머물러 있다	흥분한 탓에 잘못된 방법으로 받아들이고 있다/자기연민에 차 있다	사사로운 일을 확대 해석하고 있다/과도한 자기도취에 빠져 있다	낡은 환경을 버리지 못한다/호전된 듯 보였던 상황이 다시 악화된다	원한을 버려라/'가여운 사람'에서 벗어나라/정신을 똑바로 차려야 한다

	연애	일	대인 관계	기타
정방향	사랑의 괴로움을 이겨낸다/관계의 분기점/사랑을 통해 깨닫는다/상대의 모든 것을 받아들인다	실패는 성공의 어머니/최악에서 벗어난다/실태를 직시하고 반성한다/새로운 길 모색	다툼 뒤에도 지속되는 관계/상대의 표리를 모두 안다/단점을 수용한다/오래 교제할 수 있는 상대	죽기 살기로 일에 임한다/진심을 시험당한다/마음이 점차 변한다/처음부터 다시 시작한다
역방향	비련에 잠긴다/연애 운이 나쁘다는 망상/실수를 되풀이한다/친절함을 잘못 인식하고 있다	실패를 몇 번이고 반복한다/실수를 인정하지 않는다/임시방편/문제의 핵심을 교묘하게 피한다	좋은 면을 보이고 싶어 한다/자존심이 강하고 허세 부린다/본심을 드러내지 않는 관계/인사치레	엄살을 부린다/외적으로 바뀌어도 마음은 그대로/임시방편

소드의
페이지
✦ PAGE of SWORDS ✦

PAGE of SWORDS.

현상을 냉정하게 분석한다

소드를 쥐고 날카로운 시선으로 뒤를 돌아보는 청년. 머리 위를 날아가는 새 무리는 그의 고양된 정신을 드러낸다. 일촉즉발의 상황에서도 대처해내는 신중함과 분석력을 나타내는 카드다.

정방향
상황을 파악하고 신중하게 대처한다

숨을 죽이고 주위의 움직임을 살피고 있다. 비밀리에 일을 진행해야 하는 상황을 나타내기도 한다. 위기의식이 매우 높은 상태다.

기 본 **KEYWORD**
경계

무슨 일이 일어날지 모르는 상황에 대한 경계심을 나타낸다. 경계심의 높고 낮음을 카드의 정·역방향에 따라 해석해보자.

역방향
조심성이 부족하다

경계심은 있으나 부족한 조심성이 두드러진다. 실수로 들키거나 부주의한 발언, 혹은 방심한 틈에 소중한 것을 잃기도 한다.

	현재 상황	감정	문제의 원인	미래 전망	조언
정방향	무언가를 살펴봐야 하는 상황/폭풍전야/시련에 직면한다	예측할 수 없는 사태에 대비하고 싶다/어떤 상황에도 빈틈없이 처신하고 싶다	약점을 보이지 않는다/머리가 좋아 지나치게 계산적이다/넘치는 용의주도함	중대한 비밀을 안게 된다/시련이 온다/위험을 감지한다/냉정하게 빠져나온다	효율을 중시하라/눈에 띄지 않게 조용히 행동하라/비밀을 지켜라
역방향	비밀을 들킬지도 모른다/방심이 치명적인 결과를 낳는다/능력을 시험당한다	안일한 생각/시기하고 의심하는 마음/매사에 반항적이다/정곡을 찌르는 견해	부주의한 언동/사람들에게 신뢰받지 못한다/비밀을 들킨다/속고 있다	약점을 잡힌다/이면공작이 탄로난다/신용을 잃는다/정보가 유출된다	실수에 주의하라/만전을 기하라/자기 이야기를 하지 않는 편이 좋다

	연애	일	대인 관계	기타
정방향	심리 싸움을 즐긴다/지식이 풍부한 사람/서로를 알고 싶어 한다/일부러 관계를 비밀로 한다	의무감에 하는 일/금액 교섭/위기를 벗어난다/쑥덕공론에서 정보를 얻는다/사내 거래	서로의 상황을 이해한다/상대의 약점을 안다/좋지도 나쁘지도 않은 사이/진심을 말할 수 있다	자신의 약점까지 파악하고 있다/긴장감이 감도는 분위기/진상 규명/과민 반응
역방향	의심을 멈출 수 없는 상대/비밀스러운 사람/무미건조한 관계/드러낼 수 없는 관계	허점투성이 계획/아이디어를 도난당한다/위기에 처한다/거짓말이나 소문으로 자멸한다	서로 의중을 살핀다/비밀 공유/마음이 편하지 않은 상대/감추고 싶은 부분을 들킨다	자신을 속이고 있다/자존심이 세다/자신에 관한 진상이 밝혀진다

소드의 나이트
* KNIGHT of SWORDS *

KNIGHT of SWORDS.

망설임 없이 목표를 향해 돌진한다

백마를 타고 달리는 기사. 시선은 전방을 향하고 있다. 손에 쥔 소드는 그의 의지와 자신감을 나타낸다. 망설임 없이 돌진하는 강인하고 용감한 마음을 상징하는 카드다.

정방향
논리 정연하게 결정하고 전진한다

낭비를 줄이고 최단 루트로 목표를 향해 돌진한다. 합리적인 판단을 내리므로 감정에 휘둘리지 않는다.

기본 KEYWORD
과감

원하는 것을 손에 넣기 위해 망설임 없이 돌진한다. 그것이 행운이 될지 불운이 될지는 카드의 정·역방향으로 읽어보자.

역방향
헛된 분쟁을 초래한다

공격보다는 도발에 가까우며 불필요한 트러블을 낳는다. 성공에 대한 성급한 마음을 나타내기도 한다.

	현재 상황	감정	문제의 원인	미래 전망	조언
정방향	신속하게 움직여야 하는 시기/결정을 재촉당하는 상황/변화하는 시기	망설임 없이 나아가고 싶다/투쟁심/모든 것을 제대로 하고 싶다/이성적이다	일의 전개가 빠르다/지나치게 호전적인 태도/감정이 부족하다/우월감	움직일 타이밍/처음부터 다시 시작한다/논의할 기회	타이밍을 잡아라/낭비를 줄이고 합리적으로 행동하라/이성적으로 판단하라
역방향	생각만큼 변화하기 어렵다/여기저기서 다툼이 생기기 쉬운 상황	조급하다/자제심을 잃는다/타인을 이해하려 들지 않는다/도량이 좁다	상대에게 입힌 상처/지레짐작/억지/당황한 상태	타인과 부딪친다/생활이 바빠진다/목적지를 향할 수 없는 사정이 생긴다	억지를 부리지 말라/헛된 언쟁은 피하라/바쁠수록 침착하라

	연애	일	대인 관계	기타
정방향	적극적으로 마음을 얻는다/마음이 이끄는 대로 돌진한다/이끌어주는 남성/속도가 생명이다	효율적인 방법을 고심한다/우수한 인재/계획을 세우고 실행에 옮긴다/선견지명이 있다	자연스러운 대화/토론에 강한 사람/교우관계를 넓힌다/대화로 거리를 좁힌다	신출귀몰/뛰어난 분석력과 집중력/재빠른 판단/정보 수집이 관건/변덕스러운 마음
역방향	맹목적인 사랑/무심코 던진 말로 상대를 상처 입힌다/일방적 애정/섬세함이 부족하다/양다리	트집을 잡는다/헛된 노력/미온적인 대처/서두르다가 실수를 연발한다	일방적인 주장/다툼이 생긴다/패배를 인정하지 않아 비난받는다/오해로 어긋나는 관계	자취를 감춘다/자기도취/명품을 고집한다/비평가/제멋대로인 태도

소드의 퀸

* QUEEN of SWORDS *

QUEEN of SWORDS.

현실을 간파한 올바른 행동

왕좌에 앉아 정면을 응시하고 있는 퀸. 오른손에 든 소드는 하늘을 향하고, 왼손으로 모든 과오를 받아들이고 있다. 엄격함과 부드러움의 양면을 갖는 카드라고 할 수 있다.

정방향 올바른 언동으로 존경받는다	망설임 없이 '이렇게 해야 한다'라고 의지를 관철시킨다. 독선적이지 않고 타인의 사정을 배려하는 발언으로 주위의 동의를 얻는다.

기본 KEYWORD

적확함

날카로운 소드처럼 적확하게 핵심을 파악할 수 있는 능력을 나타낸다. 그런 능력을 어떻게 사용하고 있는지 해석해보자.

역방향 자기방어를 위한 무장	날카로운 지성을 자신을 지키기 위해 사용한다. 자신에게 상처를 주는 상대는 가차 없이 공격한다. 타인의 정에 대해서도 냉담하게 반응한다.

	현재 상황	감정	문제의 원인	미래 전망	조언
정방향	현명히게 행동한다/의지를 관철하고 싶은 충동/현실만을 바라본다	주위에 휩쓸리지 않는 강한 의지/진실을 전하고 싶다/꿈보다 실현성 중시	이성이 다가가기 어려운 분위기/서먹함/억압된 감정/외로움	의지를 확실히 밝힌다/공부를 시작한다/혼자가 된다/관계의 해소	마음을 솔직히 전하라/개성을 드러내라/혼자만의 시간이 필요하다
역방향	정도를 넘어섰다/신경질적이 되기 쉽다/과잉 방어	승패에 연연한다/정신을 차려야 한다는 조급한 마음/긴장 상태	냉정함을 잃었다/귀염성이 없는 성격/비판적인 태도/사과하지 않는다	마음이 불편한 상황/결과에만 매달린다/무리하여 건강을 잃는다	긴장하지 말라/비판하려면 대안을 제시하라/미소를 잃지 말라

	연애	일	대인 관계	기타
정방향	다가가기 어려운 여성/지적 매력이 높아진다/대화를 통해 사이가 깊어진다/이혼/불임	신속한 대응/비용 절감/일에 방해가 되는 사람은 멀리한다/적절한 판단을 내린다	박식한 사람/지적인 대화/솔직히 말할 수 있는 관계/발언이나 글로 사람의 마음을 움직인다	독신 생활을 즐긴다/여성의 권리/다가가기 어려운 분위기/적절한 자금 계획/예리한 물건
역방향	점잔 빼는 태도/순진한 척/성격이 좋지 않은 상대/냉랭한 관계/상대의 외도를 의심한다	비판만 하는 사람/네거티브 캠페인/긴장감이 감도는 직장 분위기/칭찬하지 않는 상사	좌절시키는 말투/정이 없는 사람/불편한 관계/신경질적인 대응	평범하지 않은 성격/자신에게도 타인에게도 엄격하다/손재주가 없다/불안에서 오는 두려움

소드의 킹
* KING of SWORDS *

KING of SWORDS.

냉정한 판단으로 답을 낸다

험악한 표정으로 정면을 응시하는 킹. 지금까지 겪은 전쟁의 경험을 통해 자신이 옳다는 것을 확신하고 있다. 손에 든 소드는 안일하거나 적당히 얼버무리는 태도를 용납하지 않는 엄격함을 나타낸다.

정방향
객관적인 분석으로 판단한다

어떤 상황에서도 객관적으로 상황을 파악하고 적확한 판단을 내린다. 항상 공정하려고 노력하며 사리사욕을 멀리한다.

기본 **KEYWORD**

엄격함

일시적인 감정에 휘둘리지 않고 현실을 바라보며 적확한 판단을 내린다. 어떤 심리를 바탕으로 판단을 내리는지 해석해보자.

역방향
독재적으로 위엄을 지킨다

자신을 지키기 위해 지식을 쓴다. 뜻을 따르지 않으면 잔혹할 정도로 배제하며, 자신의 잘못을 인정하지 않는다.

	현재 상황	감정	문제의 원인	미래 전망	조언
정방향	자신에 차 있는 상태/결단을 내리고 행동에 옮겨야 할 시기/혼란을 극복한다	정신력이 높아진다/모두의 이익을 생각한다/시행착오를 겪는다	불신을 품고 있다/적확한 분석이 타인을 상처 입힌다/포커페이스	정신적인 스승과의 만남/정의를 위해 싸운다/미래를 위해 행동에 옮긴다	자신감을 가지고 나아가라/엄격함도 사랑이다/과거의 경험을 살려라
역방향	어려운 상황/고립된 상태/정도를 벗어난 행동을 하기 쉽다	자신만 옳다고 생각한다/불필요한 것은 모두 배재하고 싶다	독단과 편견이 가득한 관점/잔혹한 언동/자신의 실수를 인정하지 않는다	자의식 과잉이 부른 위기/비정한 사람과의 만남/체면 때문에 고집을 부린다	타인의 마음을 헤아려라/필요한 의견은 받아들여라/극단적인 행동 금지

	연애	일	대인 관계	기타
정방향	지적인 남성/평등한 관계/구속하지 않는 사랑/고민을 나누다가 발전한 사랑/맞벌이	문제 대처 능력/권력자/지도자/풍부한 아이디어/새로운 계획/수완가	훌륭한 상담가/타개책을 마련한다/도움이 되는 객관적인 조언/멋있는 사람	머리가 좋다/필요하다면 맞서 싸운다/모진 이야기를 들어도 받아들인다/개운하다
역방향	냉혹한 남성/제멋대로인 상대/작은 문제가 발단이 되어 이별한다/계산적인 사람	독재자/사리사욕을 채우려 든다/실패를 인정하지 않는다/남의 공적을 가로채려는 사람	이야기를 들어주지 않는다/멋대로 단정 짓고 대화를 끝낸다/상대를 하인 부리듯 한다	화를 잘 낸다/싸움을 건다/불합리한 발언을 듣고 받아들이지 못한다/개운하지 않은 끝맺음

컵
* CUP *

물

형체 없이 흐르는 사랑과 정감

액체를 따르는 도구인 컵. '성배'라는 이름에서 알 수 있듯, 신에게 바치는 의식이나 잔을 주고받으며 연을 맺는 혼인의식 등 다양한 장면에서 성스러운 도구로서 사용되고 있다.

원소로는 물에 대응하며, 형태 없이 유동적으로 어떤 장소에나 스며드는 물은 풍부한 정보를 나타낸다. 컵에 담긴 물의 상태를 의식하며 카드를 살펴보자.

코트 카드에는 무엇이 그려져 있을까?

PAGE
페이지

솔직한 애정표현으로 자신의 모습대로 살아간다
컵(물)의 페이지(땅)는 작은 것에도 기쁨을 느끼며 일상을 즐긴다. 애정을 사물이나 돈, 식사 등으로 표현한다.

KNIGHT
나이트

마음이 시키는 대로 전한다
컵(물)의 나이트(바람)는 자신이 느끼는 감정을 정확히 말로 전달하고자 한다. 그런 덕분에 로맨틱한 표현이 많아진다.

QUEEN
퀸

끝없이 샘솟는 친절함
컵(물)의 퀸(물)은 넘치는 애정의 소유자. 누구에게나 친절하며 차별하여 대하지 않는다. 사랑은 감동과 눈물로 나타난다.

KING
킹

마음을 담은 사랑을 행동으로 표명한다
컵(물)의 킹(불)은 마음속 온화함을 차츰 겉으로 드러낸다. 사랑이나 친절함을 행동으로 표명하려 한다.

핍 카드에는 무엇이 그려져 있을까?

자그맣게 피어난 사랑
마음에 깃든, 누군가를 향한
사랑이 넘치고 있다.

서로를 알게 된다
타인과 마음을 나누는
기쁨을 맛본다.

연대감이 생겨난다
동료 의식이 싹트고 공감
하는 즐거움을 알게 된다.

사랑에 싫증을 느낀다
평온한 행복에 권태감을
느끼고, 제멋대로 행동한다.

행복을 잃는다
소중한 것을 잃고
슬픔에 잠긴다.

과거의 사랑을 실감한다
추억을 곱씹으며 소중한
것의 의미를 통감한다.

진정 원하는 사랑
마음을 의지할 만한
새로운 목표를 발견한다.

새로운 사랑을 찾아서
다음 단계, 미래를 향해
나아가려 한다.

모든 것을 받아들인다
좋은 점도 나쁜 점도
모두 자랑스럽게 생각한다.

행복감이 가득하다
사랑이 넘치는 평온한
마음을 손에 넣는다.

POINT

싹트는 사랑에 대한 이야기

컵은 사람의 마음을 상징한다. 공감을 얻거나
서로를 알고 싶어 하는 마음은 원소 '물의 충동
이라고 할 수 있다. 따라서 컵 카드에는 기쁨,
슬픔, 설렘 등 다양한 감정이 그려져 있다. 자신
의 마음속에 피어난 사랑을 어떻게 표현해나갈
지 그 과정이 일련의 카드에 그려져 있다. 마지
막에 사랑을 함께하는 사람이 가족이라는 점도
흥미롭다.

컵
A
* ACE of CUPS *

ACE of CUPS.

사랑의 위대함을 노래한다

신의 손에 들린 성배에서 떨어지는 물은 자애로운 마음을 상징한다. 성배에 날아들려는 흰 비둘기는 평화와 행복의 심부름꾼이다. 정신적으로 충실한 상태를 나타낸다.

정방향
사랑과 희망에 넘친다

정신적으로 충만한 상태. 마음속에 기쁨과 행복이 넘치고 사랑이 날아든다. 행복한 일이 생기는 징조로 보기도 한다.

기본 KEYWORD
사랑의 힘

사랑과 평화를 나타낸다. 애정과 관련하여 바라던 대로 실현될지 실의에 빠진 채 끝나버릴지 카드의 정·역방향에 따라 해석해보자.

역방향
실의에 빠진다

애정을 느끼지 못하고 상실감에 빠진다. 바라던 것을 이루지 못해 실망하거나 마음이 불안정한 상태가 되는 것을 나타내기도 한다.

	현재 상황	감정	문제의 원인	미래 전망	조언
정방향	만족한 상태/사람들과 마음을 나눈다/사랑이 싹튼다	평소보다 솔직해진다/마음에 드는 이성에서 눈을 못 뗀다/오감이 만족된다	직설적인 자기표현이 화가 된다/욕망을 숨길 수 없다	열중할 수 있는 것을 발견한다/연정이 싹튼다/평화가 찾아온다	감사하는 마음을 잊지 말라/솔직하게 표현하라/밀접한 관계를 맺어라
역방향	마음에 구멍이 뚫린 상태/배려가 없는 상황/아무것도 생각할 수 없는 시기	방해받고 싶지 않다/남을 받아들일 수 없다/자신의 일만으로도 벅찬 상태	이해타산을 따진다/배려가 없다/마음을 숨기고 있다	희망이 사라진다/일이 뜻대로 풀리지 않는다/사랑이 식는다	쓸데없는 걱정일 가능성이 높다/자신의 감정에 반하는 행동은 하지 말라

	연애	일	대인 관계	기타
정방향	새로운 이성과의 만남/사랑에 휩싸여 행복을 느낀다/멋진 결혼/열중할 수 있는 사람	인맥을 활용한다/지원을 받는다/따뜻한 분위기의 직장/재원/목표의 실현/우수한 부하	마음이 성장한다/강한 연대감/가까운 사이/친해지고 싶은 사람	풍부한 희로애락/정서교육/마음을 나눈다/소원의 실현/모르는 사람에게 베푸는 친절
역방향	함께 있지만 고독함을 느낀다/마음을 받아주지 않는다/짝사랑으로 끝나는 관계/실연	교섭의 백지화/보상받지 못한다/재원 조달의 위기를 맞는다/인맥을 잃는다/모두 물거품이 된다	자신의 본모습을 드러내지 않는다/엮이고 싶지 않다/달갑지 않은 사람/배타적	방심한 상태/애착이 가는 물건을 잃어버린다/빈껍데기/실의에 빠진다/낙담한다/이별

컵 2
* TWO of CUPS *

사랑과 인연이 싹트는 시기

리스를 쓴 남녀가 서로 컵을 건네고 있다. 예지와 치유를 상징하는, 날개 달린 사자와 헤르메스의 지팡이는 마치 우산을 함께 쓰고 있는 듯 보이기도 한다. 사람과의 인연이나 신뢰를 나타내는 카드다.

정방향	주위 사람들과 본심을 털어놓고 목표를 향해 협력하는 시기다. 인간관계의 소중함을 실감하고 파트너십을
신뢰관계를 구축한다	구축한다.

기본 KEYWORD
상호이해

인간관계에 대한 의욕이나 사람과의 교제를 나타낸다. 카드의 정·역방향이 주변 사람들을 대하는 올바른 방법을 알려준다.

역방향	불신감으로 인해 마음을 열지 못하고 있다. 하나의 대상이나 사람에게 집착하여 생각이 한쪽으로 기울어져
마음을 굳게 닫는다	있는 상태를 나타내기도 한다.

	현재 상황	감정	문제의 원인	미래 전망	조언
정방향	사랑이 싹트고 있다/의사가 명확해진다/관계성을 실감하는 시기	감동한 상태/마음으로 나누고 싶다/친근함이나 매력을 느낀다	성적 매력이나 연애 감정이 방해가 된다/너무 많은 것을 보여주고 있다	사랑을 무사히 성취한다/고백하거나 받는다/협력자가 생긴다/화해한다	서로 이해를 넓혀라/화해하는 편이 좋다/본심을 털어 놓아라
역방향	주위로부터 고립된 상황/아무도 다가오지 않는다/정열의 상실	마음이 차가운 상태/믿을 수 없다/상대에게 위화감을 느낀다	마음이 닫혀 있다/배타적인 태도/사람에 대한 불신감/의존심	불신이 싹튼다/이해받지 못한다/용서하기 힘든 상황	진심을 말하지 않는 편이 좋다/과도한 기대는 금물/맹신하지 말라

	연애	일	대인 관계	기타
정방향	첫눈에 반한 사랑/서로 사랑하는 관계/성적 매력을 느끼는 사람/인적 혼약/신혼	매끄러운 의사소통을 도모한다/교섭이 성립된다/파트너십/신뢰할 수 있는 사람/계약	터놓고 이야기한다/화해한다/안정적인 인간관계/협력자	서로 돕는다/동성 친구와의 우정/조화/애정/성별을 넘어선 인연/마음을 준다
역방향	계산적으로 시작된 사랑/남에게 보여주기 위한 사랑/섹스리스/파혼/위장 결혼	이야기를 들어주지 않는다/의견 불일치/불만족스러운 결정/불신감을 품은 사람	트러블에 말려든다/의견이 부딪힌다/기분을 이해할 수 없다/마음이 안 맞는 관계	일방적인 관계/부조화/의견 차이/인간관계에 관한 문제/연락이 엇갈린다

컵
3
* THREE of CUPS *

기쁨을 함께 나누고 싶은 충동

세 명의 여인이 경쾌하게 춤을 추며 풍요를 축하하고 있다. 지금까지의 고생과 노력의 결실을 이룬 것이다. 타인과 기쁨을 공유하는 즐거움을 나타내는 카드다.

정방향 함께 기쁨을 나눈다	동료와 함께 행동하면 성공이 찾아든다. 연대감이 인연으로 발전하면서 축배를 들고 싶은 마음이 생기기도 한다.

기 본 KEYWORD
공감

누군가와 함께 행동하는 것을 암시한다. 그것이 좋은 변화를 가져올지, 나쁜 영향을 미칠지 카드의 정·역방향에 따라 판단해보자.

역방향 나태함에 빠진다	동료와 함께 향락적이고 타성에 젖은 생활을 한다. 알맹이가 없는 대화나 행동으로 시간을 낭비하는 것을 암시한다.

	현재 상황	감정	문제의 원인	미래 전망	조언
정방향	축하할 일이 생긴다/결실을 맺는다/밝고 명랑한 상태	누군가와 기쁨을 공유하고 싶다/상쾌한 기분/진심으로 환희한다	팀워크에 의존하고 있다/현세에 만족한다/벗어나기 힘든 환경	염원하던 결과를 얻는다/즐겁게 이야기를 나눈다/친구가 생긴다/파티를 연다	친구와 기분 전환할 필요가 있다/몸을 움직여라/무리에 합류하라
역방향	덧없는 기쁨으로 끝난다/아무것도 시작되지 않는다/시간이 부족하다	허무하다/우쭐한 상태/편한 길로 가려 한다/실망한다	유희에 빠져 노력하지 않는다/단독 행동을 두려워한다/욕심이 많다	결국 출발점으로 돌아간다/맺고 끊음이 없다/금세 포기한다	도를 넘어서지 말라/작심삼일로 끝내지 말라/사치는 금물

	연애	일	대인 관계	기타
정방향	그룹 교제/마음이 밝아지는 연애/어울리는 커플/마음을 편하게 해주는 사람/미팅	프로젝트의 성공/계약이 성립한다/문제 해결/팀워크/일을 끝마친다	함께 있으면 기분이 좋아진다/즐겁게 담소를 나눈다/술친구/동료 의식/시원시원한 사람	원하던 것을 손에 넣는다/축하할 일/생일/마음속 응어리가 풀린다/찾던 물건을 발견한다
역방향	바람을 피운다/변덕스러운 사랑/불성실한 관계/혼약 파기/마음이 차가운 사람	결론이 나지 않는 회의/허술한 마무리/작업을 다시 한다/타성에 젖어 있다/무관심한 사람	가깝지만 먼 관계/서로 공모한다/느슨한 관계/게으른 사람	목적을 이루지 못한다/지나친 유희/계획적이지 못한 생활/건강이 악화된다/성인병

컵
4
* FOUR of CUPS *

무료함에서 벗어나기 위해 한 발 내딛는다

따분한 표정으로 나무에 기대어 앉은 남성. 눈앞에 놓인 컵조차 알아채지 못하고 있는 모습에서 사고를 멈추고 현재 상태를 바라보지 않으려는 자세를 엿볼 수 있다.

정방향
불만을 품고 괴로워한다

'이대로 괜찮은 걸까'라고 스스로를 의심하는 상태. 미래의 전망이 보이지 않아 망설이고 있다.

기본 KEYWORD
권태

꽉 막힌 상태나 현재 상황에 싫증을 느끼고 있음을 나타낸다. 그저 불만을 품고만 있을 것인지, 에너지로 바꿀 것인지 카드를 보고 생각해보자.

역방향
불만을 타개할 방법을 찾아낸다

고민에 몸부림치던 상태에서 일전하여 타개책을 발견해낸다. 이상을 향해 사고방식이나 행동을 전환해나간다.

	현재 상황	감정	문제의 원인	미래 전망	조언
정방향	불평불만이 심해진다/단념할 수 없는 상황/발버둥 치는 상태	끝없는 불만/현재 상황을 벗어날 방법을 찾을 수 없다	부정적인 방향으로만 생각하게 된다/자신을 정당화하고 있다	스트레스/현 상황으로 괴로워한다/자신이 놓인 상황을 깨닫지 못한다	현상에 기대서는 안 된다/자신이 무엇을 하고 싶은지 생각을 정리하라
역방향	해결책을 찾아낸다/한 발 내딛는다/방향 전환의 시기	새로운 방향에 관심/불안의 원인에서 벗어나고 싶다/현 상황을 타개하고 싶다	해결을 포기하고 도망가려 한다/현재 상황만 바뀌면 해결된다고 믿는 경솔함	개선이나 개혁에 착수한다/새로운 환경을 위해 준비한다/움직이기 시작한다	기분을 전환하라/이직·이사 등 심기일전하라/할 수 있는 일부터 시작하라

	연애	일	대인 관계	기타
정방향	권태기에 빠진다/지금의 관계에 의문을 갖는다/무기력하여 진전이 없다/화를 잘 내는 사람	변명으로 어물쩍 넘어간다/미묘한 결과/불만이 있지만 감수한다/투덜대는 사람	함께 있으면 고통스럽다/심심해서 견딜 수 없다/불평뿐인 대화/고민을 안고 있는 사람	부정적인 사고/현상 유지/상투적인 일/막다른 길/아이디어를 짜낸다/수비 태세
역방향	교제를 시작할지도 모른다/망설임이 사라진다/새로운 사랑에게 향한다/서로 다른 길을 간다	이동이나 전근을 원한다/새로운 계획에 착수한다/협력자를 만난다/새로운 만남/사직	다른 각도에서 의견을 낸다/새로운 인간관계를 쌓는다/높은 레벨로 끌어올린다/협력하는 사람	긍정적인 생각/타개한다/새로운 시작/악습의 끝/번뜩이는 아이디어로 행동에 나선다

컵
5
✦ FIVE of CUPS ✦

무언가를 잃은 뒤에 새로운 것을 얻는다

쓰러진 컵을 보고 슬퍼하는 남성. 하지만 그의 뒤에는 두 개의 컵이 남아 있고, 아직 희망의 불씨는 꺼지지 않았다. 새로운 관점의 필요성을 알리고 있다.

정방향
무언가를 잃은 슬픔에 깊어지는 후회

잃어버린 것을 떠올리며 커다란 상실감에 시달리고 있다. 비탄에 잠긴 나날을 보내며 현실을 바라보지 못하는 상황을 암시하기도 한다.

기 본 **KEYWORD**
상실

소중한 것을 잃는다. 이러한 상황에서 무엇을 깨닫고 어떻게 행동할 것인지 카드의 정·역방향이나 위치에 따라 판단해보자.

역방향
새로운 국면을 향해 재기한다

자신에게 남겨진 것, 그리고 상실로 인한 깨달음을 바탕으로 새롭게 움직이기 시작한다. 역경에 처했기에 오히려 통찰력이 날카로워지기도 한다.

	현재 상황	감정	문제의 원인	미래 전망	조언
정방향	슬픔으로 망연자실해 있는 시기/모든 것을 잃을지도 모르는 상황/절망	시간을 되돌리고 싶다/돌이킬 수 없다는 사실에 대한 슬픔/자기혐오	냉정하게 판단하지 못한다/현실을 직시하지 않는다/가능성을 간과하고 있다	헛된 희망에 매달린다/억지로 움직인다/상속 문제가 생긴다	냉정하게 파악하라/울고 싶은 만큼 울어라/놓치는 것이 없도록 주의하라
역방향	새로운 국면을 향하는 시기/현재 상황의 이점을 깨닫는다/각오	냉정해진다/힘든 현실을 받아들인다/후회를 멈추고 앞을 향한다	타인에게 의존하고 있다/자력으로 해내고자 하지 않는다/검토 부족	다른 방향성을 찾아낸다/새로운 가능성을 향해 움직인다/자립한다	다시 해야 한다/조금 더 노력을 기울여라/두려워하지 말라

	연애	일	대인 관계	기타
정방향	예상치 못한 난관/이별 후에 소중함을 깨닫는다/기대와 다른 사랑/실연/중절	투자로 인한 실패/커다란 손실/직장을 잃는다/사건에 말려든다/전체를 보지 못하는 사람	어쩔 수 없이 만나는 사이/부정적인 분위기/미래를 예측하지 못하는 사람	후회막급/소중한 물건을 분실한다/정서불안/절연/혈연 문제/계획의 중단/좌절
역방향	사랑의 상처를 극복한다/관계를 끊는다/과거와의 결별/다시 시작	손실을 매우기 위해 재기한다/조직 개편/외부 감사/참관인/시장 조사	서로 동기 부여가 되는 사이/도움이 되는 대화/다양한 가능성이 보이는 사람	각오를 다진다/갈등을 극복한다/처음으로 돌아가서 다시 시작한다/분발한다/희망

컵 6

* SIX of CUPS *

과거의 아름다운 추억을 회상한다

꽃이 가득 든 컵을 앞에 두고 기뻐하는 어린아이는 천진난만했던 시절의 자신을 상징한다. 흘러간 시간에 대한 그리움과 감상을 불러일으킨다. 따스한 과거를 상징하는 카드다.

정방향
그리움이
가득하다

옛날을 회상하며 향수에 젖는다. 따스하고 다정한 기억이 마음을 가득 채운다. 동심으로 돌아가 정신을 치유하려는 것을 암시하기도 한다.

기본 KEYWORD

마음의 정화

과거의 일이 가슴을 스쳐 지나가고 그리움을 느낀다. 지난 경험으로부터 무엇을 얻을 것인지, 어떻게 활용할 것인지 해석해보자.

역방향
과거의 기억에서
벗어나지 못한다

과거의 트라우마, 혹은 영광에 사로잡혀 새로운 길로 나아가지 못한다. 어린애 같은 응석이나 의존심을 버려야 한다.

	현재 상황	감정	문제의 원인	미래 전망	조언
정방향	과거의 기억이 되살아나는 시기/잊고 있었던 순수한 마음을 떠올리는 시기	향수에 젖는다/아이 같은 천진난만함/감회가 깊다	소중한 것을 잊고 있다/지나치게 계산적이다/가족 간 관계	선물을 주고받는다/순수한 사랑에 빠진다/오랜만에 재회한다	과거로부터 힌트를 얻는다/초심으로 돌아가라/가족과의 시간을 소중히 하라
역방향	과거에 대한 집착/성장하지 못하고 정체하는 시기/무언가에 매달려 있다	어리광을 부린다/과거의 기억에 사로잡혀 앞을 향하지 못한다	과거를 청산하지 못했다/남에게 의존하고 있다/명쾌하지 못한 사고방식	같은 실수를 반복한다/목표를 잃는다/과거로 되돌아간다	새로운 만남에 눈을 돌려라/의존하지 말라/감상에 젖지 말라

	연애	일	대인 관계	기타
정방향	슬프고도 아름다운 사랑에 빠진다/상대를 위해 최선을 다한다/헤어진 연인/첫사랑/순진한 사람	따뜻한 분위기의 직장/원점으로 돌아간다/과거의 경험이 도움이 된다/옛 직장동료/전 직장/화해	즐거운 대화/옛 친구와의 재회/어린애 같은 사람/소꿉친구/동창회	아름다운 추억/행복한 기억/어린 시절/태어난 장소/옛 친구/이상적인 가정의 모습/선물
역방향	과거에 매여 있다/새로운 만남을 알아채지 못한다/공의존하는 사랑/이용당하는 관계	오래된 방법/과거를 청산하고 다시 시작한다/실패로부터 배운다/타인에게 떠넘기는 사람	악연의 상대와 조우/감상적인 화제/폐쇄적인 사람/서로 위로한다	미화된 기억/과거의 영광/같은 실패를 반복한다/성장하지 못한다/연애 운이 좋지 않다

컵
7
✦ SEVEN of CUPS ✦

꿈에 현혹되어 본래의 소망을 잃어버린다

지혜의 뱀, 영예의 화관 등 눈앞에 매력적인 보물이 늘어서 있지만 컵은 구름 위에 있다. 아직 현실적으로는 아무것도 손에 넣지 못하고 그저 달콤한 망상에 빠져 있는 상태를 나타낸다.

정방향
꿈에 취해 헤맨다

이것저것 손에 넣고 싶은, 꿈이 많은 상태다. 자신이 진정 무엇을 원하고 있는지 몰라 행동에 나서지 못하고 있는 것을 암시한다.

기본 **KEYWORD**

꿈

꿈이나 목표를 나타낸다. 이상에 눈이 멀어 현실을 직시하지 못할지, 아니면 현실을 향해 나아갈지 카드의 정·역방향이 보여준다.

역방향
꿈의 실현을 위해 결단을 내린다

정해진 목표를 향해 어떻게 행동해야 할지 지침이 서 있는 상태다. 꿈을 그저 꿈으로 끝내지 않는 행동력을 갖추고 있다.

	현재 상황	감정	문제의 원인	미래 전망	조언
정방향	꿈결 간은 기부/망상에 취해 있는 상태/현실을 직시하지 못한다	아무것도 결정할 수 없다/현실감이 없다/취해 있다	선택지나 유혹이 많나/현실을 직시하지 못한다/욕심을 부린다	유혹에 빠진다/자시을 잃는다/비극의 주인공이 된 기분/한눈판다	더 이상의 선택지는 불필요하다/자기도취 금물/부성식틴 사고를 멈춰라
역방향	문제에 맞서려고 하는 상태/현실적인 선택을 한다/결단을 내릴 시기	망설임이 사라진다/마음속 안개가 걷힌다/결심이 선다/제정신으로 돌아온다	잘못된 결정/선택지 속에 정답이 없다/부정적으로 상상하게 된다	나아가야 할 길이 보이기 시작한다/소원을 이룬다/본래의 자신을 되찾는다	망설이지 말고 결심하라/현실을 직시하고 결단을 내려라/우선순위를 정하라

	연애	일	대인 관계	기타
정방향	드라마 같은 사랑/비련에 취해 있다/상대를 이상에 끼워 맞추고 있다/변덕스러운 사랑/망설임	대규모로 벌인 일을 실패한다/탐욕/실현 불가능한 계획/듣기 좋은 말만 하는 사람	화젯거리가 늘어난다/깊이 없는 대화/유머러스한 사람/서로 자극을 원하는 관계	마음대로 결정한다/심사숙고/이상에 치우친다/행동력 부족/망설인다/갈등/결론 나지 않는다
역방향	사랑의 망상에서 빠져나온다/상대의 본성을 알게 된다/이별을 결심한다/현실을 직시한다	구체적인 계획을 반영시킨다/이익보다 높은 실현성이 중요하다/선택지를 좁힌다/착수한다	서로의 됨됨을 살피는 깊은 대화/꿈을 현실로 만드는 파트너/실행력이 있는 사람	미루지 말고 어느 것이든 하나를 선택하라/최선의 결정을 내린다/실제로 행동에 옮기는 시기

컵 8

• EIGHT of CUPS •

매듭을 짓고 다시 전진한다

쌓아 올린 컵을 등지고 그곳을 떠나려 하는 남성. 험난한 산을 향하는 모습은 현재 상태를 매듭짓고 새로운 목표를 향해 나아가는 것을 암시한다.

정방향
마지막을 깨닫고 다음 단계를 향한다

무언가의 끝임을 깨닫고 떠나가는 것을 암시한다. 깨끗이 단념하고 철수하는 태도의 중요성을 나타내기도 한다.

기본 KEYWORD

변천

노력해오던 일을 매듭지을 때가 되었다. 다시 한번 도전할지, 다른 길을 찾을지 카드가 답해줄 것이다.

역방향
같은 테마로 재도전한다

새로운 목표를 발견하고 다시 도전을 시작한다. 과거의 귀중한 경험을 토대로 적극적으로 나아가는 것을 암시한다.

	현재 상황	감정	문제의 원인	미래 전망	조언
정방향	정점을 지난 상태/정답을 찾는 시기/변화하는 타이밍	다른 것에 흥미를 느낀다/만족되지 않는 마음/다음 단계로 나아가고 싶다	귀찮은 일을 제쳐둔다/손에 넣은 것이 대단한 것이 아님을 깨닫는다	자신을 찾는 여행을 시작한다/과거에서 벗어난다/새로운 방향으로 전환한다	다음 단계로 넘어가라/반성의 시간을 소중히 하라/무거운 짐을 내려놓아라
역방향	다시 시작한다/방치했던 것을 되돌아보는 시기	다시 한번 도전하고 싶은 의욕이 생긴다/깨달음을 얻는다/도전 정신	탐탁지 않은 일이 진행되고 있다/안 된다는 전제하에 생각하고 있다	단념했던 것에 재도전한다/과거의 의미를 알게 된다/새로운 자신과의 만남	포기는 이르다/모험 없이는 얻는 것도 없다는 마음으로 재도전

	연애	일	대인 관계	기타
정방향	이별을 결심한다/상대에 대한 미련을 버린다/변심/매력적이지 않은 사람	세대교체가 일어난다/적자 프로젝트를 접는다/계획의 단념/좌천	이야기를 들어주지 않는다/연락 두절/결과적으로 소원해지는 관계/외출을 싫어하는 사람	적절한 시기의 끝/쇠퇴/은퇴/물러나다/퇴거/발을 뺀다/내버린다/여행을 떠난다
역방향	상대의 매력을 재확인한다/포기하고 있던 사랑에 다시 도전한다/이별을 만류당한다	회의적인 태도로 교섭한다/가치가 없다고 생각했던 것에서 이익이 발생한다/재활용	이야기를 들어준다/소원해졌던 사람과의 재회/옛 친구와 의기투합	좋은 시기가 돌아온다/다시 찾아온 기회/차도가 있다/사태가 호전된다/붙들린다

컵
9

영광을 얻고 한숨 돌린다

팔짱을 낀 채 아홉 개의 컵을 뒤로 한 남성이 그려져 있다. 컵은 정신적·물리적 기쁨을 나타낸다. 자신이 얻은 것을 자랑스럽게 느끼면서 그것을 맛보는 단계다.

정방향
염원이 이루어져
마음이 충만하다

염원이었던 목표나 꿈을 성취하여 만족감에 가슴이 벅차오른다. 눈앞의 행복을 순수한 마음으로 기뻐하는 상태다.

기 본 KEYWORD

소망

원하던 것을 손에 넣은 뒤의 마음 상태를 나타내는 카드다. 모든 꿈을 이루었을 때 어떤 감정이 마음을 채울 것인지 알아보자.

역방향
욕망에 사로잡혀
잘못된 판단을 내린다

자신이 가진 것의 크기에 빠져 우쭐댄다. 손에 넣은 자만이 느낄 수 있는 기쁨에 취해 있다.

	현재 상황	감정	문제의 원인	미래 전망	조언
정방향	곧 소원이 이루어진다/원하던 것을 손에 넣는 시기/자신에게 만족한다	자신을 자랑스러워한다/기쁨으로 가득하다/더할 나위 없는 행복	소유함에 따르는 부수적인 책임이나 단점/자화자찬	경제력이 생긴다/사치를 즐긴다/해냈다는 기쁨을 음미한다	소원은 이루어진다고 믿어라/스스로에게 작은 선물을/기쁨을 드러내지 말라
역방향	욕심에 눈이 먼다/우쭐해진다/모든 일에 진절머리가 난 상태	자기에 대한 찬사/소유한 뒤에 느끼는 허무함/아직 손에 넣지 못했다	돈에 사로잡힌 사고방식/거만한 언동/끝없는 욕망	쾌락에 빠진다/무슨 일을 해도 공허하다/금전 문제가 생긴다	돈으로 채울 수 없는 것에 관심을 가져라/지금 가진 것에 만족하라

	연애	일	대인 관계	기타
정방향	짝사랑이나 오래 알고 지내던 상대와 결실을 맺는다/충실한 섹스/이상적인 관계/부유한 사람	성공한다/오랫동안 세운 계획이 실현된다/만족할 만한 이익이나 보수/성취감/번영	마음이 통하는 사이/즐거운 대화/정신적·금전적 여유가 있는 사람/자존심이 강한 사람	적당하다/심신이 건강하다/풍족한 환경/마음껏 기뻐한다/작은 행복을 깨닫는다
역방향	거짓 사랑에 낙담한다/비뚤어진 애정/육체적인 관계/마음이 따르지 않는 관계	이익을 우선시하는 경영/손실을 입는다/부채나 빚을 떠안는다/인간적으로 신뢰할 수 없는 사람	정도를 넘어선 태도에 진저리를 낸다/얄보는 발언/싫증이 나는 관계/제멋대로인 사람	사치를 부린다/흐트러진 생활 습관/음석을 부린다/큰 행복을 탐한다/탐욕

컵
10
✳ TEN of CUPS ✳

사랑과 희망으로 가득한 나날들

사랑과 창조력을 상징하는 컵이 하늘 위에서 무지개를 만들고 있다. 무지개 아래 기쁨에 찬 가족이 보인다. 지금껏 해온 노력이 결실을 이루고, 행복하고 사랑이 넘치는 시간이 다가오는 것을 암시한다.

정방향
평온한 일상에서 느끼는 행복

트러블과는 거리가 먼 평화로운 일상을 진심으로 사랑하는 상태. 무사히 안식의 땅을 얻은 듯한 온화한 심경을 암시한다.

기본 KEYWORD
행복

사랑하는 동반자나 귀여운 아이들처럼 당연하게 여겨지는 일상 속의 행복을 나타낸다. 그런 행복을 어떻게 받아들이고 있는지 카드에 물어보자.

역방향
따분한 일상에 불만이 쌓여간다

반복되는 일상에 싫증을 느끼고 있다. 따분함과 권태감이 마음을 채운다. 신선함은 사라지고 세상이 색을 잃어가는 것처럼 느껴진다.

	현재 상황	감정	문제의 원인	미래 전망	조언
정방향	일상의 행복을 실감한다/여유롭게 지내고 있는 상황/충실을 기하는 시기	스스로 행복하다고 여긴다/주위에 대한 사랑이 넘친다/상냥한 마음	현상에 만족하고 있다/주위 환경이 너무 좋다/평화가 지속되어 둔감한 상태	긍정적인 인간관계를 구축한다/행복을 확신한다/새 집을 마련한다/결혼한다	일상의 행복을 깨달아라/마음을 터놓을 수 있는 친구와의 대화를 소중히하라
역방향	평화로운 일상의 고마움을 잊고 있다/지루한 시기/타성에 젖은 나날들	평범한 일상에 넌더리가 난다/모든 일에 고마움을 느끼지 못한다	자신에게 있어 행복이 무엇인지 모르고 있다/의욕이 없다/응석	타인을 무시한다/무슨 일을 해도 따분하다/타성에 젖은 생활	억지를 부리지 말라/권태로움을 해소하라/변화를 받아들여라

	연애	일	대인 관계	기타
정방향	영원한 사랑이라고 느낀다/상대와 진심으로 통하는 사이/새로운 가족의 탄생/혼약/행복한 가족	확실한 자리를 얻는다/안정된 경영/독자적인 스타일을 구축한다/성취감/충실한 마음	담소를 나눈다/가족이나 친구와 함께하는 시간/화기애애한 관계/평화	자신만의 가치관/이상적인 가정상/동경하는 존재/사랑/친근함/행복을 깨닫는다
역방향	이상적인 사랑의 방식에 매여 있다/진전 없는 관계/권태기/당연하게 여기는 관계	과거의 성공에 매달린다/잘해도 본전인 상황/의욕저하/일상 업무/현상에 대한 싫증	이유 없이 짜증이 난다/어떤 일에도 기뻐할 수 없다/따분한 관계/재미 없는 사람	주변의 의견이 마음에 걸린다/일반적인 가치관에 대한 집착/낡은 사고 방식/모호함

컵의 페이지
* PAGE of CUPS *

PAGE of CUPS.

순순히 받아들이고 자신의 힘으로 삼는다

상상력과 정신성을 상징하는 바다가 보인다. 마치 컵 속에 있는 물고기를 보며 미소 짓는 소년의 풍부한 감수성과 상냥함을 나타내는 듯하다. 모든 것을 받아들이는 마음을 표현한 카드다.

정방향
모든 것을 받아들이는 넓은 마음

유연성을 발휘하는 시기다. 풍부한 상상력을 무기로 불가능을 가능으로 바꾼다. 타인에 대한 친절한 태도의 중요성을 의미하기도 한다.

기본 KEYWORD
수용

무언가를 받아들여 성장의 씨앗으로 삼을 것인가, 아니면 그저 휘둘리고 말 것인가. 카드의 정·역방향이 받아들이는 태도의 차이를 알려준다.

역방향
유혹에 넘어가는 나약한 마음

이것저것 갖고 싶은 마음에 올바른 결단을 내릴 수 없는 시기다. 또한 타인에 대한 어리광과 의존심도 숨겨져 있다.

	현재 상황	감정	문제의 원인	미래 전망	조언
정방향	냉정석으로 생각된다/안 되는 것을 포기하지 않는 힘	로맨틱한 기분/누군가를 위해 최선을 다하고 싶다/뭐든지 용서할 수 있다	너무 솔직하다/과도한 발상/쓸데없이 참견한다	비밀을 털어놓을 수 있다/새로운 신애/고백을 받고 사랑이 시작된다	자신에게 솔직해져라/비밀을 받치고 거리를 좁혀라/유연한 태세가 중요하다
역방향	귀가 솔깃해지는 이야기에 현혹된다/마음이 나약해져서 남에게 의지한다	공상에 빠지기 쉽다/무엇이 옳은지 결정할 수 없다/기분의 기복이 심하다	나약한 마음/비현실적인 생각/남에게 응석을 부린다	가짜 정보를 듣는다/비밀을 폭로한다/누군가가 자신에게 의존하고 있다	의존 관계를 끊어라/비밀은 꼭 지켜야 한다/응석부리지 말라

	연애	일	대인 관계	기타
정방향	육체적인 관계로 발전한다/고백받는다/로맨틱한 사랑/외모가 아름답다	창조적인 일/개성 중요/창의적 고민은 필수/아티스트/예술 관련	서로 지식을 나누는 사이/비밀을 공유한다/미워할 수 없는 사람/친밀한 사이/친한 친구	잃어버린 물건을 찾는다/본심을 헤아린다/대화 중에 속뜻을 알아차린다/진실의 발각
역방향	망상에서 시작된 사랑/서로 미숙한 관계/감정적으로 기댈 수 없는 사람/서로 의존한다	일에 집중할 수 없는 상태/무기력한 근무 환경/안일한 일처리/무능한 부하	서로를 위로하며 위안을 삼는다/표면적으로만 친하게 지낸다/함께 있어도 성장할 수 없다/의존	들키지 않도록 숨긴다/의도적인 거짓말/거짓 정보/감언이설에 넘어간다/유혹/달콤한 말의 덫

컵의
나이트
✦ KNIGHT of CUPS ✦

KNIGHT of CUPS.

동경의 대상을 향하여 달려 나간다

동화 속 백마 탄 기사처럼 늠름하고 아름다운 청년의 모습이 보인다. 날개를 본뜬 투구와 신발은 동경에 대한 소망의 표현이다. 이상과 꿈을 좇아 험난한 산을 향해 나아간다.

정방향	
이상을 달성하는 기쁨	드디어 이상으로 삼은 곳에 다다르려 한다. 꿈이 이루어지고 기쁨이 넘친다. 새로운 일이 시작되는 시기다.

기본 **KEYWORD**

이상

어떤 일이 가까워져 있다. 그것이 원하고 있었던 일인지, 그렇지 않은지 해석해보자.

역방향	
현실에서 직면한 슬픔	모처럼 손에 넣었지만 마음껏 기뻐할 수 없는 상태. 예상 밖의 결과로 인해 주변 사람들, 혹은 무언가를 의심하게 된다.

	현재 상황	감정	문제의 원인	미래 전망	조언
정방향	새로운 국면/무언가가 시작된다/정신적으로 충만하다	상쾌한 기분/안이하게 행동하지 않고 신중하게 고려한다/소원 성취의 기대감	헝그리 정신이 사라졌다/원치 않는 소식이 찾아든다	새로운 이야기가 들려온다/기다리던 사람이 온다/기쁜 선물을 받는다	먼저 연락하라/제안을 받아들여라/마음을 충족시키는 것에 주목하라
역방향	원하지 않았던 상황/덧없는 기쁨/정신적인 도움이 필요한 시기	기대한 것과 다른 상황/의지할 곳이 없다/기뻐할 수 없는 상태	남에게 의존한다/루머에 마음이 흔들린다/거짓말	감언이설에 넘어간다/고맙지만 달갑지 않은 제안이나 선물을 받는다	원치 않는 관계는 끊어라/감언일수록 주의하라/자신의 의사를 중시하라

	연애	일	대인 관계	기타
정방향	사랑이 시작된다/이성이 다가온다/동화 속 왕자님 같은 남성/프로포즈	인맥으로 성공한다/기쁜 소식이 들려온다/사려 깊은 대응/선발된다/출세한다	함께 있으면 마음이 편하다/사람들에게 사랑받는다/서로를 위로하는 관계/마음이 따뜻한 사람	기회를 기쁘게 맞이한다/급히 달려간다/매력적인 이야기/섬세함/순간을 즐긴다
역방향	처음부터 이별이 보이는 사랑/이성에게 농락당한다/불쾌한 말/거짓 사랑	원치 않는 일을 맡는다/계약 불이행/이야기가 엇갈린다/언변이 좋은 사람/사기 피해	표면적인 만남/의견을 조율할 수 없다/마음을 주지 않는 관계/눈치가 없는 사람	유혹에 넘어간다/범죄에 가까운 트러블/생색을 낸다/기분파/신경질적이다/히스테릭하다

컵의 퀸

* QUEEN of CUPS *

QUEEN of CUPS.

타인에게 다가가는 깊은 자애

왕좌에 앉아 호화로운 컵을 응시하는 여성이 그려져 있다. 바다, 대지와 일체화하는 드레스의 옷자락은 모든 것을 받아들이는 그녀의 자애로움을 드러낸다. 조건 없는 사랑을 상징하는 카드다.

정방향
받아들여서
본질을 파악한다

자신의 뜻을 확실히 가지면서도 주위와 조화를 유지하는 시기다. 타인의 본심을 꿰뚫어보는 능력이 발달하면서 이해력이 높아진다.

기본 KEYWORD

자애

사람의 감정에 다가서는 것을 나타낸다. 본심을 파악하여 타인을 거두어들일지, 자기 자신이 물러설지 카드의 정·역방향으로 해석해보자.

역방향
받아들이고
동정심을 느낀다

자신의 뜻이 부재한 탓에 타인의 감정에 끌려다니다가 자기를 잃고 만다. 마음의 조화를 이루지 못하고 감상적인 기분에 시달리기도 한다.

	현재 상황	감정	문제의 원인	미래 전망	조언
정방향	타인을 이해할 수 있다/마음의 안정/있는 그대로 받아들일 수 있는 상황	편안한 상태/주위를 살핀다/남의 실패나 잘못을 용서한다	지나치게 감정적이다/무리하게 사랑하려고 한다/자신을 억누르고 있다	영적인 힘이 생겨난다/예술을 즐긴다/직감이 발달한다	본심을 꿰뚫어보라/따뜻한 마음으로 받아들여라/치유의 시간이 필요하다
역방향	감상적이 되기 쉽다/혼란스러워서 꼼짝 못하는 상황/불안을 떠안는다	아무에게도 마음을 열지 않는다/매달리고 싶다/자기 자신이 한심하게 느껴진다	삐뚤어진 생각/머리는 이해했지만 마음이 따라가지 못한다	의존 관계 초래/생각을 행동으로 옮기지 않는다/꾐에 속아 넘어간다	맹신은 위험하다/소중한 것을 놓치지 말라/공감은 해도 공모는 금지

	연애	일	대인 관계	기타
정방향	가장 사랑하는 사람/정신적인 교감/애정이 풍부한 사람/모성	유연한 대응/일이나 회사에 최선을 다한다/예술·치유 분야의 일/따뜻한 분위기의 직장	함께 있으면 치유가 되는 사람/몸도 마음도 아름다운 여성/가족 같은 관계/사랑을 느낀다	인덕이 있다/통찰력/호감을 갖는다/생각에 잠긴다/반성한다/차분한 분위기
역방향	사랑 없는 결혼/어쩌다 보니 사귀게 된다/변덕스러운 여성/바람둥이	이용당한다/아이디어가 묻힌다/우유부단한 상사/말로만 그만두겠다는 사람	의견을 말하지 않는다/행동을 함께하는 의존적인 사람/표면적인 관계/확실하게 행동하지 않는 사람	비위를 맞추기 위해 의견을 바꾼다/동정한다/어수룩한 사람/덩달아 운다/꾸물거린다

컵의 킹

* KING of CUPS *

사람의 마음도, 인생의 파도도 받아들인다

바다 위 왕좌에 온화한 표정으로 자리한 왕의 모습이 보인다. 파도의 움직임조차 즐기고 있는 모습이다. 배경에 그려져 있는 돌고래는 그의 여유로움과 관대함을 느끼게 한다.

KING of CUPS.

정방향
유연하게 넘긴다

마음에 여유가 있어 현명하게 일을 처리할 수 있는 시기다. 넓은 도량을 발휘하여 올바른 방법으로 타인을 돕는다.

기본 KEYWORD
관대

마음속 그릇의 크기를 나타낸다. 일어난 일을 태연하게 받아들일지, 그것에 휘둘려 우왕좌왕할지를 알 수 있다.

역방향
휘둘리다가 자신을 잃는다

타인의 안색을 살펴 의견을 바꾸거나 대하는 사람에 따라 태도가 변한다. 자신의 중심축이 없는 상태다.

	현재 상황	감정	문제의 원인	미래 전망	조언
정방향	적절하게 대응할 수 있는 상황/마음의 소리를 듣고 지혜를 짜내야 할 시기	반드시 끝이 있음을 깨닫는다/전부 수용하는 마음/모든 것을 긍정한다	분별없이 받아들인다/너무 솔직한 태도가 화를 부른다	예술적 재능을 발견한다/강력한 지원자가 생긴다/새로운 길을 간다	자제심을 잃지 말라/편안한 마음으로 임하라/주위에 반드시 자기편이 있다
역방향	오해를 부르기 쉬운 시기/자신을 믿지 못하는 상황/자주 망설인다	들키지 않는다면 상관없다/시간이 많이 남아서 지루하다/죄악감을 느낀다	자신이나 타인에게 무르다/겉과 속이 다른 행동으로 인해 신뢰도가 떨어져 있다	편한 길로 간다/약아빠진 생각에 사로잡힌다/결의가 흔들린다	큰 이득을 위해 작은 손해는 감수하라/일관성을 가져라/자신을 속이지 말라

	연애	일	대인 관계	기타
정방향	안도감을 느낀다/가족 같은 각별함/마음의 의지가 되는 관계/온화한 남성	배려가 있는 직장 분위기/원하는 만큼의 보수/관대한 상사/부하의 성장을 지켜본다/예술가	센스나 취향이 똑같다/이해해주는 사람을 만난다/온화하고 성숙한 사람/정신적 지지	자신의 약점을 받아들인다/현실을 꿰뚫어본다/적확한 대처/현명한 사람/느긋한 태도
역방향	상대의 외도/신용할 수 없다/충격적인 사실을 알게 된다/수상쩍은 남성/치밀한 사람	뇌물·탈세 등 불법 자금 조달/정에 호소한다/변덕스러운 상사/노동력 착취	매번 말이 바뀐다/알은체 한다/얄팍한 화제/지루한 관계	보고 싶은 것만 본다/위태롭게 균형을 유지한다/자신을 속인다/둔한 사람

세계 타로 도감
유니크 편

다양한 아티스트가 개성을 살려 표현한 타로의 세계.
덱이 바뀌면 눈에 비치는 세계도, 키워드도 확 바뀐다.

The Housewives Tarot
하우스와이프 타로

'주부'를 테마로 한 타로. 마이너 아르카나는 대걸레(완드), 접시(펜타클), 나이프(소드), 글라스(컵)로 표현했다. 메이저 아르카나 역시 주부 생활에 밀착한 재치 있는 그림들로 재미를 더했다. 웨이트 버전에 가까우므로 리딩하기에 어렵지 않다.

Golden Tarot of Klimt
골든 타로 오브 클림트

타로를 미술품으로써 수집하는 콜렉터도 많이 있다. 이 카드는 19세기 화가인 클림트의 작품을 모티브로 한 타로다. 금박이 무척이나 호화롭다. 점을 치며 아름다운 그림을 감상해보자.

After Tarot
애프터 타로

웨이트 버전에 그려진 광경의 직후 모습을 독창적으로 해석한 타로다. 절벽에 매달린 〈바보〉, 깃발을 서로 잡아당기는 〈태양〉의 아이, 퀸이 든 소드에 앉은 나비 등 새로운 해석을 이끌어내는 힌트가 될지도 모른다.

Chapter

어떤 고민도 점칠 수 있는

타로 리딩

실제로 타로카드를 사용하여
다양한 테마를 점쳐보자.

운명의 타로를
찾아서

타로점을 시작하려면 타로카드가 필요하다. 마음에 쏙 드는 타로카드를 찾아 구매를 마쳤다면 우선 모든 카드를 한 장씩 꼼꼼히 살펴보자. 무엇이 그려져 있고 등장인물은 어떤 표정을 짓고 있으며 그 카드가 어떤 인상을 주는지, 앞으로 오랜 시간 함께할 카드와 인사를 나누는 기분으로 마주한다.

타로점에는 카드를 섞는 법이나 뒤집는 방법, '위에서 몇 번째 카드를 뽑는다' 등 다양한 규칙이 있다고 생각하는 사람이 많다. 하지만 앞서 말한 바와 같이 본래 타로는 점치는 도구가 아니었기 때문에 '규칙을 따르지 않으면 천벌을 받는다'와 같은 일은 절대 일어나지 않는다. 오히려 '숫자 7을 좋아하니까 위에서 일곱 번째 카드를 뽑고 싶다', '모든 카드를 펼쳐놓은 뒤에 고르고 싶다'처럼 자기만의 규칙을 세우면 된다. 자신에게 가장 잘 맞는 타로 스타일을 만들어보자.

타로 리딩에 앞서 어떤 준비를 해야 할까?

Answer_1
자신의 운명을 점치는 태세를 갖추자

타로는 마법이 아니므로 점치기 전에 목욕재계하거나 향을 피우거나 하는 의식에 얽매일 필요가 없다. 물론 그렇게 해야 집중이 잘된다면 해도 상관은 없다.

다만 바닥에 누운 자세나 뭔가를 먹으면서 카드를 뽑는 행동은 추천하지 않는다. 자신의 운명을 점치는 상황인 만큼 진지한 마음가짐이 중요하다. 허리를 꼿꼿이 펴고 바른 자세로 앉아서 카드를 뽑으면 집중도도 높아진다.

Answer_2
타로를 위한 장소를 세팅하라

78장의 카드를 셔플하거나 스프레드(p146)하기 위해서는 어느 정도 넓은 테이블이 필요하다. 테이블 위에 잡다한 물건이 놓여 있으면 방해가 될 뿐 아니라 시야가 분산되어 집중력을 잃게 되므로 깨끗하게 정리한 상태에서 시작하는 것이 좋다. 또한 테이블이 더럽지 않은지 미리 상태를 점검하도록 하자. 카드를 부드럽게 펼치기 위해서는 테이블보나 타로 전용 스프레드 천(p174)을 사용하면 좋다.

Answer_3
긴장하지 말고 편안한 마음으로

간절히 바라고 있는 일을 점칠 때 필요 이상으로 마음을 쏟게 되곤 한다. 그렇게 되면 희망적 관측을 바탕으로 해석하게 되거나 원하는 카드가 나올 때까지 계속해서 카드를 뽑는, 점이라기보다는 원하는 카드 뽑기 게임이 되고 만다.

점치기 전에는 어깨의 힘을 빼고 '어떤 카드가 나와도 받아들이고, 그 카드로부터 힌트를 얻겠다'라는 기분으로 시작하자.

Answer_4
24시간 언제든지 점칠 수 있다

타로는 '점치고 싶다'라는 생각이 들 때 점치면 된다. 흔히 한밤중이나 술을 마신 뒤는 피하라고 하지만, 한밤중은 망상이 심해지기 쉽고 술에 취하면 판단력이 둔해지기 때문에 하는 말일 뿐이다. 사실 남몰래 하는 고민은 밤에 하는 경우가 많다. 사방이 고요해진 상태에서 직감력이 높아진다면 점을 쳐도 좋다. 타로는 분명 좋은 상담 상대가 되어줄 것이다.

질문을 정한다

자신의 고민을 제대로 이해하고 있는가?

자신이 무엇 때문에 고민하는지 정확히 모르는 사람이 많다.

누구의 기분을 알고 싶은지, 원하는 답이 운세인지 조언인지를 명확하게 파악하지 않은 상태로 카드를 뒤집으면, 그때의 분위기에 편승하여 적당히 해석하고 넘기게 된다. 또한 미래의 길흉만을 점치거나 좋은 카드가 나오면 기뻐하고 나쁜 카드가 나오면 없었던 일로 하는 식이라면, 타로는 그저 한순간의 위로에 그치고 말 것이다.

타로는 단순히 길흉을 점치는 도구가 아니다. 자신이 이제껏 피해왔던 것에 맞서는 계기가 되거나 다른 관점에서 문제를 바라볼 수 있게 해준다. 따라서 무엇을 점칠지 명확한 질문을 던지는 것이 중요하다.

그러기 위해서는 점치기 전에 자신과 대화를 해야 한다. 자신이 원하는 것은 무엇이고 실현하려면 어떻게 해야 좋을지, 마음에 걸리는 문제는 무엇인지 등 구체적인 질문을 떠올린 뒤에 점을 친다면 적확한 답이 돌아올 것이다.

고민이 너무 복잡하여 생각이 정리되지 않거나 이유를 알 수 없는 답답함을 느낄 때는 '지금의 자신 카드(p146)'를 한 장 뽑고, 그 카드를 참고하여 질문을 생각해보는 것도 좋다.

'어떻게 하면 ○○할 수 있을까?' 이것이 질문 만들기의 핵심이다. 흔히 고민이 생기면 결과에만 신경을 쓰기 마련이지만 타로는 단순히 길흉이나 성공 여부만을 점치는 도구가 아니다. 우선 '어떻게 하고 싶은가'라는 자신의 의사를 확인하자. 그리고 '실현하려면 어떻게 해야 하는가'라는 구체적 대책을 묶어서 생각하면 좋은 질문을 만들 수 있다.

✕ 좋지 않은 질문

◆ 남자친구가 생길까?

◆ 이직하는 편이 나을까?

어떻게 하고 싶은지가 없고 내용이 막연하여 애매한 답밖에 나오지 않는다.

◎ 좋은 질문

◆ 그 사람과 서로 좋아하는 사이가 되려면 어떻게 해야 할까?

◆ 반년 안에 이직하려면 무엇을 준비해야 할까?

'이렇게 하고 싶다'와 '그것을 위해서 어떻게 해야 하는가'가 모두 들어 있는 질문이다.

Case 1 | 왜 나에게는 연인이 없는 걸까?

'왜'가 아니라 '어떻게 하고 싶은가'를 파악하여 '어떻게 하면 ○○할 수 있는가'라고 질문하자. 기한이나 구체적 대책을 묻는 것도 좋다.

> 연인이 필요한 이유는?
> 필요하다면 어떤 연인이 좋은가?

◎ 무슨 이야기든 나눌 수 있는 연인을 만들려면 어떻게 해야 할까?

> 언제까지 반드시 연인을 만들 것인가?
> 그러기 위해서 해야 할 일은?

◎ 무슨 이야기든 나눌 수 있는 연인을 1년 이내에 만들려면 어떻게 해야 할까?

◎ 무슨 이야기든 나눌 수 있는 연인을 만들려면 어떤 장소에 가야 할까?

Case 2 | 내일 있을 면접, 잘 볼 수 있을까?

무언가의 '성공 여부'를 점쳐봐야 그저 일희일비하며 끝날 뿐이다. '어떻게 해야 성공할까'를 점치는 편이 의미가 있다. 불안 요인을 파고들수록 구체적인 답을 끌어낼 수 있다.

> 성공하기 위해서는 무엇이 필요한가?
> 조심해야 할 점은?

◎ 내일 있을 면접을 성공적으로 마치려면 어떻게 해야 할까?

> 불안함을 느끼는 이유는?
> 불안을 해소하기 위해서는?

◎ 내일 있을 면접에서 긴장하지 않고 이야기하려면 어떻게 해야 할까?

◎ 내일 있을 면접에서 예측하지 못한 상황이 닥치면 어떻게 행동해야 할까?

Case 3 | 그 사람과 결혼하면 행복해질 수 있을까?

흔히 '행복해질 수 있을까'라는 질문을 하지만, 무엇을 행복이라고 느끼는가는 사람에 따라 다르다. '나는 어떤 상황을 행복이라고 느끼는가'라고 구체적으로 생각해보자. 자신의 마음을 도저히 알 수 없는 경우라면 그 자체를 질문으로 삼아 점쳐보는 것도 하나의 방법이 될 수 있다.

> 자신은 상대를 어떻게 생각하고 있는가?

◎ 그 사람과의 결혼에 대해 내가 고민하는 부분은?

> 당신에게 '행복'이란 무엇인가?

◎ 그 사람과 평온하고 웃음이 끊이지 않는 삶을 살기 위해서는?

◎ 그 사람과 경제적으로 안정된 삶을 살기 위해서는?

> 그것을 위해 어떻게 해야 할까?

◎ 그 사람과의 결혼을 앞두고 내가 유의해야 할 점은?

≡ Step ❷ ≡

스프레드를 선택한다

배열에 따라 카드의 의미를 더욱 깊이 읽어낸다

질문이 정해졌으면 '스프레드'를 이용하여 어떤 시점으로 분석할지 결정한다.

스프레드란 카드를 배열하는 것을 말한다. 각각의 위치에 '카드의 의미'를 정해두면 뽑은 카드가 무엇을 나타내는지 그 의미가 더욱 명확해진다.

위치를 기억하는 것이 귀찮다면 원 오라클(p150)로만 점쳐도 상관없지만, 스프레드로 여러 장의 카드를 한꺼번에 펼쳐두면 카드의 전체적인 느낌이나 같은 숫자·슈트가 나오는 정도 등을 통해 더 많은 정보를 이끌어낼 수 있다(p202).

스프레드를 선택할 때에는 어떤 질문을 만드는가가 관건이다. 다음 페이지에서 소개하고 있는 것처럼 하나의 고민으로 다양한 형태의 질문을 만들 수 있고, 각각의 질문에 맞는 스프레드가 존재한다.

스프레드는 반드시 하나만 선택하지 않아도 되며 여러 가지 스프레드로 점치는 것이 가능하다. 예를 들어 '켈틱 크로스'로 연애 트라우마를 해석한 뒤 '쓰리 카드'를 이용하여 앞으로의 연애 운을 점친다면 고민을 더욱 깊이 파고들 수 있다.

스프레드에 익숙해지면 타로의 매력에 한층 더 빠져들게 될 것이다.

본격적으로 점치기에 앞서 지금 자신의 상태를 살펴보는 카드 한 장을 뽑아볼 수도 있다. 이 카드를 '지금의 자신 카드'라고 부른다. 뽑은 카드로 현재의 심리 상태를 분석하고 그 결과를 타로 리딩에도 반영해보자. '지금의 자신 카드'가 반복해서 나온다거나 같은 슈트 카드가 나오는 정도 등에 따라 더 많은 정보를 얻을 수 있다.

Case 1 두 명에게 고백을 받았다. 누구를 선택해야 할까?

A와 B, 그 둘의 본심은?

◎ 원 오라클 변형 2(p151)를 두 차례 진행하여 상대의 마음을 읽는다.

A, B와 사귀면 각각 어떻게 될까?

◎ 양자택일 변형 2(p155)로 각각의 미래를 읽는다.

Case 2 다른 회사에서 일자리 제안을 받았는데….

어떻게 답변해야 할까?

◎ 쓰리카드 변형 3(p153)으로 판단한다.

지금의 회사에 대해 어떻게 생각하고 있는가?

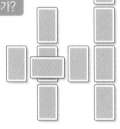

◎ 켈틱 크로스(p158)로 마음을 읽는다.

Case 3 마음에 드는 사람과 가까워질 수 있을까?

앞으로 1년 동안 연애 운이 가장 좋은 달은?

◎ 호로스코프 변형 1(p163)로 1년간의 연애 운을 읽는다.

상대는 나를 어떻게 생각하고 있을까?

◎ 하트 소나(p164)로 상대가 자신을 어떻게 생각 하고 있는지 읽는다.

테마별 추천 스프레드

이 책에서는 아홉 개의 스프레드를 소개한다.
각 스프레드를 응용하는 방법도 실려 있으므로 질문에 따라 적당한 방법을 선택해보자.

빈칸채우기식 해석 예시의 사용 방법

각 스프레드의 소개 페이지에는 카드의 해석 예시가 실려 있다.
카드의 키워드를 빈칸에 넣어가며 해석 연습을 해보자.

1 해석 예시를 확인하자

점치고 싶은 내용에 맞는 스프레드를 고른다. 카드를 스프레드 모양대로 배열해보자. 스프레드 해설 페이지를 보면서 각 위치에 나온 카드의 해석 예시를 확인한다.

2 키워드를 넣어보자

카드의 키워드(p22 ⑦~⑪) 중 어울리는 답을 골라 해석 예시에 넣어보자. 키워드의 어미를 적절하게 변형시켜 빈칸에 넣으면 된다.

3 테마에 맞게 응용해보자

더 세밀하게, 연애·일·대인 관계·기타의 항목(p22 ⑫) 중 어울리는 것이 있으면 추가해보자. 더욱 구체적인 답을 얻을 수 있다. 이러한 방법으로 해석 연습을 반복한다.

〈해석 예시〉

원 오라클 변형 2로 남자친구의 기분을 점치는 경우, 그 해석 예시는?

〈여사제(역)〉 카드를 뽑은 경우

> 그 사람은
> _____ 한
> 기분을 느끼고 있다

'감정'에서 키워드를 선택한다.

> 그 사람은
> 히스테릭 한
> 기분을 느끼고 있다

점치는 테마가 연애이므로 '연애'에서 키워드를 선택한다.

> 그 사람은
> 상대의 외도를 의심하여 히스테릭 한
> 기분을 느끼고 있다

〈해석 예시〉

쓰리 카드 변형 2로 일 문제에 대한 대처 방법을 점치는 경우, '①원인'의 위치에 나온 카드의 해석 예시는?

〈컵 7〉 카드를 뽑은 경우

> 이 문제의 원인은
> _____ 라는
> 점이다

'문제의 원인'에서 키워드를 선택한다.

> 이 문제의 원인은
> 현실을 직시하지 못하고 있다 라는
> 점이다

점치는 테마가 일이므로 '일'에서 키워드를 선택한다.

> 이 문제의 원인은
> 현실을 직시하지 못하고 규모를 키우려 한다 라는
> 점이다

<table>
<tr><td>스프레드
1</td></tr>
</table>

원 오라클
One Oracle

**현재 상황 / 감정 / 문제의 원인 /
미래 전망 / 조언 등**

일문일답으로 힌트를 끌어낸다

질문에 대해 한 장의 카드를 뽑는 간단한 스프레드다. 시간이 촉박할 때나 간단명료한 답을 얻고 싶을 때 적절한 방법이다.

질문 대부분은 현재 상황·감정·문제의 원인·미래 전망·조언 등의 기본적인 해석으로 읽어낼 수 있다. 그밖에도 '오늘의 운세는?', '그 사람에게 연락이 올까?' 같은 미래 예측이나 '행운을 가져다주는 메뉴는?' 등 다양한 질문에 답을 준다. 가장 기본이 되는 스프레드라고 할 수 있다.

POINT

알고 싶은 내용을 명확하게!

명확한 대답을 얻기 위해서는 자신이 알고 싶은 내용을 확실히 파악한 후에 카드를 뽑는 것이 중요하다. 특히 원 오라클로 점치는 경우, 뽑은 카드를 무심코 '상대의 기분'이나 '미래 전망'으로 읽으면 자신에게 유리한 해석이 될 수밖에 없다. '지금 상대의 기분은…'이라고 실제로 말을 내뱉으면서 카드를 뒤집는 것도 좋은 방법이 될 수 있다.

질문 예시

◆ 오늘 주의해야 할 점은?

◆ 갑자기 차갑게 구는 저 사람, 지금 무슨 생각을 하고 있을까?

◆ 어떻게 해야 결혼할 수 있을까?

◆ 내일 있을 일을 잘 해내려면 어떻게 해야 할까?

◆ 직장 동료 A와 잘 지내려면 어떻게 해야 할까?

— 150 —

변형 1
현재 상황

> 그 문제는
> ▭한 상황이다

지금 자신이 처한 상황이나 문제를 객관적으로 보고 싶을 때 이렇게 해석해보자. 의외로 현실을 냉정하게 파악하지 못하는 경우가 많다. 적당한 카드가 나오지 않았다면 '이 카드의 시점으로 현실을 바라보면 어떻게 보일까'라고 유연하게 생각해보는 것도 좋다.

변형 2
감정

> 그 사람은
> ▭한 기분을 느끼고 있다

'자신은 지금 어떤 심경인가', '그 사람은 나를 어떻게 생각하고 있을까' 등 사람의 심리 상태를 알고 싶을 때 이렇게 해석해보자. '만난 지 3일째, 그의 본심은?', '앞으로 나는 어떻게 해야 할까'와 같이 시간을 설정할 수도 있다. 타인뿐만 아니라 자신의 마음속을 들여다보기에도 적당한 해석 방법이다.

변형 3
문제의 원인

> 그 문제의 원인은
> ▭이다

문제를 일으킨 원인이나 소원 성취를 방해하는 요인(혹은 인물)이 무엇인지 점치고 싶을 때 이렇게 해석해보자. 좋은 의미를 지닌 카드가 나오면 '문제는 생각보다 나쁘지 않은 상황'을 의미하기도 하므로 상황에 맞춰 해석한다.

변형 4
미래의 전망

> 그 문제는
> ▭상황에 놓여 있다

'지금 상태대로라면 다가올 가능성이 높은 미래'를 알 수 있다. 다만 좋은 카드가 나왔다고 방심한다면 실현되지 않을 수도 있다. 만약 나쁜 카드가 나오면 그런 상황을 피하기 위해서 어떻게 해야 할지 조언 카드(p172)를 뽑아보자.

변형 5
조언

> 그 문제에 대해 ▭한
> 대응을 하는 것이 좋다

고민이나 문제에 대해 '어떻게 해야 할까?'라는 행동 지침을 알고 싶을 때 이렇게 해석하면 된다. 역방향이나 부정적인 카드가 나와 해석하기 어렵다면 'Lesson 4 역방향을 자연스럽게 해석하는 비법(p192)'을 참고하여 현상에 맞게 응용해보자.

변형 6
다양한 질문에 응용

> 〈예〉지금 상대에게 연락하면
> ▭한 태도일 것이다

원 오라클은 여기에 소개한 다섯 가지 해석 외에도 다양한 질문에 응용할 수 있다. 카드의 핵심이 되는 키워드 중에서 질문에 어울리는 답을 자유롭게 떠올려보자. 자신이 느끼는 것에 정답도 오답도 없다. 가장 마음에 와닿는 답을 찾으면 된다.

쓰리 카드

Three Cards

과거 / 원인 / YES	현재 / 결과 / 보류	가까운 미래 / 조언 / NO

다루기 간편한 매수로 직관적인 답을 얻을 수 있다

질문에 대해 세 장의 카드를 뽑는 스프레드다. 카드의 매수가 너무 많지도 적지도 않은 데다가 전체를 파악하기 쉽기 때문에 다양한 테마를 점치기에 좋다.

이 책에서는 '과거 / 현재 / 가까운 미래'로 운세의 흐름을 보는 방법, '원인 / 결과 / 조언'으로 문제의 대처 방안을 해석하는 방법, 고민하는 사항에 대해 'YES / 보류 / NO'라는 판단의 결과를 비교하는 방법을 소개한다.

POINT

세 가지 카드의 공통점을 찾아보자!

카드를 한 장씩 따로 읽어도 되지만, 이 스프레드는 '흐름'을 보기에 적합하다. 그러므로 같은 숫자, 같은 슈트, 같은 모티브 등 세 장의 카드가 갖는 공통점을 살펴보면 더 많은 힌트를 얻을 수 있다. 세 가지 카드에서 느껴지는 전체적인 인상도 중요하다.

질문 예시

◆ 현재 당신의 운세는?

◆ 친구와 싸웠다. 화해하려면 어떻게 해야 할까?

◆ 새로운 일을 제안받았다. 어떻게 답해야 할까?

변형 1 운세의 흐름은?

① 과거

> 과거는☐☐☐☐한
> 상태였다

쓰리 카드로 점치는 과거나 미래의 범위는 현재로부터 대략 3개월 전후라고 생각하면 된다. 카드가 나타내고 있는 것을 보고 짐작이 가는 데가 없는지, 다양한 각도로 되짚어보자.

② 현재

> 지금은☐☐☐☐한
> 상태다

질문자의 현재 상황이나 운세를 나타내는 카드다. 만약 세 장의 카드가 모두 역방향일 경우, 해야 할 일을 하지 않고 있거나 부정적인 생각에 빠져 있을지도 모른다.

③ 가까운 미래

> 앞으로☐☐☐☐한
> 상태가 될 것이다

세 장의 카드의 힘(p202)을 느껴보자. 여기에 메이저 아르카나 카드가 나왔다면 운세는 그 기세를 더할 것이다. '① 과거', '② 현재'가 더 강하다면 가까운 미래는 휴식 모드라고 읽을 수 있다.

변형 2 문제의 대처 방안은?

① 원인

> 이 문제의 원인은
> ☐☐☐☐이다

어째서 이 문제가 발생했는지를 보여주는 카드. 질문자가 전혀 짐작하지 못하고 있는 경우도 있으므로 편견 없는 마음으로 카드의 의미를 받아들여 보자. 카드의 첫인상도 중요하다.

② 결과

> 이 문제는 결과적으로
> ☐☐☐☐하게 된다

지금 이대로라면 어떤 전개를 맞이하게 되는지를 보여주는 카드다. 하지만 이 카드만으로 일희일비하지 않도록 주의한다. 스스로 어떻게 되고 싶은지를 염두에 두고 '③ 조언'을 읽어보자.

③ 조언

> 이 문제에 대해 주의해야
> 할 점은☐☐☐☐이다

'② 결과'를 실현하고 싶은지, 그렇지 않은지에 따라 해석이 달라진다. 부정적인 카드가 나온 경우, '그렇게 되지 않기 위해서는 어떻게 해야 할까'라고 해석할 수도 있다.

변형 3 어떻게 판단하는 것이 좋을까?

① YES

> 이 문제를 YES라고
> 판단한 결과
> ☐☐☐가 된다

'양자택일(p154)'과 비슷하지만, 단순히 각 선택지만 보는 것이 아니라 문제에 어떻게 대응할 것인가를 본다. YES(긍정적 판단)라고 판단한 결과를 나타낸다.

② 보류

> 이 문제를
> 보류하면
> ☐☐☐가 된다

이 위치에 좋은 의미를 가진 카드, 혹은 메이저 아르카나 등 강한 카드가 나오면 '지금은 결정을 내리지 말라', '아직 적절한 시기가 아니다'라고 해석한다.

③ NO

> 이 문제를 NO라고
> 판단한 결과
> ☐☐☐가 된다

NO(부정적인 판단)로 판단한 결과를 보여주는 카드가 나온다. 만약 세 장 모두 마음에 와닿지 않는다면 갖춰지지 않은 조건 등의 불확정 요인 때문일지도 모른다. 그럴 때는 시간을 두고 다시 점쳐보는 것이 좋다.

스프레드 **3**

양자택일
Alternatively

선택지 A

선택지 B

질문자의 태도

복수의 선택지를 비교한다

어떻게 행동해야 하는가에 대해 몇 가지 선택지를 비교하기에 적합한 스프레드다. 각각의 선택지가 어떤 상태에 있는지 비교해볼 수 있다. 우선 선택지 A~B가 무엇에 해당하는지 정한 뒤에 카드를 뒤집는다.

단순히 정방향이 나오면 좋고 역방향이 나오면 나쁘다고 판단하지 않도록 주의한다. 그림이나 카드의 의미에서 그 선택지가 질문자에게 어떤 의미를 갖는지 깊이 읽어내는 것이 중요하다. 최종 선택은 본인의 몫이기 때문이다.

POINT

그림을 보고 자유롭게 이미지를 떠올려보자

무엇을 살지, 어디로 갈지 등 구체적인 선택지를 점치는 경우, 카드의 의미뿐만 아니라 그림에도 주목하라. 등장인물이 입고 있거나 가지고 있는 물건, 배경에 그려진 장소 등이 그 선택지의 성질을 직접적으로 나타내기도 한다.

질문 예시

◆ 세 가지 아이템 중에 고민하고 있다. 어떤 것을 사야 할까?

◆ A와 B와 C, 누구에게 일을 맡겨야 할까?

◆ 세 가지 제안 중 무엇을 채용해야 할까?

---

① ~ ② **선택지 A~B**

선택지 A~B는 [   ]한
상태다(물건일 경우)

선택지 A~B는 [   ]라고
생각하고 있다(사람일 경우)

각각의 카드가 선택지의 상태를 나타낸다. 선택지가 사람일 경우, 상대의 심경 혹은 질문자에 대해 어떤 생각을 하고 있는지를 알 수 있다. '질문자(자신)가 각각의 선택지를 어떻게 느끼고 있는가'를 점쳐도 좋다.

③ **질문자의 태도**

나는 이 문제에 대해
[   ]라고 생각하고 있다

문제에 대한 질문자의 태도를 나타낸다. 〈바보〉라면 '어떻게 되든 상관없다'라고 생각하고 있을지도 모른다. 〈전차〉라면 '빨리 결정하고 싶다'라고 조바심을 내다가 잘못된 판단을 내릴 수도 있다. 이 위치에 나온 카드를 고려하여 선택지 전체를 비교해보자.

변형 1
선택지의 매수는 자유롭게 정한다

비교하고 싶은 선택지가 둘 이상일 경우 전개하는 카드를 늘려도 상관없다. 다만 매수가 너무 많아지면 판단이 망설여질 수 있으므로 다섯 장까지가 적당하다. 또한 리딩 중에 '어떤 카드가 무엇을 의미하는지' 혼동하지 않도록 선택지의 의미를 정리하여 적어두는 것이 좋다.

선택지 A 선택지 B 선택지 C 선택지 D 선택지 E

질문자의 태도

변형 2
각 선택지를 고른 결과도 점쳐보자

선택지별로 카드를 한 장씩 더 뽑아서 '그것을 선택한 미래'를 점칠 수 있다. 만약 ①②카드는 좋은데 ④⑤카드가 좋지 않은 경우라면 현재는 알 수 없는 조건이나 예상 밖의 변화가 원인일 수 있다. '③ 질문자의 태도'를 참고하여 해석해보자.

선택지 A를 고르면 어떻게 될까?

질문지 A

질문지 B

선택지 B를 고르면 어떻게 될까?

질문자의 태도

헥사그램
Hexagram

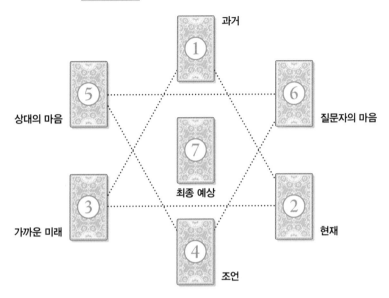

과거 ①

⑤ 상대의 마음

⑥ 질문자의 마음

⑦ 최종 예상

③ 가까운 미래

② 현재

④ 조언

타인과의 관계나 궁합이 보인다

'육각의 별'이라고 불리는 스프레드다. 두 개의 삼각형은 하늘과 땅을 나타내며, 그 둘이 교차하는 것으로 삼라만상을 의미한다. 위를 향하는 삼각형이 시간에 따른 예시를, 아래를 향하는 삼각형이 서로 다른 성질의 두 가지 요소와 조언을 나타낸다. 질문자와 상대, 질문자와 주변 환경, 질문자와 회사 등 다른 저시에 놓인 둘이 어떻게 문제를 풀어갈지, 혹은 관계를 개선하려면 어떻게 해야 좋을지에 대해 알기 쉽게 보여준다. 사랑하는 사람이나 인간관계에 관한 문제의 해결책을 알고 싶을 때 사용하면 좋다.

POINT

이해가 되지 않으면 원 오라클의 원리를 떠올려라

이 정도로 카드가 많아지면 스프레드의 배치와 그 의미가 머릿속에 잘 그려지지 않을 수도 있다. 의미를 읽기 어려울 때는 기본으로 돌아가서, '원 오라클(p150)에서 이 카드가 나왔다면 어떻게 해석할까'라고 생각해보면 의미 파악이 쉬워진다.

질문 예시

◆ 짝사랑하는 상대는 나를 어떻게 생각하고 있을까?

◆ 파트너와의 관계가 나빠지고 있다. 개선하려면 어떻게 해야 할까?

◆ 독립하고 싶다. 부모님을 어떻게 설득해야 할까?

① 과거

원래 이 문제는
███████한 상황이었다

둘의 관계가 과거에 어떤 상태였는지 보여준다. 문제의 원인이 나올 가능성이 크다. 양호한 관계를 의미하는 카드가 나오면 '그때는 관계가 좋았다'라고 해석한다.

② 현재

이 문제는
███████한 상황이다

둘의 생각이나 둘러싼 환경을 나타낸다. 카드에 두 사람 이상의 인물이 그려져 있다면 그것이 둘의 관계성을 직접적으로 암시하는 것일 수도 있으므로 카드를 자세히 들여다보자.

③ 가까운 미래

이 문제는 곧
███████한 상황이 된다

'① 과거', '② 현재'가 좋지 않아도 '③ 가까운 미래', '⑦ 최종 예측'에 발전적인 카드가 나온다면 문제가 커지지 않고 조만간 좋은 형태로 수습이 될 것을 나타낸다. 상황이 좋지 않다면 '④ 조언'을 단념으로써 해석한다.

④ 조언

이 문제에 대해 ███████을
염두에 두라

둘의 관계를 더욱 좋은 방향으로 이끌어가기 위한 마음가짐을 나타내는 카드다. 이 카드뿐만 아니라 '⑤ 상대의 마음'과 '⑥ 질문자의 마음'을 고려하면서 해석하면 더욱 구체적인 지침을 얻을 수 있다.

⑤ 상대의 마음

이 문제에 대해 상대는
███████라고 생각하고 있다

'⑤ 상대의 마음'과 '⑥ 질문자의 마음'은 서로 대치하는 카드이므로 세트로 읽는 것이 좋다. 만약 정방향과 역방향이 각각 나온다면, 둘 중 누가 문제를 일으키는 태도를 가졌는지가 보일 것이다.

⑥ 질문자의 마음

이 문제에 대해 자신은
███████라고 생각하고 있다

'⑤ 상대의 마음'과 '⑥ 질문자의 마음' 카드가 갖는 힘은 두 사람의 기의 세기를 나타내기도 한다. 자기 자신다움을 잃지 않는 사람은 누구이며, 의존적이고 휘둘리는 사람은 누구일까. 두 카드의 균형을 통해 문제의 근본적인 원인을 발견할 수 있다.

⑦ 최종 예상

이 문제는 최종적으로
███████한 상황이 된다

'③ 가까운 미래'가 '머지않아 일어날 일'이라면 '⑦ 최종 예상'은 '이렇게 결말이 날 수도 있다'라는 뜻이다. ③, ⑦에 나온 카드가 나쁘지 않다면 좋은 방향으로 결말이 날 것이다.

켈틱 크로스
Celtic Cross

3 질문자의 현재 의식
(생각하고 있는 것)

방해가 되는 것   질문자의 상황

1

2

가까운 미래   **5**   과거

6

최종 예상   **10**

질문자의 소망   **9**

주변(혹은 상대)
상황   **8**

질문자가
처한 상황   **7**

4 질문자의 잠재의식
(느끼고 있는 것)

마음속을 깊이 파고든다

신비한 크로스를 본뜬 스프레드다. 카드 열 장의 의미를 세세하게 설정하므로 인간의 겉과 속마음이 여실히 드러나는 것이 특징이다. 자기 자신뿐만 아니라 상대의 본심을 알고 싶을 때도 응용할 수 있다. 매수가 많은 만큼 해석의 난이도도 높지만 'Lesson 7 스프레드 전체를 보고 힌트를 찾아보자(p202)'의 주목해야 할 포인트를 염두에 둔다면, 새로운 이야기를 발견할 수 있을 것이다. 반복되는 고민으로 미궁에 빠졌을 때 사용하면 좋다.

POINT

세트가 되는 카드별로 읽어보자

켈틱 크로스는 매수가 많기 때문에 눈에 띄는 카드부터 읽어나가면 된다. 의미가 제각각으로 나온 경우, 우선 '① 질문자의 상황 / ② 방해', '③ 현재 의식 / ④ 잠재의식', '⑦ 질문자가 처한 상황 / ⑧ 주변 상황'처럼 대비가 되는 항목을 중점적으로 읽어보자.

질문 예시

◆ 낯을 가리는 성격을 고치려면?

◆ 원인을 알 수 없는 짜증, 나는 무엇에 불만을 느끼고 있는가?

◆ 요즘 상사의 태도가 변한 이유는?

① 질문자의 상황

> 나는
> ◻️한 상황이다

이 문제에 대해 본인이 어떤 상황에 놓여 있는지, 어떤 태도로 임하고 있는지를 나타내는 카드가 이 위치에 나온다.

② 방해가 되는 것

> 이 문제에 방해가 되는 것은
> ◻️이다

가로막고 있는 문제점을 암시한다. 주변 환경이나 질문자의 사고방식이 문제일 수 있으므로 정·역방향에 관계없이 상황에 맞춰 해석하면 된다.

③ 질문자의 현재 의식(생각하고 있는 것)

> 나는 이 문제에 대해
> ◻️라고 생각하고 있다

'나는 이런 사람이다'라고 하는 질문자의 이성적 사고나 머릿속으로 현상을 어떻게 파악하고 있는지를 보여준다.

④ 질문자의 잠재의식(느끼고 있는 것)

> 나는 이 문제에 대해
> ◻️라고 느끼고 있다

진심으로 바라는 것이나 감춰진 두려움 등 질문자도 깨닫지 못한 현재의 마음을 암시한다. '③ 현재의식'과의 모순이 갈등을 일으키기도 한다.

⑤ 과거

> 원래 이 문제는
> ◻️한 상황이었다

이 문제가 과거에 어떤 상황이었는지를 나타낸다. 문제를 일으킨 원인이 여기에 드러나기도 한다.

⑥ 가까운 미래

> 이 문제는 곧
> ◻️한 상황이 되어간다

이 문제와 관련하여 머지않아 일어날 일이나 문제가 어떻게 변화할지(변화하지 않을지)를 나타낸다.

⑦ 질문자가 처한 상황

> 이 문제에 대해 나는
> ◻️한 상황이다

'① 질문자의 상황'에 따른 입장이나 역할에 대한 의미가 강하게 드러난다. 스스로 '이렇게 행동해야 한다'라고 생각하고 있는 것이 나타나기도 한다.

⑧ 주변(혹은 상대) 상황

> 이 문제에 대해 주변은
> ◻️한 상황이다

질문자의 주위에 협력자가 존재하는지를 보여준다. 상대가 존재하는 테마를 점치는 경우라면 상대의 심경이나 앞으로의 행동 등이 나타난다.

⑨ 질문자의 소망

> 나는 이 문제에 대해 사실은
> ◻️라고 생각한다

'① 질문자의 현재 의식', '④질문자의 잠재의식'을 고려하여 질문자가 앞으로 어떻게 하고 싶은지 해석한다.

⑩ 최종 예상

> 이 문제는 최종적으로
> ◻️한 상황이 된다

문제가 어떤 결말을 맞으며, 그 결말이 질문자에게 어떤 의미인지를 암시한다. 원치 않는 카드가 나온다면 조언 카드(p172)로 해석하면 된다.

스프레드 6 호스슈

Horseshoe

① 과거

② 현재

③ 가까운 미래

④ 조언

⑤ 주변(혹은 상대) 상황

⑥ 방해가 되는 것

⑦ 최종 예상

문제가 변해가는 모습과 해결책을 끌어낸다

호스슈란 말발굽에 고정하는 U자형 금속 편자를 뜻한다. 과거·현재·미래라는 시간의 흐름 속에서 문제가 발생한 원인을 분석하면서 방해가 되는 요소, 해결책을 보여준다. 단순하고 어렵지 않은 형태이므로 물 흐르듯 카드를 전개하여 직감적으로 읽어나가면 된다.

모든 장르에 적용할 수 있는 데다가 복잡하게 꼬인 문제를 정리하여 명확한 지침을 얻을 수 있기 때문에 기억해두면 도움이 된다.

POINT

카드 전체를 보고 눈에 띄는 카드에 주목하라

카드를 전개했을 때 '눈에 띄는 한 장'이 있기 마련이다. 그것은 중요한 메시지를 전하는 키워드다. 호스슈는 흐름을 살피기에 적합한 방법이긴 하지만, 순서대로 읽은 뒤에 키워드를 중심으로 해석한다면 새로운 의미를 발견할 수 있을 것이다.

질문 예시

◆ 매상을 올리기 위해서는?

◆ 지금 사귀는 사람과 뒤탈 없이 헤어지는 방법은?

◆ 직장에 적응하지 못한 채 3개월이 지났다. 무엇이 문제인가?

① 과거

> 원래 이 문제는
> ████████한 상황이었다

인간관계에 관한 문제가 아니라면 '과거의 상황'으로 해석한다. 연인이나 인간관계에 관한 문제라면 '상대의 마음'으로 받아들이고 '① 과거'부터 '② 현재'의 심경 변화로 해석하는 것도 좋은 방법이다.

② 현재

> 이 문제는
> ████████한 상황이다

문제의 현상을 나타내는 카드다. 좋은 카드가 나왔다고 기고만장해져서는 안 된다. 그것이 질문자를 둘러싼 상황인지, 아니면 질문자의 소망일 뿐인지 주의 깊게 읽어내야 한다.

③ 가까운 미래

> 이 문제는 곧
> ████████한 상황이 되어간다

'③ 가까운 미래'와 '⑦ 최종 예상' 카드를 통해 문제의 동향을 살펴보자. 특히 사람과의 관계성을 점치는 경우라면 이 카드를 '질문자의 상황'으로 보고 '⑤ 상대의 상황'과 비교하면서 해석해도 좋다.

④ 조언

> 이 문제에 대해
> ████████을 염두에 두라

문제를 대하는 방법을 나타내는 카드다. 의미 해석이 어렵다면 우선 '⑦ 최종 예상'에 나온 카드를 살펴보자. 두 카드의 연관성을 생각해보면 힌트가 보일 것이다.

⑤ 주변(혹은 상대) 상황

> 이 문제는 ████████한
> 상황에 둘러싸여 있다

문제에 관여하는 당사자의 주변 환경이나 도움의 존재 여부, 혹은 상대의 상황 등을 나타낸다. 만약 카드가 역방향으로 나왔다면 상대는 문제를 알아채지 못했거나 모르쇠로 일관하는 태도를 보이고 있을지도 모른다.

⑥ 방해가 되는 것

> 이 문제에 방해가 되는 것은
> ████████이다

이 문제에서 가장 난관이 되는 것을 나타내는 카드다. 좋은 카드가 나왔다면 '질문자가 생각하는 만큼 심각하지 않은 상태'라고 읽거나 카드의 의미가 너무 강해서 '방해가 된다'라고 해석한다.

⑦ 최종 예상

> 이 문제는 최종적으로
> ████████한 상황이 된다

지금 이대로라면 문제가 어떻게 흘러갈지, 가장 가능성이 높은 미래를 보여주는 카드다. 바라던 결과가 나왔는지 여부에 따라 '④ 조언'을 해석하면 전체가 하나의 자연스러운 이야기로 이어질 것이다.

<table>
<tr><td>스프레드
7</td><td># 호로스코프
Horoscope</td></tr>
</table>

**11월 운세
/ 희망·동료**

**9월 운세
/ 여행·이상**

**12월 운세
/ 무의식·경쟁자**

**10월 운세
/ 직업·명예**

**8월 운세
/ 계승·섹스**

**최종 예측·
조언**

**1월 운세
/ 질문자·성격**

**4월 운세
/ 가정·가족**

**7월 운세
/ 파트너십·결혼**

**2월 운세
/ 금전·소유**

**6월 운세
/ 일·건강**

**3월 운세
/ 지식·커뮤니케이션**

**5월 운세
/ 연애·오락**

전체적인 운세를 자세히 점친다

서양 점성술의 '호로스코프(별자리)'를 본뜬 스프레드다. 점치는 방법에는 두 종류가 있는데, 하나는 1년 동안의 월별 운세를 읽는 방법이다. 1년 연애 운, 1년 사업 운, 1년 동안 두 사람의 관계, 혹은 더욱 구체적인 테마를 설정해도 좋다. 다른 하나는 현재의 연애, 일, 금전 등 다양한 장르의 운세를 읽는 방법이다. 생일이나 새해, 입춘 등 특별한 절기에 점치기 좋은 스프레드다. 사진으로 찍어두고 실제로 잘 들어맞았는지 확인해보자.

POINT

마이너 아르카나의 슈트에 주목하라

완드는 일, 펜타클은 돈, 소드는 일이나 인간관계, 컵은 애정을 의미한다. 슈트에 따른 월별 테마를 확인해보자. 역방향이 너무 많이 나왔다면 시간을 두고 마음을 진정시킨 뒤에 다시 점쳐보는 것이 좋다.

질문 예시

◆ 오늘은 내 생일, 앞으로 1년간 내 운세는?

◆ 올 한 해 연애 운은 어떤가?

◆ 지금 현재 모든 분야의 운세를 알고 싶다!

변형 1 앞으로 1년간 운세는?

① ~ ⑫ 월별 운세

> 이달의 운세는 [   ]이다

중요한 터닝 포인트에는 메이저 아르카나 카드가 나오는 경우가 많다. 또한 각 슈트의 A 카드는 새로이 무언가를 시작할 가능성을 암시한다.

⑬ 최종 예측·조언

> 〈예〉 1년 동안 [   ]을 주의하는 것이 좋다

1년의 지침이 되는 키워드다. 이 카드는 '1년 후의 최종 예측', '1년간의 테마', '더 나은 1년을 보내기 위한 조언' 등 테마를 자유롭게 정해도 된다.

변형 2 현재 모든 분야의 운세는?

① 질문자·성격

> 지금, 나는 [   ]한 상태다

성격의 경향, 타인에게 비치는 모습, 분위기나 패션 등을 나타낸다.

② 금전·소유

> 지금, 나의 금전 운은 [   ]한 상태다

월별 돈의 흐름, 경제 활동, 현재의 금전 상황 등을 나타낸다.

③ 지식·커뮤니케이션

> 나는 [   ]에 관심을 두고 있다

학습 의욕이나 학업 운, SNS 교류, 인간관계 등을 나타낸다.

④ 가정·가족

> 나의 주변은 [   ]한 상태다

주거나 가족, 소중한 사람과의 관계성, 사생활을 나타낸다.

⑤ 연애·오락

> 나는 [   ]를 즐기고 있다

연애 등 즐기고 있는 일 전반을 나타낸다. 레저나 창작 활동, 도박 등을 의미하기도 한다.

⑥ 일(건강)

> 나의 일(건강)은 [   ]한 상태다

일상적인 일이나 회사 등 조직 안에서의 활동, 또는 건강을 나타낸다.

⑦ 파트너십·결혼

> 나의 대인 관계는 [   ]한 상태다

결혼이나 비즈니스 등 파트너가 되는 존재와의 만남이나 관계성을 나타낸다.

⑧ 계승·섹스

> 나의 선물 운은 [   ]한 상태다

섹스 운이나 자식 운, 가계와 관련한 일, 상속, 선물 운 등을 나타낸다.

⑨ 여행·이상

> 나는 [   ]를 목표로 하고 있다

여행 운을 나타낸다. '이렇게 되고 싶다'라는 이상을 향한 행동, 정신적 성장을 암시하기도 한다.

⑩ 직업·명예

> 나는 [   ]한 상황이다

사회적 지위, 승진이나 합격, 수상이나 표창 등 명예와 관련한 일을 나타낸다.

⑪ 희망·동료

> 나의 교우관계는 [   ]한 상태다

뜻을 같이하는 동료를 나타낸다. 동호회나 인터넷 커뮤니티 등을 의미하기도 한다.

⑫ 무의식·경쟁자

> 나의 무의식은 [   ]한 상태다

무의식중에 느끼는 다양한 감정을 나타낸다. 영적인 힘을 암시하기도 한다.

⑬ 최종 예측·조언

> 〈예〉 [   ]을 염두에 두어야 한다

전체적으로 가장 중요한 테마, 혹은 마음에 새겨 두어야 할 지침을 나타낸다.

하트 소나
Heart Sonar

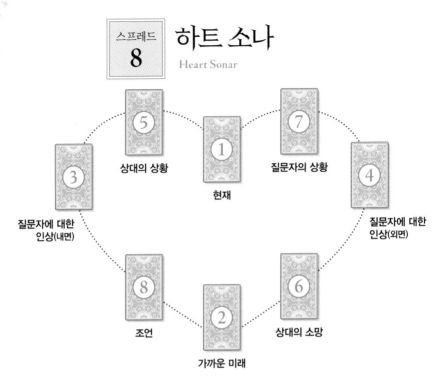

⑤ 상대의 상황

① 현재

⑦ 질문자의 상황

③ 질문자에 대한 인상(내면)

④ 질문자에 대한 인상(외면)

⑧ 조언

② 가까운 미래

⑥ 상대의 소망

연애 문제를 확실하게 해소한다

타로 카페를 운영하던 시절에 만들어낸 스프레드로 사람들의 반응이 무척 좋았다. 하트 모양에서 알 수 있듯 연애나 결혼을 점치기에 적합하며, 상대의 마음에 대해 알고 싶은 것들이 가득 담겨 있다. 상대가 질문자의 성격·외모를 어떻게 생각하고 있는지, 앞으로 두 사람의 관계를 어떻게 하고 싶은지 등을 보여준다. 가혹한 결과가 나올 때도 많지만 그만큼 질문자와의 분위기가 고조된다는 장점이 있다.

기념일 등에 이 스프레드로 점을 치면서 서로의 사랑을 확인하거나 평소 못 했던 이야기를 털어놓는 기회로 삼는 것도 좋다.

POINT

카드를 뒤집은 순간의 첫인상을 기억하라

각 카드를 읽기에 앞서 스프레드 전체를 들여다보자. '전체적으로 조화롭다', '어딘가 부자연스럽다', '어둡다', '등장인물이 옆이나 뒷모습을 보인다' 같은 인상을 기억하는 것이 중요하다. 특히 이 스프레드는 궁합을 점치는 것이므로 상대의 마음속이라고 생각하고 읽는 것이 좋다.

질문 예시

◆ 그는 나를 좋아하는가?

◆ 양다리를 걸치고 있는 그의 진짜 마음을 알고 싶다

◆ 결혼 10년 차, 권태기를 극복하려면 어떻게 하는 게 좋을까?

① 현재

현재, 두 사람의 상황은
[   ]하다

두 사람의 현재 관계를 나타내는 카드다. 이 카드의 좌우에는 '⑤ 상대의 상황', '⑦ 질문자의 상황' 카드가 놓이므로 세 가지 카드를 자세히 비교하여 색이나 그림의 공통점, 또는 차이점을 찾아보자.

② 가까운 미래

앞으로 두 사람의 상황은
[   ]해 진다

첫 번째 카드인 '① 현재'에서 두 번째인 '② 가까운 미래'로 금세 결과가 드러나는 점도 이 스프레드가 인기 있었던 이유 중의 하나다. 이 두 장의 카드를 중심으로 하여 '어째서 그렇게 되는가'라는 관점에서 주위의 카드를 해석해보자.

③ 질문자에 대한 인상(내면)

상대는 나의 내면을
[   ]라고 생각한다

상대의 마음을 보여주는 카드로, 특히 질문자의 성격이나 인간성에 대해 어떻게 느끼고 있는지를 나타낸다. 만약 〈바보〉 카드가 나왔다면 상대가 질문자를 천진난만하고 자유로운 사람으로 생각한다고 해석할 수 있다.

④ 질문자에 대한 인상(외면)

상대는 나의 외면을
[   ]라고 생각한다

'③ 질문자에 대한 인상(내면)'과 세트가 되는 카드로, 질문자의 외모를 어떻게 생각하고 있는지를 나타낸다. 이 스프레드에서는 '성격은 마음에 들지만, 외모가 별로다'라는 불만이 거침없이 드러나기도 한다.

⑤ 상대의 상황

상대는[   ]
한 상황이다

상대를 둘러싼 환경, 혹은 상대가 두 사람의 관계를 어떻게 인식하고 있는지를 나타낸다. '마음에 걸리는 부분이 있다' 또는 '카드가 상징하는 인물이 상대의 주변에 있어서 둘 사이를 방해하고 있다'라고 해석하기도 한다.

⑥ 상대의 소망

상대는 당신에게
[   ]라고 생각하고 있다

'⑤ 상대의 상황'과 세트가 되는 카드로, 상대가 질문자에게 무엇을 바라고 있는지를 나타낸다. 이 카드가 드러내는 감정을 상대가 그대로 품고 있는 경우도 있고, '그 카드처럼 되고 싶다'라는 소망으로써 해석하는 경우도 있다.

⑦ 질문자의 상황

나는
[   ]한 상황이다

질문자 본인이 어떤 상태인지, 두 사람의 관계를 어떻게 인식하고 있는지를 나타낸다. 만약 초조함이나 불안 등을 의미하는 카드가 나온다면 그것이 두 사람의 관계에 영향을 주고 있을 수도 있다.

⑧ 조언

이 문제에 대해서는[   ]을
주의하는 것이 좋다

두 사람이 좋은 관계를 유지하기 위해서 질문자가 해야 할 일, 염두에 두어야 할 점을 나타내는 카드다. 부정적인 카드가 나오면 '그렇게 되지 않도록 주의해야 한다'라고 해석하기도 한다.

캘린더
Calendar

10월

sun	mon	tue	wed	thu	fri	sat
1	2	3	4	5	6	7
8	9	10	11	12	13	14
15	16	17	18	19	20	21
22	23	24	25	26	27	28
29	30	31				

①	②	③	④	⑤	⑥	⑦
⑧	⑨	⑩	⑪	⑫	⑬	⑭
⑮	⑯	⑰	⑱	⑲	⑳	㉑
㉒	㉓	㉔	㉕	㉖	㉗	㉘
㉙	㉚	㉛				

일별 운세를 스스로 확인한다

월별 캘린더 그대로 한 달 치 일별 운세를 점치는 스프레드다. 이 스프레드는 28~31장의 카드를 한꺼번에 전개하기 때문에 2~3개월분을 점치면 거의 모든 카드를 고루 접할 수 있다는 장점이 있다. '하루에 한 장씩 카드의 의미를 음미한다'라는 느낌이므로 타로 실력이 빠르게 향상되는 효과도 얻을 수 있다. 점친 뒤에는 결과를 메모해두고 매일 체크해보자. '이 카드의 날에는 이런 일이 일어나기 쉽다', '이런 일은 〈바보〉 카드 같다' 등 카드의 이미지가 더욱 풍부해질 것이다.

POINT

주간 운세로 최적의 날을 확인한다

카드의 매수가 너무 많다고 느껴진다면 '첫째 주 운세', '둘째 주 운세'로 끊어 일곱 장씩 읽어도 된다. 또한 운세가 아니라 그날의 조언을 점칠 수도 있다. '오늘의 테마는 〈힘〉' 이런 식으로 그날의 카드를 핸드폰 화면에 저장해두는 것도 좋은 방법이다.

질문 예시

◆ 다음 달 나의 일별 운세는?

◆ 미용실에 가려고 한다. 언제가 좋을까?

◆ 고대하던 이벤트가 있는 날, 나의 운세는?

① ~ ㉛ 그날의 운세

0월 0일의 운세는 [   ]이다

미래의 특정 날짜의 운세를 나타낸다. 〈연인〉이 나온 날은 새로운 만남을 찾아서 외출하는 편이 좋고, 〈탑〉이 나온 날은 예상하지 못한 전개에 주의한다. 그날을 어떻게 보낼지뿐만 아니라 운이 좋은 날·나쁜 날을 사전에 알 수 있기 때문에 중요한 일정을 계획하는 데 도움이 된다.

변형 1
하루의 흐름을 고려하여 일정을 짠다

캘린더와 동일하게 시계 형태로 배열할 수도 있다. 24시간을 시계에 맞춰 카드를 전개하고, 그 시간대에 일어날 일을 읽는다. 예를 들어 업무 중일 경우, 돌발적인 볼일이 생길 것 같은 시간대나 안정적으로 업무를 볼 수 있는 시간대를 점쳐두면 하루를 순조롭게 보내는 데 도움이 될 것이다. 대략적으로 '오전 / 오후'로 나누어 점칠 수도 있다.

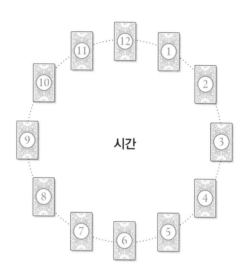

POINT
적중률이 높아지는 특별한 날

'캘린더 스프레드'는 매월 1일에 점쳐도 좋지만, 모든 일의 시작점이기도 한 초하룻날 점치는 것도 추천한다. 그밖에 태양의 운행에 따른 춘분·하지·추분·동지에도 각 시즌의 운세를 점치기에 좋다. 또한 핼러윈(양력 10월 31일)은 '이승과 저승의 경계가 희미해지는 날'로 적중률이 높아진다고 알려진 만큼 소중히 간직했던 테마를 점쳐보는 것도 좋다.

카드를 셔플하여 배열한다

차분한 마음으로 카드를 섞는다

타로는 우연히 뽑은 카드에서 메시지를 읽어내는 점술이다. 따라서 매번 카드를 랜덤으로 배열해야 한다. 카드를 뽑기 전에 섞는 작업을 '셔플'이라고 부른다.

이 책에서는 카드 전체를 양손으로 원을 그리듯 섞는 '라운드 셔플'을 소개한다. 이 셔플 방법의 장점은 카드를 섞는 동안 잡념이 사라지고 마음이 안정된다는 점이다. 점치기 전 정신 통일이라고 말할 수 있다.

처음에는 조심스럽게 섞기 시작하지만, 눈앞에서 빙글빙글 돌아가는 카드를 바라보고 있으면 자연스럽게 의식이 집중되면서 질문의 내용에 대해 이런저런 생각을 하게 된다. 점치기에 앞서 이러한 셔플을 실행해두면 카드를 뒤집은 순간 '이 카드는 이런 의미구나!' 하는 해석력이 한층 선명해질 것이다.

기본적으로 셔플의 목적은 카드를 꼼꼼히 섞는 것이므로 방법은 개인 자유다. 다만 카드를 뒤집는 방법은 주의가 필요하다. 정·역방향을 해석하는 경우, 하나의 스프레드 안에서 카드를 위아래로 돌린다거나 좌우로 펼치거나, 기분에 따라 뒤집거나 하면 올바른 정·역방향이 나올 수 없다. 그러므로 카드를 뒤집는 방법은 한 가지로 정해두는 편이 좋다.

추를 이용하여 YES·NO를 점치는 '다우징'이라는 기법이 있다. 추가 왼쪽으로 돌면 '확산', 오른쪽으로 돌면 '집중'의 작용이 있다고 여겨지는데, 셔플을 할 때 이것을 응용해보자. 우선 카드를 왼쪽으로 돌리며 부정적인 에너지나 과거의 마음을 우주로 날려 보내 정화시킨 다음, 오른쪽으로 돌리며 카드에 파워를 집중시킨다.

좌회전은
나쁜 기운을 날려 보내는
작용을 한다

우회전은
파워를 모으는
작용을 한다

1 우선은 마음을 비우고 왼쪽으로 돌린다

양손으로 카드를 왼쪽(반시계 방향)으로 돌리며 섞는다. 모든 카드에 손길이 닿도록 의식하며 셔플을 진행하는 것이 중요하다.

2 테마를 떠올리며 오른쪽으로 돌린다

점치고 싶은 질문을 머릿속에 떠올리면서 오른쪽(시계 방향)으로 돌리며 섞는다. 집중하여 스스로 만족할 때까지 진행한다.

3 원하는 만큼 카드를 섞는다

카드를 한곳에 모은 뒤 트럼프 카드처럼 섞는다. 테이블 등 넓은 장소가 없다면 이 단계부터 시작하면 된다.

4 카드를 하나로 모으고 하늘과 땅을 결정한다

카드를 충분히 섞었으면 카드의 어느 쪽을 하늘(위)·땅(아래)으로 할지 결정한다.

5 한 장씩 카드를 나열한다

스프레드 형태로 카드를 배열한다. 마음에 드는 숫자를 정해 '위에서 몇 번째'에 해당하는 카드에서부터 나열해도 된다.

6 카드를 뒤집는다

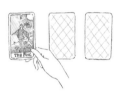

한 장씩 순서대로 카드를 뒤집는다. 스프레드 형태로 배열하면서 뒤집어도 되고, 모든 카드를 배치한 뒤에 뒤집어도 된다.

POINT

가벼운 마음으로 즐기고자 한다면, 카드를 섞지 않는 'LUA 뽑기'

라운드 셔플은 다소 심각한 고민을 점치기에 좋은 방법이지만, 넓은 장소가 필요하다는 단점이 있다. 그래서 매우 간단한 'LUA 뽑기'를 소개한다. 카드 뭉치를 들고 마음에 드는 부분을 둘로 쪼개어 가장 아래에 나온 카드를 보는 방법이다. '오늘의 운세는?' 같은 가벼운 내용을 점칠 때 사용하기 좋다.

Step 4

카드를 해석한다

직감과 키워드를 모두 참고하라

질문을 떠올리며 카드를 뒤집으면 그곳에 질문에 대한 '답'이 나타난다. 재빨리 이 책을 펼쳐서 의미를 확인하고 싶겠지만, 그 전에 해야 할 일이 있다.

우선 카드를 뒤집은 순간 자신이 느낀 점에 주목한다. 문제를 가장 잘 아는 사람은 자기 자신이기 때문이다. 카드를 본 순간, '그러고 보니…', '어쩌면 이런 것을 말하는 걸지도 몰라'라고 답이 불쑥 떠오를 때가 있다. 자신의 잠재의식 속 정보가 카드의 그림과 연결되었기 때문이다. 그렇게 떠오른 답은 고민에 대한 최선의 답인 경우가 많다.

〈정의〉 카드를 보고 양심의 가책을 느끼거나 〈매달린 남자〉 카드에서 편안함을 느낄 수도 있다. 카드를 본 순간 자신이 무엇을 느꼈는지 확실히 아는 것이 중요하다.

아무것도 느끼지 못했다면 카드를 조금 더 들여다보자. 인물의 표정, 배경의 주제, 색채 등을 토대로 질문과 연결되는 이미지를 확장해나가면 된다.

그런데도 읽을 수 없는 경우, 혹은 다른 시점에서 바라본 힌트를 원하는 경우에는 이 책의 키워드를 확인해본다. 자신이 느낀 그대로일 수도, 반대로 상상하지 못한 것이 쓰여 있을 수도 있다. '이런 해석도 가능하겠다'라고 받아들여 신나면 팁으로 채용한다.

카드를 뽑으면

스스로
해석한다

이 책의
해설을
읽는다

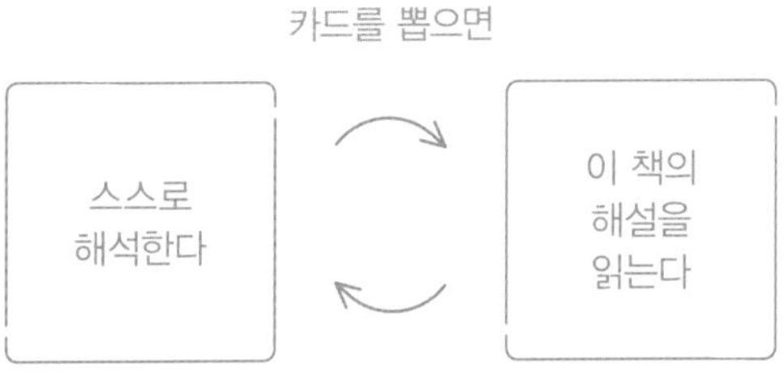

이 과정을 반복하다 보면 자신만의 '해석'이 생겨난다

타로를 마스터하기 위해서는 반복이 중요하다. 일상에서 직감력과 이미지력을 능숙하게 사용하지 않으면 카드를 봐도 아무것도 느끼지 못하거나 말로 표현할 수 없게 된다. 카드를 뽑으면 우선 그림을 보고 스스로 뭔가를 느낀 후에 이 책의 해설을 읽는 과정을 반복한다. 차츰 연상 능력이 발달하고 그에 따라 표현력도 좋아질 것이다.

좋은 결과가 나오면 어떻게 해야 할까?

Answer_1
나쁜 결과를 피하기 위해 행동하라

타로는 '이대로 진행하면 일어날지도 모르는 일'이라는 가능성을 보여준다. 나쁜 카드가 나왔다고 포기해버리면 그대로 끝이 나고 만다. 반대로 좋은 카드가 나왔다고 들떠서 가만히 있으면 그 결과를 얻지 못할 수도 있다. '나쁜 결과가 나왔다'라며 안절부절못하고 있는 것은 아무런 도움이 되지 않는다. 타로는 앞으로 나아가기 위한 도구로써 사용하자.

Answer_2
질문에 대한 시점이나 발상을 전환하여 점쳐보자

시험의 합격 여부를 점쳤으나 좋은 결과가 나오지 않았을 경우, '그렇다면 지금부터 중점적으로 공부해야 할 과목은?'과 같은 질문으로 다른 행동을 끌어낸다면 충분히 나쁜 결과를 피할 수 있다. 오히려 이렇게 복습한 덕에 훌륭히 합격할지도 모른다. 연애라면 자신이 아니라 상대의 시점으로 점쳐보는 것으로 새로운 사실을 발견하기도 한다. '같은 질문을 몇 번이고 반복하는 것은 좋지 않다'라는 말이 있지만 같은 테마라도 시점을 바꾼다면 몇 번이고 점쳐도 상관없다.

Answer_3
같은 카드를 다른 덱에서 살펴보자

'웨이트 버전 타로'는 작가인 웨이트 씨의 가치관이 반영되어 있다. 따라서 같은 카드라도 다른 덱을 사용한다면 전혀 다른 해석이 나온다. 예를 들어 '원더랜드 타로(p72)'의 〈탑〉은 거대해진 앨리스가 집을 부수는 모습이 그려져 있다. '하우스와이프 타로(p140)'의 〈매달린 남자〉는 바람기 있는 남편과 그의 속옷이 매달려 있는 그림이 그려져 있다. 뽑은 카드를 다른 덱으로 본다면 결과에 대한 인상이 바뀔 수도 있다.

Answer_4
고민하지 말고 모두 잊어버리자

타로는 점성술에 불과하다. 맞아떨어지는 점도 있고 그렇지 않은 점도 있다. 결과를 보증하지 않기 때문에 만약 나쁜 결과가 나왔다면 깨끗하게 잊어버려도 된다. 간혹 좋은 결과가 나올 때까지 몇 번이고 카드를 뽑는 사람이 있지만, 그때마다 나쁜 카드를 뽑아 자신만 더 의기소침하게 만들 뿐이다. 깨끗이 잊고 의미 있는 일에 시간과 노력을 기울이도록 하자.

기록을 남긴다

실력을 향상시키기 위해서는 '결과'에도 주목하라

타로로 점친 뒤 그 결과가 어떻게 되었는지 검증하고 싶지 않은가? 실제로 결과를 제대로 알고 있는 사람은 많지 않다. 대부분 그때그때 나온 답을 보고 그저 만족하고 끝내버리고 만다. 물론 그렇게 해도 상관없지만, 타로 실력을 향상시키고 싶다면 '그 결과가 맞아떨어졌는지'를 확인하는 습관을 들이자. 해석의 방향성이 잘못된 것인지, 적당히 읽고 만 것인지를 따져본다. '이 카드가 나오면 이런 결과가 나온다'라는 식의 정보를 축적해간다면 해석의 변주가 더욱 풍부해질 것이다.

가능하다면 점친 결과를 기록으로 남겨두는 것을 추천한다. 메모장에 질문과 나온 카드를 적어두거나 핸드폰 등 카메라로 스프레드 전체를 찍어두고 나중에 다시 한번 살펴봐도 좋다. 시간이 흘러 같은 질문에 대해 점칠 때 과거와 같은 카드가 나온다면 '당신이 성장하지 못했기 때문에 카드도 변화가 없다'라고 해석할 수 있다. 또한 '미래'를 의미하던 카드가 '과거'에 나온다면 상황이 확실히 진척되고 있음을 보여준다. 이처럼 타로를 통해 자신의 성장도 엿볼 수 있다.

점친 결과를 받아들이지 못하거나 카드가 무엇을 의미하는지 알 수 없을 때가 있다. 그럴 때는 '힌트를 원한다'라고 생각하며 카드 한 장을 뽑아보자. 그것을 '조언 카드'라고 부른다. 조언 카드의 키워드를 바탕으로 질문의 답을 생각해보자.

결과가 빗나간 원인은 무엇인가?

Answer_1

질문이 분명하지 않아서
초점이 어긋났을지도 모른다

'Step 1 질문을 정한다(p144)' 단계에서 질문을 제대로 정리하지 못했을 수 있다. 주어나 테마가 명확하지 않은 상태에서 점을 쳤거나 시간, 조건 등 상세한 설정이 부족했을 가능성도 있다. 점을 치기 전에 생각을 정리하고 자신의 의사를 명확하게 하는 것만으로도 적중률은 높아진다. 질문을 생각하다가 자연스럽게 고민하던 문제의 답이 나와버리는 경우도 있을 정도니 말이다.

Answer_2

진지함이 부족하거나
너무 깊이 생각하고 있지는 않은가

'뭐든 좋으니 점쳐봐야지!'라는 놀이 기분으로 점을 치면 빗나가는 경우가 많다. 진지함이 부족하기 때문이다. 쫓고 쫓기는 상황에 놓인 인간은 직감이나 야생 능력이 발휘되어 적중률이 높아지지만, '이렇게 되었으면 좋겠다'라는 염원이 넘치면 빗나가기 쉬워진다는 점에 주의하자. 진지함과 냉정함, 열의와 자제심의 균형을 지키는 것이 타로 마스터가 되는 열쇠라고 할 수 있다.

Answer_3

타로에 의존한 나머지 결국
아무것도 하지 않는다

'서로 좋아하게 된다는 결과가 나왔지만 결국 이루어지지 않았다'라고 말하는 사람이 있다. 타로는 마법이 아니라 가능성의 한 부분을 보여주는 도구일 뿐이다. 서로 좋아하게 될 가능성이 보인다면 행동으로 옮겨야 한다. 결과가 빗나간 이유는 타로만 믿고 아무것도 하지 않기 때문이다. 또한 타로는 너무 먼 미래를 점치기에 적합하지 않으므로 '지금 그 사실을 알아도 할 수 있는 일이 없다'라는 식의 질문은 빗나가기 쉽다.

Answer_4

금기시되는 것을
점치고 있지 않은가

타로에서는 누군가가 죽는 시기를 점치거나 타인의 불행을 비는 것을 금기시한다. '경쟁자를 밀어내려면?', '저 사람을 헤어지게 만들려면?'처럼 사람을 저주하는 듯한 질문을 하는 시점에서 이미 나쁜 생각이 월등하여 정상적인 판단을 내릴 수가 없다. 또한 '저 사람의 마음을 바꾸려면 어떻게 해야 할까?'처럼 사람의 마음을 움직이려 하는 질문도 빗나가기 마련이다. 자신을 바꿀 수 있는 사람은 오직 자신뿐이기 때문이다.

편리한 도구

기본적으로 카드만 있다면 타로점을 보는 것이 가능하다.
하지만 여기에서 소개하는 두 가지 도구를 준비해두면
타로를 더욱 알차게 즐길 수 있다.

카드를 다루기 쉽게 도와주는
스프레드 천

스프레드 천이란 타로를 셔플할 때 테이블에 깔
아두는 천을 말한다. 신기하게도 스프레드 천이
있으면 다들 당당히 셔플을 할 수 있게 된다. 천
의 사용 여부에 따라 점을 치는 사람의 마음가
짐이나 집중력이 달라지기 때문에 점치는 '장소'
를 만드는 도구로써 준비해두면 좋다. 정해진 규
격은 없으므로 원하는 천으로 만들거나 스카프
를 이용해도 괜찮다.

뒷면에 미끄럼방지 작
업을 해두면 한결 사
용이 편해진다

너무 화려한 무늬보다는
단색일 때 집중력 UP

실력을 키워주는
타로 노트

타로를 본격적으로 배우고 싶다면 노트 한 권을
준비하라. 카드의 인상, 그림에서 발견한 점 등
을 카드별로 메모해둔다. 또한 타로로 점친 테
마, 사용한 스프레드, 나온 카드, 그 결과 어떻
게 되었는지 기록해두는 것이 좋다. 암기력이 높
아지고 자신만의 스타일로 카드를 설명할 수 있
게 된다.

이런 것을 메모해보자

◆ 카드에서 받은 영감

◆ 순간적으로 떠오른 표현

◆ 카드에서 연상되는 이야기

◆ 그림을 보고 깨달은 점

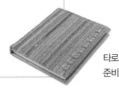

타로 전용 노트를 한 권
준비해보는 것은 어떨까?

Chapter

4

타로에 대한 고민을 풀어주는

8가지 레슨

타로를 마스터하는 과정에서 느끼는
어려움을 극복하기 위한 방법을 알아보자.

회를 거듭할수록
적중률이 높아진다

타로를 마스터하여 능숙하게 카드를 다루기 위해서는 '다양한 테마를 점쳐본 경험'이 필요하다.

경험을 쌓을수록 한 장의 카드에서 끌어내는 표현이 풍부해지면서 어떤 질문에도 잘 들어맞는 답을 찾아낼 수 있게 된다. '이런 걸 의미하는 거였구나!'라며 무릎을 탁 치게 되는 순간도 많아질 것이다. 이것은 타로를 통해 세상을 바라보는 다양한 관점을 습득했다는 증거이기도 하다. 즉 현실에서 어떤 문제에 직면하더라도 자신의 힘으로 답을 끌어내는 것이 가능해진다는 이야기다.

하지만 타로를 배우는 과정에서 '비슷한 카드의 의미를 구별하기 어렵'거나 '역방향이 나오면 머릿속이 하얘진다', '바로 결과가 잘 맞지 않는 것 같다'와 같은 벽에 부딪치게 되는데, 이와 같은 고민을 해소하기 위한 8가지 레슨을 지금부터 소개한다.

순서대로, 혹은 이해가 가지 않을 때 참고가 될 만한 레슨을 먼저 실천해도 된다.

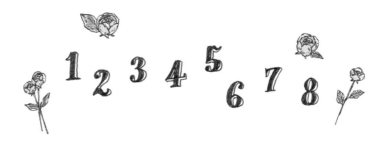

고민별 추천 레슨

어려움을 느끼기 쉬운 포인트에 맞춰 8가지 레슨을 소개한다.
실제로 카드를 사용하여 실천해보자.

결과가 잘 맞지 않기 때문에 금세 그만둬버린다

 일단은 매일 점을 쳐서
해석의 폭을 넓히는 것이 중요하다

Lesson 1
이미지력을 높이는
데일리 원 오라클

비슷한 느낌의 카드가 있으면 어떻게 해석해야 할지 모르겠다

 통째로 암기하지 말고
차이점을 이해하는 것이 지름길!

Lesson 2
11 타로로 메이저 아르카나를
마스터하자

마이너 아르카나는 매수가 너무 많아서 각각의 카드가 인상에 남지 않는다

 '숫자'에 주목하면 마이너 아르카나도
금세 익숙해진다

Lesson 3
숫자로 마이너 아르카나를
구별하자

역방향이 나오면 머릿속이 하얘진다

 정방향 의미부터 생각하면
해석이 훨씬 쉬워진다

Lesson 4
역방향을 자연스럽게
읽는 방법

카드를 보자마자 바로 해석할 수 있으려면?

 그림을 보고
영감을 확장시킨다

Lesson 5
카드에 그려진 그림 속 힌트를
발견하자

좀 더 다양한 방법으로 점치고 싶다

 카드의 매수에
변화를 준다

Lesson 6
목적에 따라 사용할 카드의 매
수를 바꿔보자

전개하는 카드가 많으면 해석이 어렵다

 카드 한 장 한 장에 얽매이지 말고
전체를 본다

Lesson 7
스프레드 전체를 보고
힌트를 찾아보자

자신뿐만 아니라 다른 사람도 점치고 싶다

 작은 배려로 상대에게 미치는 영향이
달라질 수 있다

Lesson 8
다른 사람을 점칠 때
유의해야 할 점

이미지력을 높이는
데일리 원 오라클

다양한 테마를 점치면 해석의 폭이 넓어진다

타로는 매우 자유롭다. 진지한 고민만 점쳐야 한다는 법은 없다.

가령 '오늘 점심은 뭘 먹을까', '우산을 가지고 가야 하나', '어떤 아이템을 사야 할까' 등 어떤 사소한 일이라도 점칠 수 있다. 오히려 다양한 테마를 점쳐볼수록 실력은 빠르게 향상된다.

마음에 걸리는 일이 있다면 가벼운 마음으로 카드 한 장을 뽑는다. 이것을 '데일리 원 오라클'이라고 부른다. 처음에는 메이저 아르카나의 정방향으로만, 익숙해지면 마이너 아르카나를 쉬거나 역방향도 사용한다.

여기에서 핵심은 마음에 들지 않는 카드, 읽을 수 없는 카드가 나왔다고 다시 뽑지 말고 그대로 받아들이는 것이다. 뽑은 카드는 메모해두고 결국 어떤 일이 일어났는지 확인한다.

'맞았다, 빗맞았다'라는 결과보다는 나온 카드와 실제로 일어난 일 사이에 일치한 부분을 검증해보는 것이 중요하다.

이러한 과정을 통해 '이 카드에는 저런 의미도 있다', '그렇게 해석할 수도 있겠다'라는 정보가 점차 늘어나면서, 진지한 고민을 점칠 때 좀 더 폭넓은 해석이 가능해진다. 꼭 데일리 원 오라클만의 재미를 느껴보길 바란다.

뽑은 카드와 일어난 일 사이에 들어맞는 부분을 찾아본다. 운세를 점칠 때 〈연인〉이 나왔는데 그날 연인 관계로 발전되지 않았다고 해도, 〈연인〉에는 '파트너'의 의미가 있으므로 손발이 잘 맞는 동료와 함께 일을 성사시켰다면 그것도 〈연인〉 카드에 따른 결과가 된다. 과일을 선물 받았다면 그것 역시 〈연인〉에 나오는 금단의 열매를 떠올리게 하는 사건이라고 말할 수 있다. 카드의 시점으로 하루를 돌아보고 합치하는 부분을 발견해보자.

Case 1 | ATM, 지금 가면 사람이 많을까?

결과가 나올 때까지 시간이 오래 걸리는 일은 점쳤던 사실 자체를 잊기 쉽다. 바로 결과를 검증할 수 있는 일을 점친 뒤, 그 결과를 확인해보자.

바보	악마	탑
비어 있다. 줄 서지 않고 바로 이용할 수 있다.	혼잡하다. 흐름이 멈춰 있어 한동안 그곳에 매여 있게 된다.	ATM이 고장 났을지도 모른다.

Case 2 | 오늘의 날씨는? 우산을 가지고 가야 할까?

'비가 온다·안 온다', '전화를 받는다·안 받는다' 등 제3자도 결과를 분명히 알 수 있는 일을 점쳐보는 것도 좋다. '이 카드가 나오면 연락이 되지 않는다' 등의 경향을 파악할 수 있게 된다.

세계	완드 10	컵 5
온종일 맑은 날씨가 될 것 같다	우산이 귀찮은 짐이 될지도 모른다	많은 비가 쏟아져 홀딱 젖을지도 모른다

Case 3 | 오늘 점심은 뭘 먹을까?

카드의 의미를 식자재나 옷 등 구체적인 아이템으로 바꿔 연상하는 것은 좋은 훈련이 된다. 메뉴나 쇼핑을 위한 최상의 선택을 점쳐보자.

여황제	전차	죽음
카페에서 디저트와 함께 런치	빨리 먹을 수 있는 햄버거	기분 전환할 수 있는 메밀국수

질문 예시

◆ 오늘 하루 운세는?

◆ 휴일에 뭐 하고 보낼까?

◆ 오늘의 패션은?

◆ 중요한 회의, 잘 진행될까?

◆ 지금 ○○에게 연락하면 어떤 반응을 보일까?

◆ 오늘 있을 소개팅, 처음 만나는 상대는 어떤 사람일까?

◆ 친구가 기뻐할 만한 선물은?

◆ 여름휴가, 어디로 가야 만족도가 가장 높을까?

◆ 연인이 집에 몇 시쯤 돌아올까?

데일리 키워드 모음

가볍게 점치고 바로 결과를 확인할 수 있도록 다섯 가지 테마를 모아두었다.
메이저 아르카나 22장(정방향)으로 점쳐보자.

카드		기본 KEYWORD	GO or STOP	아이템	음식	패션	상대의 반응
0	바보	자유	흐름에 맡기고 GO	아낌없이 쓴다/임시 대용품	주전부리나 시식용 음식	평상복 같은 편안한 스타일	편안한 태도/소식 불통
I	마법사	창조력	계획을 세웠다면 GO	편리하게 사용한다	머리가 맑아질 만한 음식	유행을 따르는 패션	이야기를 들려준다
II	여사제	정신성	STOP 심사숙고하라	바로 사용하지 않을지도	살찌지 않을 만한 음식	청초하고 청순한 이미지	쌀쌀맞다
III	여황제	사랑	마음에 여유가 있다면 GO	손에 넣었다는 사실만으로 만족	살찌지만 맛있는 음식	이성에게 호감을 사는 복장	따뜻하게 감싸준다
IV	황제	사회	위험이 없어 보이면 GO	앞으로 오랫동안 사용한다	포만감을 주는 음식	매니시룩	믿음직스럽다
V	교황	도덕	자신을 속이지 않는다면 GO	사용할수록 마음에 든다	스테디셀러	정장 스타일	무슨 이야기든 듣고 조언을 해준다
VI	연인	안락함	STOP 지금은 지켜볼 때	활용도가 높다	군것질	귀여운 캐주얼 스타일	즐거워한다
VII	전차	에너지	GO! 단숨에 진행하라	튼튼하고 편리하다	빨리 먹을 수 있는 음식	활동성이 좋은 옷	활기차다
VIII	힘	본질적인 힘	자기편이 있다면 GO	만족스럽지 않다	원기를 보충해주는 음식	상황에 맞는 옷차림	당신에게 맞춰준다
IX	은둔자	탐구	STOP 당분간 상황을 살펴라	쓰임새가 없다	특이한 음식	어른스럽고 튀지 않는 느낌	좀처럼 연락이 되지 않는다
X	운명의 수레바퀴	숙명	기회가 오면 GO	운명처럼 입수했으나 실망스럽다	근래 심취해 있는 음식	자신이 입고 싶은 옷	당신에 대해 생각하고 있다

GO or STOP
'진행한다, 그만둔다, 보류한다'를
점치고 싶을 때 사용한다.

아이템
카드에서 연상되는 아이템을 나타
낸다. 쇼핑할 때 참고한다.

음식
카드가 상징하는 음식을 나타낸다.
식사 메뉴 선택 등에 활용한다.

패션
카드가 상징하는 패션을 나타낸
다. 무슨 옷을 입을지 망설여질 때
도움이 된다.

상대의 반응
상대가 어떤 상태인지를 나타낸다.
연락하기 전에 점쳐보면 좋다.

	카드	기본 KEYWORD	GO or STOP	아이템	음식	패션	상대의 반응
XI	정의	균형	STOP 엄격하게 판단하라	사용할 수는 있지만 취향이 아니다	영양을 골고루 갖춘 음식	단정한 옷	냉담한 태도
XII	매달린 남자	정지	STOP 무리하지 말라	사용처가 마땅치 않다	평소에 잘 먹지 않는 음식	언밸런스한 옷차림	지금은 그럴 기분이 아니다
XIII	죽음	운명	GO 행동하지 않으면 변화도 없다	사실은 필요하지 않다	끝맛이 깔끔한 음식	심플한 옷	연락이 닿지 않는다
XIV	절제	대응	조언이나 정보를 참고하여 GO	쓰임새가 좋다	다양한 식재료를 사용한 음식	기온 변화에 대비할 수 있는 아이템	흥미를 보인다
XV	악마	주문	STOP 나쁜 상황에 부닥친다	금세 싫증 난다	정크 푸드	섹시한 느낌	제멋대로인 태도
XVI	탑	파괴	번복하지 않을 자신이 있다면 GO	실망한다	흔하지 않은 음식	예상치 못한 조합	문제가 생긴다
XVII	별	희망	예상이 가능하다면 GO	겉모습은 멀쩡하지만 금세 고장 난다	건강에 좋은 음식	반짝이는 아이템	좋은 인상을 남긴다
XVIII	달	신비	STOP 아직 확실하지 않은 상태	속았다고 느낀다	발효식품	침착하고 어른스러운 분위기	애매한 대답과 태도
XIX	태양	기쁨	GO 노력의 결실을 거둔다	쓰임새가 좋아 만족한다	밭에서 키운 식재료	야외 활동을 고려한 옷	기뻐한다
XX	심판	해방	때를 놓치지 말고 GO	지금 사지 않으면 구할 수 없다	몸이 원하는 음식	계절감을 드러낸 패션	상대도 당신과 이야기를 나누고 싶다
XXI	세계	완성	GO 목표 달성이 코앞에	마음에 든다	당신이 가장 좋아하는 음식	자기다운 옷차림	당신의 연락을 기다리고 있다

11 타로로 메이저 아르카나를 마스터하자

세트로 외우면 '차이점'이 보인다!

타로의 기본인 메이저 아르카나 22장은 완벽하게 숙지해야 한다.

하지만 〈죽음〉과 〈악마〉처럼 이미지가 비슷한 카드, 혹은 〈정의〉, 〈심판〉처럼 의미가 추상적인 카드가 나오면 헷갈리는 사람이 많다.

각 카드의 의미를 하나하나 외우려고 하면 이러한 문제에 부딪히게 된다.

카드를 외울 때는 다른 카드와 비교하며 이해하는 것이 중요하다. 어디가 비슷하고 어떻게 다른지 비교해보면 그 카드의 의미가 더욱 뚜렷하게 보인다.

여기서 소개하고 싶은 것이 '11 타로' 방법이다. 메이저 아르카나의 〈1 마법사〉와 〈19 태양〉, 〈5 교황〉과 〈15 악마〉처럼 더해서 20이 되는 카드는 서로 깊은 연관이 있다. 공통점을 머릿속에 확실히 넣어두면 어떻게 다른지, 특징이 무엇인지 이해하기 쉬워진다. 또한 22장이 아니라 11세트로 기억하기 때문에 더욱 빨리 카드를 마스터할 수 있다.

감정 중에 읽을 수 없는 카드가 나오면 세트가 되는 카드를 떠올려보라. 힌트를 얻을 수 있다.

두 장의 카드에서 공통되는 테마를 발견해보자. 〈5 교황〉과 〈15 악마〉는 신을 섬기는 사람과 신을 등진 사람으로 신과 관련 있다는 공통점이 있다. 〈7 전차〉와 〈13 죽음〉은 전장을 향하는 사람과 죽음에 이르게 하는 사람이라는 점이 비슷하다. 그림을 비교하며 공통의 테마를 생각해보자. 다만 〈10 운명의 수레바퀴〉와 〈21 세계〉는 더해서 20이 되지 않는 특별한 조합이다.

THE FOOL.

0
광대

JUDGEMENT.

20
심판

'미정'과 '결정'

〈광대〉는 아직 아무것도 정해지지 않은, 정할 수 없는 상태를 나타낸다. 그에 비해 천사의 나팔이 울리고 있는 〈심판〉은 무언가 중요한 결정이 내려진 상태, 혹은 결단을 내려야 할 때가 왔다는 것을 암시한다.

THE MAGICIAN.

1
마법사

THE SUN.

19
태양

'시작'과 '도착'

〈마법사〉는 '이제부터 자신의 능력을 보여주겠다'라는 자신감과 설렘이 가득하다. 그에 비해 〈태양〉은 뒤편에 보이는 벽이 말해주듯, 이미 무언가를 창조해냈으며 자신의 힘으로 실현했다는 기쁨을 품고 있다.

THE HIGH PRIESTESS.

2
여사제

THE MOON.

18
달

'흑백'과 '그레이'

두 카드는 달이 그려져 있고 눈에 보이지 않는 세계를 암시하고 있다. 〈여사제〉는 양쪽 기둥에서 보이듯 흑백을 확실히 가를 것을 종용하는 긴장감이 감도는 카드. 그에 비해 차오르고 이지러지는 〈달〉은 그러데이션 같은 모호함을 나타낸다.

THE EMPRESS.

3
여황제

THE STAR.

17
별

'숙녀'와 '소녀'

호화로운 드레스를 입은 〈여황제〉와 실오라기 하나 걸치지 않은 모습의 〈별〉. 양쪽 모두 마음속에는 사랑과 희망, 아름다운 것으로 가득 차 있다. 하지만 이미 여유를 손에 넣은 〈여황제〉와 다가올 기회에 손을 뻗으려는 젊은 〈별〉이라는 점에서 차이가 있다.

4
황제

16
탑

'안정'과 '쇄신'

두 장 모두 흔들림 없는 강인함, 대담함을 의미하며 그 힘으로 무엇을 만들어내는가에 차이가 있다. 〈황제〉는 나라나 탑을 세워 지켜나가려 하지만, 〈탑〉은 그것을 파괴한다. 무언가 만들어지면 부서지는, 만물의 순환을 암시하는 세트다.

5
교황

15
악마

'이성'과 '욕망'

신을 섬기는 〈교황〉과 신에 맞서는 〈악마〉가 뚜렷하게 대비된다. 이성과 도덕을 중시하는 〈교황〉에 비해 〈악마〉는 거역할 수 없는 본능적 욕구를 의미하며 타락의 길로 유혹한다. 정신과 육체라는 측면으로도 해석한다.

6
연인

14
절제

'즐거움'과 '호기심'

소통을 상징하는 카드다. 〈연인〉은 마음이 통하는 즐거움, 〈절제〉는 의견을 나누고 서로 이해하려는 마음가짐을 나타낸다. 타인과의 관계에 있어서 〈연인〉은 동조, 〈절제〉는 고차원적인 화학 변화를 기대한다.

7
전차

13
죽음

'맞서는 자'와 '끝내려는 자'

전장을 무대로 하는 두 장의 카드다. 목표를 향해 전진하는 〈전차〉와 싸움의 끝을 의미하는 〈죽음〉. 생과 사, 상반되는 표현처럼 들리지만 죽을 각오로 돌진하는 〈전차〉는 무념의 상태이며 〈죽음〉의 경지에 가까운 상태라고 할 수 있다.

8 힘 ……………… 12 매달린 남자

'동적'과 '정적'

맹수와 거꾸로 매달린 상태라는 위기감이 느껴지는 상황이 비슷하다. 두 장 모두 자유롭게 움직일 수 없는 상황이지만 〈힘〉은 기죽지 않고 적을 길들이려 한다. 그에 비해 〈매달린 남자〉는 가만히 참고 견디며 자신을 되돌아보고 있다.

9 은둔자 ……………… 11 정의

'내적 세계'와 '현실 사회'

〈은둔자〉는 랜턴과 완드를, 〈정의〉는 천칭과 소드를 양손에 들고 있다. 냉정하게 심판을 내리는 〈정의〉는 세상과 정면으로 맞선다. 그에 비해 〈은둔자〉는 과거의 상념과 이상 등 내적 세계를 들여다본다.

10 운명의 수레바퀴 ……………… 21 세계

'과정'과 '완성'

운명의 흐름을 나타내는 카드다. 〈운명의 수레바퀴〉는 슬롯이 돌아가고 있는 상태, 〈세계〉는 움직임을 멈추고 결과가 나온 상태다. 〈운명의 수레바퀴〉에서 거친 필체로 그려진 각 모서리의 네 마리 동물이 〈세계〉에서 완성된 모습으로 변화한 점도 흥미롭다.

·POINT·
마르세유 타로에서는 어떻게 달라질까?

마르세유 타로(p24)는 웨이트 버전과 달리 〈8 정의〉, 〈11 힘〉의 순번으로 되어 있다. 이 경우 〈8 정의〉는 〈12 매달린 남자〉와 세트가 되고, 금욕이나 자제심을 공통점으로 꼽을 수 있다. 〈9 은둔자〉와 〈11 힘〉은 차분한 어른스러움, 달관한 이미지가 비슷하다. 덱이 바뀌면 그림도 달라지므로 각 카드에서 느껴지는 이미지도 자유롭게 변화시키면 된다.

9 은둔자

11 힘

8 정의

12 매달린 남자

≡ Lesson 3 ≡

숫자로 마이너
아르카나를 구별하자

슈트의 장벽을 뛰어넘으면 공통되는 테마가 보인다

22장의 메이저 아르카나를 외웠지만 56장이나 되는 마이너 아르카나를 마저 외워야 한다는 사실에 타로를 포기해버리는 사람이 많다. 마이너 아르카나는 메이저 아르카나에 비해 테마가 명확히 드러나 있지 않아서 비슷한 느낌의 카드를 혼동하는 경우가 많다.

그럴 때 도움이 되는 것이 '숫자'다. A부터 10까지의 숫자에는 의미가 있다. 타로 중에서도 웨이트 버전은 유대교에서 유래한 신비주의 카발라와 수비학의 영향을 받았다고 알려져 있다. 기본적인 숫자의 이미를 이해해두면 카드의 의미가 더욱 명확해진다.

각 슈트에서 A부터 10까지의 숫자가 어떻게 표현되어 있는지 살펴보자.

A는 에너지의 원천을 의미한다. 카드에 그려진 배경은 네 가지 원소인 불·땅·바람·물에 대응하고, 무언가를 시작하는 동기가 정열·물질·사고·감정 중에 하나라는 사실을 암시한다.

페이지부터 왕까지 인물 카드는 숫자에 대응하지 않지만, 지위에 따라 의미가 다르다.

세로축에는 완드·펜타클·소드·컵이라는 슈트를, 가로축에는 A부터 10까지의 숫자를 세우고 서로 교차시키며 마이너 아르카나의 의미를 머릿속에 정리해보자.

메이저 아르카나와 달리 이름이 없는 마이너 아르카나. 자유롭게 별명을 붙여보는 것은 어떨까. 예를 들어 〈펜타클 2〉는 두 개의 코인을 돌리고 있는 모습에서 '변통 카드'라고 이름 붙인다. 축배를 들고 있는 〈컵 3〉은 '회식 카드'라고 부른다. 마이너 아르카나에 별명을 붙여두면 조금 더 친밀함을 느낄 수 있다.

A 무언가의 시작

완드 A

펜타클 A

소드 A

컵 A

〈A〉는 구름을 뚫고 나온 신의 손이 각 슈트를 들고 있으며 '시작'을 나타낸다. 마이너 아르카나 중 가장 강력하고 각 슈트의 성질이 순수한 형태로 드러난다. 배경에도 주목하자. 완드에는 산성, 펜타클에는 풍요로운 정원, 소드에는 깎아지른 듯한 산, 컵에는 아름다운 호수가 그려져 있다.

2 선택을 강요당한다

완드 2

펜타클 2

소드 2

컵 2

〈A〉가 나타내는 최초의 동기에 원소가 하나 더 추가되었다. 〈2〉는 정신과 물질, 빛과 어둠 등 서로 다른 것들 사이에서 흔들리는 상태. 완드는 현실과 목표, 펜타클은 돈과 융통, 소드는 둘 사이에 끼어 꼼짝 못하는 상태, 컵은 마음을 나누는 남녀가 그려져 있다.

3 변화하여 움직이기 시작한다

완드 3

펜타클 3

소드 3

컵 3

점이 두 개면 선이 되고, 세 개면 삼각형이 되어 움직이기 시작한다. 완드는 새로운 목적지를 향하여, 펜타클은 기회의 도착, 소드는 안정된 상황에서 한 발 내딛으려면 그에 상응하는 고통이 수반됨을, 컵은 동료와 서로 이해하는 것을 나타낸다.

4 흔들리지 않는 안정

완드 4

펜타클 4

소드 4

컵 4

동서남북, 춘하추동처럼 〈4〉는 가장 안정감이 있는 숫자이며 모든 카드가 차분한 상태. 완드는 안전한 장소에 정착한 사람들, 펜타클은 무언가를 지키는 사람, 소드는 휴식을 취하는 사람, 컵은 눈을 감고 깊은 생각에 빠진 사람이 그려져 있다. 다만 때때로 정체를 암시하기도 한다.

5 이야기의 터닝 포인트

완드 5

펜타클 5

소드 5

컵 5

반올림이라는 말이 있듯 〈5〉는 커다란 변환점이다. 안정된 〈4〉에서 장면이 확 달라져 있는 것을 알 수 있다. 완드는 갑자기 다툼이 시작되고, 펜타클은 빈곤에 쫓기고, 소드는 적을 쫓아 보내고, 컵은 슬퍼하고 있다. 모두 조금은 불안한 광경이다.

6 균형을 잡는다

완드 6

펜타클 6

소드 6

컵 6

〈6〉은 하늘과 땅의 조화, 동시에 미덕과 악덕의 갈등이 테마다. 완드는 승리, 펜타클은 자선, 컵은 향수로 모두 아름다운 광경이 그려져 있다. 소드는 도망가는 것처럼 보이지만 진실은 과연 무엇일까. 〈6〉은 카드를 본 자신이 느낀 감정에 주목해야 한다.

7 앞으로 나아가기 위한 갈등

완드 7

펜타클 7

소드 7

컵 7

지혜를 의미하는 〈7〉 카드는 각각 무언가를 얻은 상태라는 점이 특징이다. 완드는 남보다 한 단계 위에 있는 상태, 펜타클은 성과, 소드는 훔친 검 다발, 컵은 다양한 꿈이나 비전. 무언가를 손에 쥐게 되면서 생기는 갈등, 그곳에서 한층 더 깊어지는 탐색이 그려져 있다.

8 한 단계 위로

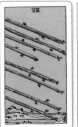
완드 8

펜타클 8

소드 8

컵 8

〈8〉 카드는 다음 단계로의 이동을 뜻한다. 완드는 순간이동 하듯 하늘을 가로지르는 막대기, 펜타클은 꾸준한 노력으로 다음 단계를 향하는 모습, 컵도 새로운 세계를 향하고 있다. 소드는 갇힌 듯하나 앞길은 열려 있어 배경의 성으로 돌아가지만 않는다면 다음 단계로 나아갈 것이다.

9 지금까지의 흐름이 도달하는 곳

완드 9

펜타클 9

소드 9

컵 9

한 자릿수의 마지막 숫자인 〈9〉는 어느 정도의 행복을 손에 넣은 상태. 완드는 지켜야 할 성을, 펜타클은 정원이 상징하듯 지위를, 컵은 훈장처럼 늘어선 다수의 잔을 얻었다. 소드 역시 행복을 손에 넣었기 때문에 그것을 잃을 악몽을 꾸고 있다. 하지만 모든 카드가 아직 끝이 아닌, 다음 단계의 존재를 암시한다.

10 완성 후에 얻는 것

완드 10

펜타클 10

소드 10

컵 10

〈9〉에서 한 단계 더 나아가면 〈10〉에 도달한다. 완드는 너무 많은 것을 떠안은 나머지 정열이 다한 상태, 펜타클은 육체라는 생명의 끝이 다음 세대로 계승되는 모습, 소드는 하나의 가치관의 끝, 컵은 '모두가 행복하게 살았습니다'라는 동화 속 결말처럼 보인다.

페이지 미숙한 소년

완드의 페이지

펜타클의 페이지

소드의 페이지

컵의 페이지

〈페이지〉란 소년을 뜻한다. 아직 젊고 판단 기준이 단순한 그들의 마음 상태와 성격에 주목하자. 완드는 정열적인, 펜타클은 정직한, 소드는 지적인, 컵은 친근한 표정을 짓고 있다. 복장의 차이점도 유심히 살펴보는 것이 좋다.

나이트 균형을 잡는다

완드의 나이트

펜타클의 나이트

소드의 나이트

컵의 나이트

〈나이트〉는 기사를 뜻하며 모두 말에 올라타 있는 것이 공통점이다. 활력이 넘치는 청년 시절을 나타내므로 아직 미래의 가능성을 믿고 있으며 적극성과 행동력이 있는 것이 특징이다. 완드는 용맹함, 펜타클은 성실함, 소드는 책략, 컵은 우애를 느끼게 한다.

퀸 여성성과 정신성

완드의 퀸　　　　펜타클의 퀸　　　　소드의 퀸　　　　컵의 퀸

〈퀸〉은 정신적으로 성숙해 있으며 인망이 높은 여성이다. 다만 역방향으로 나오면 성장과 매력의 향상이 멈춘 듯 비겁한 행동이 두드러지게 된다. 완드는 명랑함, 펜타클은 근면함, 소드는 날카로움, 컵은 부드러움을 느끼게 한다.

킹 남성성과 실리성

완드의 킹　　　　펜타클의 킹　　　　소드의 킹　　　　컵의 킹

〈킹〉은 실무에서 쌓은 경험을 바탕으로 적합한 환경을 구축해가는 남성이다. 부단히 노력하여 지위와 명성을 손에 넣지만, 역방향으로 나오면 사리사욕에 휘둘리는 경우도 있다. 완드는 대범함, 펜타클은 안정, 소드는 냉정함, 컵은 포용력을 보인다.

POINT

카드가 지니는 기운을 숫자로 해석한다

A를 제외하고, 숫자가 크면 클수록 에너지가 증가한다. 막 시작한 〈2〉는 되돌릴 수 있는 단계이지만 〈5〉를 넘어 〈8〉, 〈9〉가 되면 일이 확정된 상태다. 스프레드에서 작은 숫자가 많이 나온 경우는 아직 문제가 초기 단계이며, 큰 숫자가 많은 경우는 최종 국면에 다다랐다고 여겨진다.

홀수는 능동적, 짝수는 수동적이라고 해석하는 방법도 스프레드를 전개했을 때 힌트로 활용할 수 있다.

반올림 할 수 있는가? 할 수 없는가?

4 이하	5 이하
그 문제는 이제 막 시작되었으므로 변화의 가능성이 크다.	그 문제는 종반에 다다랐으므로 곧 결과가 나온다.

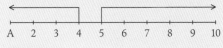

홀수? 짝수?

홀수
남성성. 적극적으로 움직이는 상태. 공격적인 자세.

짝수
여성성. 스스로 움직이지 않는 소극적인 상태. 방어적인 자세.

≡ Lesson 4 ≡

역방향을
자연스럽게 읽는 방법

정방향에서 어떻게 확장시킬 것인가

많은 사람이 역방향 해석에 어려움을 느낀다. 정방향은 읽을 수 있어도 역방향만 나오면 '어째서 그런 의미가 되는가?', '왜 책에 따라 해석이 다른가?'라는 의문이 생긴다.

사실 역방향의 의미는 '반드시 이렇게 해석하라'라고 정해진 것이 없다. 질문의 내용이나 해석하는 사람의 감성에 따라 달라지기 마련이다. 그렇다고 해서 규칙성이 없는 것은 아니다.

기억해두어야 할 점은 어디까지나 기본은 정방향에 있다는 점이다. 그 점을 고려하여 이 책에서는 ①역방향은 정방향의 정반대, ②정방향은 긍정적·역방향은 부정적, ③역방향은 정방향의 의미에 도달하지 못한 상태, 라는 세 가지 패턴으로 해석 예시를 소개하고 있다.

어떤 해석을 채용하는가에 따라 답이 180도 달라질 수 있다. '그렇게 자유롭게 해석해도 괜찮은가?'라고 생각할지 모르지만, 지금껏 말해온 것처럼 타로에는 정답이 없다.

다양한 상황, 지금껏 쌓은 정보, 직감 등을 바탕으로 점치는 본인이 영감을 통해 끌어낸 것이 최선의 답이다.

세 가지 패턴의 해석 가운데 가장 마음에 드는 방법을 사용하면 된다.

역방향은 나쁜 것이라고 단정 짓기 전에 먼저 마음에 물어보자. 거꾸로 된 카드를 본 순간, 자신의 마음이 어떻게 반응했는가가 중요하다. 만약 부정적인 예감이 든다면 스스로 무언가 짚이는 데가 있기 때문일 것이다. 다만 행동을 조심한다면 앞으로 다가올 미래는 얼마든지 바뀔 수 있다. 만약 나쁜 느낌이 들지 않았다면 역방향이라도 부정적으로 받아들일 필요는 없다.

역방향은 어떻게 해석해야 할까?

Answer_1

정방향의 상태가 정반대로 나타난다

역방향 해석의 기본이다. 의미가 좋고 나쁨을 생각하지 말고 단순하게 정방향의 키워드를 반전시켜 해석한다. 가령 〈달〉의 정방향은 '희미함'이지만 역방향이 되면 '점차 선명해진다'라고 해석한다. 〈절제〉의 정방향은 '받아들인다'지만 역방향이 되면 '거절한다'가 된다. '과감하게 전진'해야 할 〈전차〉가 역방향이 되면 '옆으로 벗어나 나아갈 수 없다', '꽁무니를 빼고 후퇴한다'라고 해석할 수 있다.

Answer_2

정방향의 상태가 부정적으로 드러난다

정방향의 의미를 기본으로 두고 그것이 지나치거나 나쁜 면이 두드러진다고 해석하는 경우다. 예를 들어 〈바보〉는 '자유'지만 역방향에서는 '지나치게 자유분방하여 무책임하다'라고 해석하고, 〈전차〉는 정방향에서 '과감하게 전진'이지만 역방향에서는 '폭주'가 된다. 〈달〉의 경우 '정방향 상태보다 더 희미하여 혼란에 빠진다'라고 강조하여 읽거나, 〈절제〉라면 '너무 많은 것을 받아들여 균형이 깨진다'라고 해석할 수도 있다.

Answer_3

정방향의 상태에 도달하지 못한다

정방향의 의미를 기본으로 하여 '도달하지 못한다', '도중에 그만둔다', '확실하지 않고 아직 미미한 상태'라고 해석할 수 있다. 예를 들어 〈세계〉가 정방향으로 나오면 '완성'을 의미하지만, 역방향이라면 '완성까지 도달하지 못한다', '완성했지만 대단한 성과를 거두지 못한다'라는 식으로 해석한다. 정해진 규칙은 없으므로 상황에 맞게 자신만의 키워드를 파생시켜보자.

POINT

역방향에 의미를 부여하지 않아도 된다

역방향 해석 때문에 어려움을 겪는다면, 처음부터 정·역방향을 고려하지 않아도 된다. 타로 전문가 사이에서도 '역방향은 읽지 않는다'라고 정해둔 사람이 있을 정도다. 또한 '미래'나 '최종 결과'에 역방향 카드가 나오면 불안해하는 사람이 있다. 고민이 많은 시기나 마음이 약해져 있는 시기에는 역방향을 읽지 않는다고 정해두고, 그런데도 뒤집혀 있는 상태가 신경이 쓰여 뭔가 의미가 있는 것처럼 느껴진다면 그때만 역방향으로 해석해도 된다.

Case 1 식어버린 연인과의 관계는 앞으로 어떻게 될까?	**Case 2** 새로운 일의 제안을 받아들여도 괜찮을까?

죽음(역방향)
정방향이라면 '목숨이 다함'을
의미하지만…

'정반대'로 해석하면,
차츰 사랑이 되살아난다

'깨끗이 정리한다'가 아니라, 앞으로 관계 회복을
향해 움직이기 시작한다고 읽는다. 이 해석대로라
면 사랑에 아직 희망이 남았다는 의미가 된다.

'부정적'으로 해석하면,
연이 완전히 끊이지 않은 애매한 상태

깨끗이 관계를 정리하지 못하고 미묘한 상태가 이
어지고 있다. 고통이 오래 지속되어 정방향보다 더
힘든 상황으로 느낄 수도 있다.

'도달하지 못한다'로 해석하면,
이별이 코앞에

관계가 끝날 기미는 보이지만 이별할 정도의 기세
는 아니다. 즉 이별 이야기를 꺼냈지만 진심이 아
닐 수도 있는 상태다.

펜타클 3(역방향)
정방향이라면 '재능을 인정받는다'라는
의미가 되지만…

'정반대'로 해서하면,
재능은 있지만 인정받지 못한다

〈펜타클 3〉을 기회라고 읽는다면 기술은 갖췄지만
빛을 볼 기회를 얻지 못하는 상태라고 할 수 있다.

'부정적'으로 해석하면,
인정은 받았지만 실패한다

실력을 인정받을 기회를 얻었지만 실제로는 능력
이 받쳐주지 못해 실패하거나 상대를 낙담시키고
마는 상태다.

'도달하지 못한다'로 해석하면,
애초에 기술이 없다

애초에 능력이나 역량을 타인에게 평가받을 단계
에 도달하지 못하고 여전히 수행 중인 상태로 해석
한다.

Case
3

현재, 구직 중이다.
앞으로의 직업 운은
어떤가?

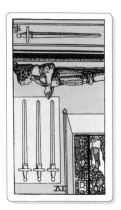

소드 4(역방향)

**정방향이라면 '휴식을 취하며 태세를
정비한다'는 의미가 되지만…**

'정반대'로 해석하면,

휴식보다는 움직일 필요가 있다

'휴식을 취한다'의 정반대는 '활동한다'다. '휴식을
마치고 움직여야 할 때' 혹은 '지금은 쉬지 말고 움
직여야 할 때'라고 해석한다.

'부정적'으로 해석하면,

너무 오래 휴식하여 의욕이 사라진 상태

휴식의 폐해로서 '의욕이 사라져 현장 복귀를 할
수 없다'라는 점을 부각시켜 해석한다.

'도달하지 못한다'로 해석하면,

아직 휴식이 충분하지 않다

'충분히 휴식을 취하지 못했다', '아직 완전히 회복
하지 못했다', '쉬고 싶지만 쉴 수가 없다'라고 해석
한다.

·POINT·

실제로 카드를 거꾸로 두고
들여다보면 힌트가 보인다

여기에서는 세 가지 역방향 해석 패턴을 소개했
지만 꼭 이대로 해석하지 않아도 된다. '키워드
를 정반대로 생각한다'라는 말에 오히려 혼란이
가중되는 사람도 있을 터이다.

그럴 때는 그저 카드를 거꾸로 두고 찬찬히 들
여다보자. 방향을 거꾸로 하면 평소와는 다른
부분에 눈길이 가거나 새롭게 이미지가 확장되
거나 전혀 다른 해석이 떠오를 수 있다. 거꾸로
나온 카드를 보고 '뭔가 특별한 의미가 있을 것
같아'라고 느낀다면 카드를 구석구석 살펴보는
것이 좋다.

매달린 남자

〈매달린 남자〉가 역방향
이 되면, 다리의 통증에
서 해방되고 하늘로 떠
오르려는 모습으로 읽
을 수 있다. 머리의 후광
도 정방향보다 두드러
져 보인다.

완드 7

정방향에서는 남보다
우위에 서던 남성이지
만, 역방향이 되면 힘든
상황에 놓이게 된다. '윗
자리에서 추방된다'라고
읽을 수도 있다.

컵 9

줄줄이 늘어선 컵, 하지
만 역방향이 되면 컵 안
에 들어 있던 것이 전부
쏟아져 텅 빈 상태가 된
다. 중앙의 사람도 낙하
하는 것처럼 보인다.

카드에 그려진 그림 속 힌트를 발견하자

천천히 들여다보면 열쇠가 되는 아이템이 떠오른다

타로에는 많은 정보가 담겨 있다. 인물의 표정, 손에 든 물건, 걸치고 있는 복장, 그려져 있는 배경, 각 슈트를 상징하는 아이템의 배열 상태 등 그림을 자세히 들여다보자.

가령 생명력을 상징하는 태양은 〈태양〉뿐만 아니라 〈연인〉에도 그려져 있다. 인간이 살아가는 데 있어, 사랑이 행복의 원천임을 나타내고 있는지도 모른다. 〈죽음〉에서 해가 떠오르는 모습은 생명이 끝남과 동시에 무언가가 시작되고 있음을 암시한다.

그림을 보고 의미를 연상시키면 키워드를 통째로 암기할 필요가 없어진다. 눈에 띄는 모티브에서 자유롭게 이미지를 확장시켜보자.

덱의 종류에 따라 그림이 다른데, '웨이트 버전이 옳고 다른 것은 틀렸다'라고 말할 수는 없다. 각각의 덱에는 그린 사람이 생각하는 〈정의〉나 〈죽음〉이 표현되어 있으므로 무엇이 옳은지 그른지는 따질 수 없다. 오히려 다른 종류의 덱을 사용하면 지금껏 발견하지 못한 모티브가 눈에 들어와 새로운 해석이나 영감을 주기도 한다. 여기에서는 웨이트 버전을 바탕으로 모티브가 갖는 기본적인 의미를 소개한다.

카드를 바라봤을 때 가장 먼저 눈에 들어오는 것은 색이다. 스프레드를 전개했을 때 '파란 느낌의 카드가 많다', '유난히 빨강이 눈에 띈다' 같은 느낌이 힌트가 된다. 파란 카드가 많다면 매우 냉정하게 문제를 대하고 있는 태도를, 빨강이 눈에 들어온다면 매우 적극적인 태도를 나타내고 있을지도 모른다.

빨간색

피의 색이기도 한 빨간색은 생명력, 정열, 사랑, 의지, 결단, 적극성, 남성성 등을 상징한다.

파란색

신 혹은 영적인 색으로 여겨진다. 그밖에 순결, 겸손, 이성, 평온함을 의미한다.

노란색

유채색으로 매우 밝은 노란색은 태양이나 빛남을 나타내며 성과나 수확, 자손, 금전 운을 상징한다.

흰색

깨끗함, 순수함을 나타내는 흰색은 성스러움의 상징이다. 해방이나 편안함, 자신다움을 나타내기도 한다.

검은색

욕망이나 비밀, 품격을 의미한다. 〈죽음〉에도 사용되고 있듯 마지막을 암시하기도 한다.

녹색

녹색은 어린잎과 연관되어 젊음이나 성장, 희망을 상징한다. 건강을 의미하는 색이기도 하다.

자연

타로는 등장인물에 시선을 빼앗기게 되지만 그 배경에는 풍요로운 자연이 그려져 있다.

태양

생명력을 상징하며 기쁨이 넘치는 상태. 해가 뜨고 지듯 시작과 끝을 암시하기도 한다.

그려져 있는 카드
바보 / 연인 / 죽음 / 절제 / 태양 / 소드 10

달

신비, 여성성이 키워드. 달이 차고 이지러지듯 무언가의 성쇠를 의미하기도 한다.

그려져 있는 카드
여사제 / 전차 / 달 / 소드 2 / 컵 8

구름

불확실함 혹은 각 슈트의 〈A〉처럼 신성한 존재를 나타내기도 한다. 구름의 형태에도 주목하자.

그려져 있는 카드
연인 / 운명의 수레바퀴 / 심판 / 세계 / 소드 3 / 컵 7 등

산

산이나 피라미드는 시련, 도전의 상징. 성지나 우주의 중심이라는 의미도 있다.

그려져 있는 카드
바보 / 황제 / 연인 / 힘 / 은둔자 / 완드 A / 컵의 나이트 등

물

심층 심리나 상상력을 암시. 물결은 정신 상태를 나타내며 강은 정화와 의사소통을 의미한다.

그려져 있는 카드
여사제 / 여황제 / 황제 / 전차 / 절제 / 별 / 달 / 심판 등

장미

색에 따라 의미가 다르다. 빨간 장미는 사랑·정열·완성을, 흰 장미는 순결·존경을 암시한다.

그려져 있는 카드
바보 / 마법사 / 교황 / 죽음 / 완드 2 / 완드 4 / 소드 9 등

해바라기

태양처럼 빛나는 에너지의 상징. 이 꽃이 그려져 있는 카드는 밝음이나 생명력을 암시한다.

그려져 있는 카드
태양 / 완드의 퀸

포도

포도는 풍작과 수확의 상징이지만 때에 따라 광란, 타락에 대한 충고를 의미하기도 한다.

그려져 있는 카드
바보 / 완드 4 / 펜타클 9 / 펜타클 10 / 펜타클의 킹

백합

정절과 평화의 상징. 순백의 백합처럼 순수하고 때 타지 않은 정신 상태를 암시한다.

그려져 있는 카드
마법사 / 교황 / 완드 2 / 펜타클 A / 컵 6

정원

평화로운 분위기가 감도는 정원은 안식, 낙원, 마음의 여유, 성지를 상징한다.

그려져 있는 카드
연인 / 완드 4 / 펜타클 A / 펜타클 9 / 컵 3 등

인물

타로에 그려진 개성 가득한 인물들. 그 표정과 움직임에도 힌트가 숨겨져 있다.

정면

눈앞의 문제를 진지하게 마주하고 있는 상태. 강요하듯 느껴진다면 무언가의 암시일지도 모른다.

그려져 있는 카드
마법사 / 여사제 / 여황제 / 교황 등

옆모습

정면이 아닌 다른 시선에서 문제를 마주하는 상태. 오른쪽은 미래, 왼쪽은 과거를 암시한다.

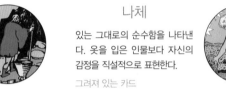

그려져 있는 카드
바보 / 은둔자 / 죽음 / 완드 6 / 소드 7 등

뒷모습

눈에 보이지 않는 것이나 도피, 새로운 단계로의 이동을 나타낸다. 이별, 끝을 의미하기도 한다.

그려져 있는 카드
완드 3 / 완드 10 / 소드 6 / 소드 10 / 컵 8 등

나체

있는 그대로의 순수함을 나타낸다. 옷을 입은 인물보다 자신의 감정을 직설적으로 표현한다.

그려져 있는 카드
연인 / 악마 / 별 / 태양 / 심판 / 세계

날개

신성함, 자유를 나타낸다. 〈절제〉 등 천사의 날개뿐만 아니라 장식으로 달린 날개에도 주목하자.

그려져 있는 카드
연인 / 전차 / 운명의 수레바퀴 / 절제 / 악마 / 심판 / 컵 2 / 컵의 나이트 등

무한대(∞)

영원, 우주, 생명을 상징하며 카드를 읽을 때는 반복이나 무한함을 의식하는 것이 좋다.

그려져 있는 카드
마법사 / 힘 / 세계 / 펜타클 2

POINT

옷차림도 중요한 힌트가 된다

타로에 등장하는 인물들은 상상 이상으로 패셔너블하다. 의상은 각 카드의 의미를 강조하는 역할을 한다. 옷의 무늬나 액세서리가 많을수록 고귀한 신분을 나타낸다. 무늬는 주로 꽃이나 동물 혹은 점성술 기호가 그려져 있거나, 코트 카드의 경우 같은 무늬의 옷을 입고 있기도 하므로, 이것에서 다양한 의미를 찾아낼 수 있을 것이다.

완드 7

자세히 들여다보면 좌우 신발이 다르다. 외출을 서두른 모습이다.

펜타클 8

호화로운 드레스는 부자여서일까, 아니면 누군가의 연인이라서일까.

소드 9

이불에 신비로운 점성술 기호가 그려져 있다.

기타

카드를 들여다보면 놀라운 모티브를
발견하기도 한다.

건물

큰 건물은 권력, 억압을 나타내고
작고 멀리 있는 건물은 집이나 커
뮤니티를 나타낸다.

그려져 있는 카드
전차 / 죽음 / 탑 / 달 / 완드 A / 완드 4 / 펜타클 4 /
소드 8 / 컵 10 등

배

여행이나 항해 등 안전에 연관된
일을 상징한다. 저세상으로 떠나
는 여행을 암시하기도 한다.

그려져 있는 카드
죽음 / 심판 / 완드 3 / 펜타클 2 / 소드 6 / 컵의 킹

말

번영·정복력을 나타낸다. 말의
표정, 달리는 모습에서 정신 상태
나 운세가 드러나니 주목한다.

그려져 있는 카드
죽음 / 태양 / 완드 6 / 각 슈트의 나이트

개

개는 충실한 파트너나 경비견과
같은 충성심, 보호라는 의미를 지
닌다.

그려져 있는 카드
바보 / 달 / 펜타클 10

사자

힘이나 에너지, 동물적인 욕망을
나타낸다. 〈힘〉 카드에 가장 상징
적으로 그려져 있다.

그려져 있는 카드
힘 / 완드의 퀸 / 완드의 킹 / 컵 2

도형

사각형은 안정이나 대지를, 삼각
형은 조화와 불을, 원은 영원이나
안전의 상징을 나타낸다.

그려져 있는 카드
교황 / 전차 / 정의 / 절제 등

POINT

슈트의 방향이나 배치에도 주목하자

마이너 아르카나에는 카드
의 숫자와 같은 수의 슈트가
그려져 있다. 때로는 가지런
히 놓여 있기도 하고, 신비로
운 형태로 늘어서 있거나 어
지러이 교차돼 놓여 있기도
하다. 사실 여기에도 중요한
정보가 숨어 있다. 슈트는 그
원소의 상태를 가장 잘 드러
내는 부분이기 때문이다. 슈
트가 카드 속에 어떻게 그려
져 있는지 확인해보자.

소드의 퀸

소드가 똑바로 서 있다.
의미가 직접적으로 드
러난다.

소드 5

여기저기 소드가 흩어
져 있다. 원소의 의미가
혼란스러운 상태다.

소드 2

소드가 기울어져 있다.
원소의 의미가 틀어져
있는 상태다.

Lesson **6**

목적에 따라 사용할
카드의 매수를 바꿔보자

테마에 따라 카드의 매수를 바꿔보자

지금껏 78장의 타로카드로 점치는 방법을 소개했다. 하지만 반드시 78장을 모두 사용하지 않아도 된다.

초기에는 메이저 아르카나 22장을 중점적으로 사용해보자. 메이저 아르카나는 중요한 카드이며 의미의 차이가 두드러지므로 명확한 답을 끌어내기 쉽다. 그렇다고 매번 22장만을 사용하면 같은 카드가 반복해서 나오는 것에 싫증을 느껴버릴지도 모른다.

이번 레슨에서는 카드의 매수를 바꿔 점치는 방법을 소개한다. 특히 마이너 아르카나를 사용하여 코트 카드 16장으로 인물을 점치는 방법, 슈트별로 적합한 장르를 점치는 방법이 있

는데, 이런 방법으로 점쳐보는 것은 마이너 아르카나를 마스터하는 데 많은 도움이 된다.

마이너 아르카나의 완드는 승부, 펜타클은 돈, 소드는 일, 컵은 인간관계를 점치기에 적합한 슈트다.

또한 메이저 아르카나에 코트 카드를 추가한 38장, 메이저 아르카나에 핍 카드 한 슈트 분을 더한 32장 등 메이저 아르카나에 마이너 아르카나를 조금씩 섞어가며 매수를 늘리는 것도 마이너 아르카나에 익숙해지기 위한 좋은 방법이 될 수 있다.

분명 평소와는 다른 신선한 답을 얻을 수 있을 것이다.

매너리즘에 빠진 해석에 변화를 줄 수 있도록 매수를 바꿔보자. 좋은 영감이 떠오를 만한 환경을 만드는 것이 중요하다. 메이저 아르카나로 점친 내용을 마이너 아르카나 56장으로 점쳐보는 것처럼, 같은 테마에 대해 사용하는 카드의 매수를 바꾸어보는 것도 신선한 체험이 될 것이다. 또한 카드의 매수는 셔플하는 장소의 크기에 따라 정해도 상관없다.

Case 1 그 사람은 지금 어떤 기분일까?

네 가지 슈트로 이루어진 코트 카드(16장)는 사람의 마음을 점치기에 적합하다. 특정 성격을 가진 사람과의 만남이나 지금 상대가 느끼는 심경 등을 점칠 수 있다.

질문 예시

◆ 새로운 상사는 어떤 사람인가?
◆ 나는 지금 누구에게 고민을 털어놓는 것이 좋을까?
◆ 사랑이 이루어지는 열쇠를 쥔 사람은 누구인가?

	페이지	나이트	퀸	킹
연령	소년·소녀 / 당사자보다 어리거나 그렇게 보이는 사람	청년 / 당사자와 같은 세대거나 그렇게 보이는 사람	어른·중년 이상 / 당사자보다 나이가 많거나 그렇게 보이는 사람	어른·중년 이상 / 당사자보다 나이가 많거나 그렇게 보이는 사람
성별	남성·여성 혹은 중성적인 이미지	남성 중심	여성	남성
정방향	순수한 / 현명한 / 착실한 / 젊은 / 미숙한 / 순진한 / 귀여운	활력이 넘치는 / 행동력 / 잘생긴 남자	여성성 / 모성 / 사랑 / 상냥한 / 부드러운 / 아름다운 / 매력적인 여성	남성성 / 부성 / 강인한 / 실적 / 안정 / 안심 / 믿음직한 남성
역방향	어린애 같은 / 되바라진 / 밉살스러운	힘겨운 / 공격적 / 성격이 나쁜 잘생긴 남자	피해망상 / 자기방어 / 허영 / 까칠한 여성	허세 / 겉치레 / 불안정 / 불안 / 무자비한(힘이 있어도 기댈 수 없는) 남성

Case 2 꼭 이기고 싶은 시합을 앞두고 있다

직장에서 생기는 다툼이나 경쟁에 관한 일, 승부를 겨루는 일이나 스포츠에 관한 일은 완드(14장)로 점치는 것이 좋다. 또한 건강이나 기운의 상태도 점칠 수 있다.

질문 예시

◆ 다음 주에 있을 승진 시험에 합격하려면?
◆ 새로운 프로젝트를 어떻게 풀어가야 할까?

Case 3 부수입을 만들기 위해서는 어떻게 해야 할까?

물질은 펜타클의 전문 분야다. 펜타클(14장) 카드로 다가올 금전 운이나 선물 운을 점쳐보자. 그밖에 돈이 될 만한 기술이나 특기에 관련된 일도 적합하다.

질문 예시

◆ 기술 향상을 위한 학습 계획은?
◆ 돈을 모으려면 어떻게 해야 할까?

Case 4 지금 맡은 업무에서 유의할 점은?

사업 운을 점친다면 지성을 나타내는 소드(14장)를 추천한다. 교섭이나 전략, 혹은 사고방식 등도 점칠 수 있다. 일에 관련된 인간관계 역시 소드로 점치는 것이 좋다.

질문 예시

◆ 일을 좋은 방향으로 풀어가려면 어떤 준비를 해야 할까?
◆ A사와의 협의에서 주의해야 할 점은?

Case 5 그 사람과 어느 정도 마음의 거리를 두어야 할까?

친애의 정을 나타내는 컵(14장)은 연애, 우정 등 인간관계를 점치기에 적합하다. 일에 관해서도 풍부한 감성을 필요로 하는 예술 분야는 컵으로 점치는 것이 좋다.

질문 예시

◆ 다음 주에 있을 데이트, 어디서 무얼 하면 좋을까?
◆ 다음 달에 있는 회식은 어떤 분위기가 될까?

≡ Lesson 7 ≡

스프레드 전체를 보고
힌트를 찾아보자

전개한 모든 카드에서 전해오는 메시지

스프레드는 배열하는 순서나 각 위치의 의미를 기억해야 하기 때문에 간단한 원 오라클로만 점치고 싶어 하는 사람도 있다.

하지만 원 오라클이 아닌 다양한 스프레드를 사용하면 전개한 모든 카드에서 메시지를 받아들이는 것이 가능하다는 장점이 있다.

'유난히 역방향이 많다', '특정 슈트가 많이 나왔다', '구도가 비슷한 카드가 나왔다' 등과 같은 특징이 눈에 띈다면 그곳에도 중요한 단서가 숨어 있다.

공동점이 있는 카드는 그 문제의 근원이 같음을 나타내기도 하므로 스프레드 전체를 살피는 습관을 들이자.

다른 질문에서 뽑았던 카드가 똑같이 나왔다면 문제의 공통 테마를 암시하는 것일 수도 있다. 예를 들어 '켈틱 크로스'에서 '잠재의식'을 나타내는 위치에 나온 카드가 '쓰리 카드'에서 '과거'의 위치에 나왔다면 과거의 일이 현재의 잠재의식에 영향을 끼치고 있다고 해석할 수 있다.

그런 의미에서 '지금의 자신 카드(p146)'는 해석의 단서가 되는 경우가 많으므로, 점치기 전에 한 장 뽑아두면 좋다.

78장 카드의 힘의 세기

메이저 아르카나 > A > A 이외의 마이너 아르카나

22장, 숙명적 > 4장, 확정적 > 52장, 일상적

78장 카드의 힘의 세기를 의식해보자. 메이저 아르카나 22장의 힘이 가장 세다. 스프레드에서 메이저 아르카나가 나온 위치는 강조의 의미로 해석해도 된다. 각 슈트의 A는 메이저 아르카나와 그 외의 마이너 아르카나 52장 사이에 위치하며 '확정적인 시작'을 의미한다. 우선은 메이저 아르카나와 A를 중점적으로 읽고, 마이너 아르카나를 보조로 해석하면 좋다.

스프레드에서 주목해야 할 점은?

Answer_1
전체적으로 역방향 카드가 많지 않은가?

유난히 역방향이 많은 경우, 질문자가 그 문제를 진지하게 마주하고 있지 않거나, 잘못된 상황 파악을 하고 있다고 여겨진다. 단순히 카드가 제대로 섞이지 않았을 수도 있다. 시간을 두거나 질문을 정리하여 다시 점쳐보자.

Answer_2
같은 슈트의 카드가 나와 있는가?

스프레드에 같은 슈트의 카드가 여러 장 나온 경우, 그곳에 문제가 숨어 있을 가능성이 크다. 예를 들어 소드의 정방향이 많다면 '질문자는 매우 냉정한 상태', 역방향이 많다면 '질문자는 머릿속에 생각이 너무 많은 상태'라고 여겨진다.

Answer_3
같은 숫자 카드가 나와 있는가?

같은 숫자의 카드가 나왔다면 숫자의 의미에도 주목해보자(p186). 특히 코트 카드가 여러 장 나왔다면 핵심 인물의 존재를 암시하고 있을지도 모른다. 또한 메이저 아르카나에 11 타로(p182) 세트가 있는지 확인한다.

Answer_4
비슷한 느낌의 카드가 나와 있는가?

천사가 많다, 여성이 많다, 정면을 바라보는 사람이 많다, 빨간색이 많다 등 그림을 본 순간 '무언가 비슷하다'라고 느낀다면 그곳에 메시지가 담겨 있을 수 있다. 색이나 심벌의 의미도 해석해보자(p196).

Answer_5
다른 문제를 점쳤을 때 나왔던 카드가 나와 있는가?

연애를 점쳤을 때 나온 카드가 일에도 나오거나, 과거에 점쳤던 카드가 똑같이 나온 경우, 먼저 나온 결과와 연계하여 해석할 수 있다. 물론 그다지 관계가 없을 수도 있지만, 재미있는 우연의 일치를 발견하게 되기도 한다.

Answer_6
과거 · 현재 · 미래의 운세는?

과거 · 현재 · 미래 등의 운세를 볼 때는 전체의 기운에 주목하자. 과거에서 미래를 향해 메이저 아르카나가 늘어나고 있거나, 마이너 아르카나 중에서도 숫자가 큰 카드가 늘어나는 경향이 보이면 기세가 좋은 운세라고 해석할 수 있다.

Lesson 8

다른 사람을 점칠 때
유의해야 할 점

다른 사람을 점치면서 새로운 해석을 발견한다

타로를 마스터하는 가장 큰 장점으로 자기 자신의 고민에 대해 스스로 답을 찾아낼 수 있다는 점을 꼽을 수 있다.

어느 정도 실력이 향상되면 타인을 점칠 수 있게 된다. 타인을 점치면서 자신과 다른 가치관을 경험하게 되고 새로운 해석이 생겨난다. 타로를 통해 고민을 나누며 관계가 돈독해지기도 한다.

특히 타로를 공부하고 있는 사람끼리 모여 여럿이서 한 명을 점치고, '이것은 이렇게 해석하면 어떨까?'라며 토론하는 것도 좋은 경험이 된다. 또한 파티나 친목 모임에서 타로를 통해 분위기를 고조시킬 수도 있다.

다만 타인을 점칠 때는 자신을 점칠 때와는 다른 마음가짐이 필요하다. 그렇지 않으면 고민하고 있는 사람의 마음에 상처를 줄 수 있고, 점치고 있는 자신이 지쳐버리거나 상처를 받을 수도 있다.

가령 '신중하다'라는 말을 좋은 의미로 받아들이는 사람도 있고, 나쁜 의미로 받아들이는 사람도 있기 때문에 오해가 생길 가능성이 있다. 그런 부분까지 배려하여 메시지를 전달하도록 하자.

자신과 타인을 점칠 때의 차이점에 유의한다면, 타로는 사람과의 마음을 이어주는 다리가 되어줄 것이다.

상대에 대해 점칠 때도 기본적인 순서는 같다. 다만 정·역방향을 읽을 때는 자신의 위치를 기준으로 정·역방향을 정해두고 평소대로 점치면 된다.

질문자 본인에게 카드를 섞게 하거나 뽑게 하는 것을 추천한다. '자신의 손으로 고른 타로'라는 기분이 들어, 그 결과를 받아들이기 쉬워진다.

다른 사람을 점칠 때 주의해야 할 점은?

Answer_1
질문을
정리한다

고민하고 있는 사람은 대부분 머릿속이 혼란스러운 상태다. 상황을 올바르게 파악하지 못하고 있거나, 자신의 본심을 깨닫지 못하는 경우도 있다. 따라서 점치기 전에 '무엇을 점치고 싶은지' 대화를 통해 끌어낸다. 이런 과정은 'Chapter 3 타로 리딩(p141)'에서 배운 것과 같다. 최종적으로 '자신은 이렇게 되고 싶다'라는 상대의 의지를 확인하고, '그것을 실현하기 위해서는 어떻게 해야 할까'를 점친다.

Answer_2
가능한 한 상대를
참여시킨다

상대의 마음이 좀처럼 정리되지 않는다면, 카드를 한 장 뽑게 한 뒤 그것을 계기로 삼아 질문을 이어간다.
이때, 일방적으로 떠오른 대로 말하는 것이 아니라 상대도 부담 없이 이야기할 수 있는 분위기를 만드는 것이 중요하다. '이 카드에서 무엇을 느끼는가?', '이 카드를 한마디로 표현하면?' 등 뽑은 카드의 그림을 보고 느낀 점을 솔직하게 말하게 한다. 그것이 해석의 단서가 되기도 한다.

Answer_3
카드를 전개하고 느낀 점을
그대로 상대에게 전한다

자기 일을 점치는 경우라면 자문자답해가며 카드를 확인하고 답을 발견해가겠지만, 타인의 마음속을 들여다보는 것은 불가능한 일이다. 그렇지만 당신이 카드를 뒤집은 순간 느끼는 카드의 인상에는 커다란 의미가 있다. 자신감을 가지고 느낀 점을 말해보자. 다만 '맞추고 싶다', '대단하다고 여겨지고 싶다'라는 잡념은 금물이다. '설마 그런 것은 아니겠지'라는 의혹도 필요치 않다. 보이는 대로 느낀 대로 자연스러운 속도로 말을 이어가는 것이 중요하다.

Answer_4
가치관은 사람마다
다르다는 점을 깨닫는다

여성은 몇 살까지 결혼해야 하는가, 불륜은 좋은 것인가 나쁜 것인가 등 개인적인 가치관은 사람마다 다르다. 불륜을 저지른 사람을 점친다고 해서 카드의 결과와 상관없이 '절대 그만둬야 한다'라는 식으로 답을 유도하는 것은 옳지 않다. 그것은 점이라기보다는 친구 사이의 고민 상담이라고 할 수 있다.
타로에 불필요한 가치관이나 사고가 끼어들지 않도록 중립적인 상태로 임하는 것이 중요하다.

LUA의 리딩 비법이 가득!

타로점 실제 예시 모음

해석의 팁, 착안점, 이미지를 확장하는 방법 등
실제로 카드를 사용하여 고민을 점치는 상황을 통해 배워보자.

이럴 땐 어떻게?
망설여질 때 참고하기!

타로 리딩에 정해진 법칙은 없지만, 타로에 익숙해지기 전까지는 이미지를 발전시키거나 자연스럽게 말을 이어가는 것에 어려움을 느낄 수 있다.

실제로 전문가에게 타로를 본 경험이 있는 사람이라면 '어째서 이렇게 해석될까?', '이런 말은 어디에서 나오는 걸까?'라는 궁금증을 느낀 적이 있을 것이다. 하지만 이런 의문은 좀처럼 책에 소개되어 있지 않다. 여기에서는 실제 상황에서 카드를 어떻게 읽는지, 어떤 부분에 착안하는지, 실제 예시를 소개한다. 고민의 내용이 완벽히 똑같지는 않더라도 '이런 경우에는 이렇게 해석하는구나!'라는 힌트가 담겨 있으니 꼭 한 번쯤은 읽어보길 바란다. 분명 자신의 타로 리딩에 도움이 되는 부분이 있을 것이다.

키워드의 의미에 얽매이지 않고 그림에서 전해지는 전체적인 느낌에서 자유롭게 이미지를 확장해가는 방법, 조언 카드를 사용하는 타이밍 등 전문가만의 리딩 요령도 발견해보자.

내일 있을 프레젠테이션을 잘 해내기 위해서는?

"반드시 잘 해내야 할 중요한 프레젠테이션을 앞두고 있습니다. 성공적인 프레젠테이션을 위해 어떻게 하면 좋을지, 어떤 점에 유의해야 하는지 궁금합니다."

스프레드
원 오라클 변형 5
조언(p151)

① 조언
황제(역방향)

'무엇을 읽을 것인가'가
명확하면 헤매지 않는다!

그저 아무 생각 없이 원 오라클로 카드를 뽑았다면 '황제의 역방향이므로 프레젠테이션은 실패한다는 뜻인가?!'라고 조바심을 내기 쉽지만 여기서 묻고 있는 것은 조언이다. 즉 〈황제(역방향)〉의 조언대로 하면 무사히 해낼 수 있다는 뜻이다. 지나치게 긴장을 했거나 성공에 연연하다 보니 주변을 살피지 못하고 있을지도 모른다. 잠시 멈춰 서서 숨을 고르고 주위 상황과 내용을 조율하여 호흡을 맞춘다면 무사히 성공시킬 수 있을 것이다.

이유 없이 차갑게 대하는 직장 상사 때문에 고민이다

"직장에서 저에게만 차갑게 대하는 상사가 있습니다. 미움을 사는 행동을 한 기억이 없는 것 같은데…. 상대의 진짜 마음은? 그리고 어떻게 대응하면 좋을까요?"

스프레드
원 오라클 변형 2
감정(p151)

① 감정
컵 8

조언 카드
펜타클 7

원 오라클에 조언 카드를
추가한다

질문자는 '미움을 사는 행동을 한 적이 없다'라고 말하지만, 상대방의 기분을 나타내는 카드로 〈컵 8〉이 나왔다. 상대방은 오히려 당신에게 매우 기대하고 있고 그것이 채워지지 않아 차가운 태도를 보이는 것일지도 모른다. 조언 카드는 〈펜타클 7〉이다. '현재의 방법을 바꿔야 한다'라는 메시지이므로 그저 일을 해나가기보다는 성장할 의욕과 열의를 보이는 것이 중요해 보인다.

<table>
<tr><td>
감정 예시

3
</td><td>

왜 돈이 모이지 않을까?

"돈이 모이질 않아요. 생기는 족족 써버리거나 주의의 제안을 거절하지 못하고 노는 데 돈을 다 써버리곤 합니다. 계획적으로 저금을 하려면 어떻게 해야 할까요?"
</td><td>

스프레드
쓰리 카드 변형 2
문제의 대처 방법(p153)
</td></tr>
</table>

역방향이 많다는 것은 취약점을 의미한다

① 원인
소드 6(역방향)

② 결과
죽음(역방향)

③ 조언
완드 6(역방향)

모든 카드가 역방향이며 돈에 대해 자신이 없는 마음을 알 수 있다. 원인은 〈소드 6(역방향)〉으로, 돈을 쓰는 행위로 스트레스를 해소하고 있는 상태다. 결과는 〈죽음(역방향)〉이며 진심으로 결심하지 않는 한 현재 상황을 벗어나기 어렵다. 조언은 〈완드 6(역방향)〉이므로 '어떻게든 되겠지'라며 가볍게 생각하는 태도를 버려야 한다. 또한 모든 카드의 인물이 배나 말을 타고 있어 휩쓸리기 쉬운 성격을 암시한다. 제안을 받으면 거절하지 못하는 점을 나타내고 있을 수도 있다.

<table>
<tr><td>
감정 예시

4
</td><td>

앞으로 괜찮은 상대를 만날 수 있을까?

"결혼을 생각했던 남자와 헤어진 이후로 새로운 만남이 전혀 없어요. 앞으로 좋은 사람과 만날 기회가 있을까요? 있다면 어떻게 행동해야 좋을까요?"
</td><td>

스프레드
쓰리 카드 변형 1
운세의 흐름(P153)
</td></tr>
</table>

카드를 연계하여 테마를 발견한다

① 과거
소드 9

② 현재
컵 A

③ 가까운 미래
악마(역방향)

현재의 만남을 암시하는 카드에 〈컵 A〉가 나왔다. A는 기운이 강한 카드로 상대는 이미 자신의 주변에 있을지도 모른다. 컵이 나왔으므로 '믿을 수 있는 따뜻한 사람인지 아닌지'를 판별해보라. 다만 과거 위치에 나온 〈소드 9〉는 전형적인 트라우마를 나타내는 카드다. 스스로 생각하고 있는 것 이상으로 과거의 사랑에 상처를 입은 상태일지도 모른다. 미래는 〈악마(역방향)〉. 과거에 대한 집착을 버리고 앞을 향하는 것이 행복한 사랑을 위한 열쇠가 될 것이다.

감정 예시 5

일하러 카페에 가려는데, 어디로 가는 게 좋을까?

"원고를 집필하기 위해 노트북을 들고 카페에 가려고 합니다.
후보가 되는 카페 세 곳 중 어디로 가야 가장 일이 잘될까요?"

 스프레드
양자택일 변형 1
(p155)

① 선택지 A
카페 A
심판

② 선택지 B
카페 B
탑

③ 선택지 C
카페 C
은둔자

④ 질문자의 태도
연인

카드에서 장소를 떠올려보자

경험담을 말해보자면 〈심판〉, 〈탑〉, 〈은둔자〉가 나온 카페에 가보았다. 그랬더니 〈심판〉의 카페는 리뉴얼 공사 중이었고 〈탑〉의 카페는 폐점, 〈은둔자〉의 카페는 휴무일로, 점친 결과가 그대로 맞아떨어져서 깜짝 놀랐던 기억이 있다. 결국 다른 카페로 갔지만, 그곳에서 지인을 만나 이야기를 나누며 시간을 보내고 말았다. '마음이 맞는 사람과의 즐거운 시간' 역시 〈연인〉 카드의 암시였을 것이다.

감정 예시 6

인터넷 쇼핑에서 실패하지 않으려면?

"인터넷에서 세련된 스커트를 살지 레이스가 달린 블라우스를 살지 한 달 넘게 고민하고 있어요. 여성스러운 옷을 입고 싶은데 어느 쪽을 사는 것이 좋을까요?"

 스프레드
양자택일 변형 2
(p155)

④ 선택지 A를 고르면 어떻게 될까?
소드 A

⑤ 선택지 B를 고르면 어떻게 될까?
죽음(역방향)

① 선택지 A
세련된 스커트
소드 5(역방향)

② 선택지 B
레이스가 달린 블라우스
컵의 페이지(역방향)

③ 질문자의 태도
소드 2

중요한 것은 질문자의 태도

'세련된 스커트'는 두 장 모두 소드가 나온 만큼 소재가 너무 부드럽지 않고 날카로운 디자인을 의미한다. '레이스가 달린 블라우스'는 컵이므로 귀여운 느낌이지만 구매 후는 〈죽음(역방향)〉으로 후회가 예상된다. 너무 섹시한 디자인이라 손이 잘 안 가게 될지도 모른다. 질문자의 태도는 〈소드 2〉로 '어느 쪽을 사야 할지 모르겠다!'며 결정을 못 내리고 있으며 그런 상황을 본인도 충분히 인지하고 있다. 억지로 결정하면 좋은 결과를 얻을 수 없으므로 양쪽 모두 보류하는 것이 좋을 듯하다.

매일같이 실수만 하는 나, 이 일을 계속해야 할까?

"결혼 후 일을 쉬고 있다가 재취업을 하게 되었습니다. 하지만 매일같이 실수 연발…. 이 일을 계속할 수 있을까요?"

스프레드
헥사그램
(p156)

① 과거
컵의 퀸(역방향)

⑤ 상대의 마음
펜타클의 킹

⑥ 질문자의 마음
컵 8

⑦ 최종 예상
정의

③ 가까운 미래
완드 9(역방향)

② 현재
소드 6(역방향)

④ 조언
컵 3

주변 환경과의 궁합도 볼 수 있다

'회사와의 궁합'을 헥사그램으로 점쳐보자. 과거는 〈컵의 퀸(역방향)〉으로 불안을 느끼며 일을 시작했다. 현재는 〈소드 6(역방향)〉으로 자신감을 잃고, 이전 생활로 돌아가거나 회사를 그만둘 생각도 하고 있다. 미래에 나온 〈완드 9(역방향)〉는 당분간 능력 부족으로 실수를 반복하는 상황을 암시한다. 다만 본인의 심경은 〈컵 8〉로 다음 단계를 향하기 위해 지금 노력해야 할 시기라는 점을 인지하고 있다. 상대(회사)의 마음은 〈펜타클의 킹〉이 나왔으므로 지위가 높은 사람이 능력을 높게 평가해줄 기미도 보인다. 노력할수록 급여도 높아질 것이다.

최종 예상에 〈정의〉가 나온 점에 주목하자. 이 회사에 입사한 것은 올바른 선택이었다. 조언은 〈컵 3〉. 마음이 맞는 동료와 따뜻한 환경을 만든다면 조금 더 힘을 낼 수 있지 않을까.

POINT

아이템에서 연상을 확장시켜보자

조언에 나온 〈컵 3〉은 '퇴근 후 회식'의 광경으로도 보인다. 〈컵 8〉은 회식을 끝낸 뒤 집으로 돌아가는 뒷모습처럼 보인다. 이런 경우 '컵으로 기쁨도 괴로움도 주고받을 수 있는 동료가 관건'이라고 해석할 수 있다. 아이템을 보고 떠오르는 이미지로 이야기를 만들어보자.

미래가 불안하다

"친구들이 차례차례 결혼을 해서, 저의 미래에 대해서 생각하게 되었습니다. 결혼뿐만 아니라 일도, 돈도…. 너무 불안해요."

스프레드
켈틱 크로스
(p158)

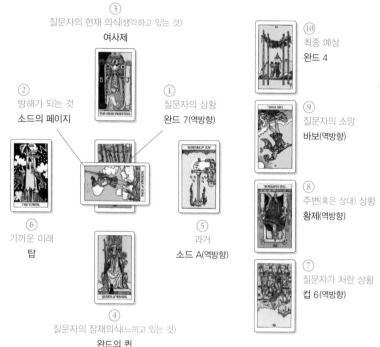

③
질문자의 현재 의식(생각하고 있는 것)
여사제

⑩
최종 예상
완드 4

②
방해가 되는 것
소드의 페이지

①
질문자의 상황
완드 7(역방향)

⑨
질문자의 소망
바보(역방향)

⑧
주변(혹은 상대) 상황
황제(역방향)

⑥
가까운 미래
탑

⑤
과거
소드 A(역방향)

⑦
질문자가 처한 상황
컵 6(역방향)

④
질문자의 잠재의식(느끼고 있는 것)
완드의 퀸

현재 의식과 잠재의식의 차이에 주목한다

현재 상황은 〈완드 7(역방향)〉. 땅에서 솟아오른 막대기 하나하나가 질문자의 고민을 나타내는 듯, 필사적으로 떨쳐내려고 애쓰는 상태다.

주변을 경계하고 있는 〈소드의 페이지〉. '최선을 다해야 한다'며 지나치게 열중하는 태도는 방해가 될 수 있다. 실제로 현재 의식에서는 〈여사제〉처럼 반듯한 모습을 지키고 싶어 하지만 잠재적으로는 〈완드의 퀸〉처럼 편안하게 즐기는 것을 좋아하는 마음도 있어 딜레마에 빠져 있다. 과거를 나타내는 〈소드 A(역방향)〉는 '지금의 자신은 올바른가?'라며 원하지 않는 방향으로 나아가고 있음을, 처한 상황의 〈컵 6(역방향)〉도 이상과 현실의 차이를 암시한다. 주변 상황도 〈황제(역방향)〉로 불안정하며 본인도 〈바보(역방향)〉로 어떻게 할지 결정할 수 없지만 가까운 미래는 〈탑〉으로 상황을 크게 변화시키는 일이 생길 듯하다. 최종 결과인 〈완드 4〉와 함께 생각해보면 갑작스럽게 결혼을 하게 될 가능성도 엿보인다.

POINT

11 타로를 연계하여 해석한다

〈황제〉와 〈탑〉은 더해서 20이 되는 11 타로(p182) 세트다. 두 장의 카드를 세트로 해석해보자. 〈황제(역방향)〉가 나타내듯 지금 놓여 있는 환경에 대한 불만이, 〈탑〉이 암시하는 충동적인 행동을 일으키는 도화선이 된다고 해석할 수 있다.

상대방이 무슨 생각을 하고 있는지 모르겠다

"인터넷을 통해 알게 된 남성과 실제로 만난 뒤 고백을 받았습니다. 하지만 저는 확신이 서지 않아 거절하고 싶습니다. 어떻게 거절하면 좋을까요?"

스프레드
켈틱 크로스
(p158)

③
질문자의 현재 의식(생각하고 있는 것)
힘(역방향)

⑩
최종 예상
완드 3

②
방해가 되는 것
펜타클 9

①
질문자의 상황
완드의 퀸

⑨
질문자의 소망
펜타클 2

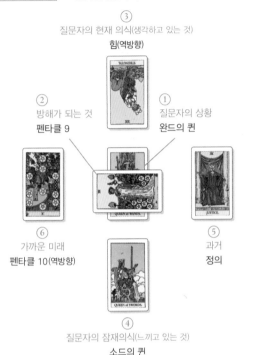

⑥
가까운 미래
펜타클 10(역방향)

⑤
과거
정의

⑧
주변(혹은 상대)
상황
달(역방향)

④
질문자의 잠재의식(느끼고 있는 것)
소드의 퀸

⑦
질문자가
처한 상황
세계(역방향)

조언 카드
펜타클 6

상대의 마음속을 살펴 작전을 세운다

상대의 심경을 켈틱 크로스로 점쳐보자. 현재 상황에 나온 것은 〈완드의 퀸〉, 상담자를 이상적인 여성으로서 의식하고 있다. 방해는 〈펜타클 9〉, '연인 카드'라고도 불리며 '연인이 꼭 필요하다!'라는 심경을 나타낸다. 현재 의식은 〈힘(역방향)〉으로 잘못된 고백 타이밍을 후회하고 있지만, 잠재의식은 〈소드의 퀸〉으로 긍정적인 답변을 받지 못할 것을 예상하고 있다. 과거는 〈정의〉로 대등한 관계를 쌓아왔지만 〈펜타클 10(역방향)〉이 꿈꾸는 행복은 손에 넣을 수 없다는 것을 암시한다. 그를 둘러싼 환경은 〈달(역방향)〉이므로 곧 현실을 파악하게 될 듯하다. 그가 놓인 상황은 〈세계(역방향)〉로 '사랑은 이루어지지 않는다'는 사실을 깨닫고 있다. 그의 소망은 〈펜타클 2〉이므로 이미 다른 후보가 있다고 여겨진다. 최종적으로 뒤돌아선 〈완드 3〉이 나왔으므로 그는 새로운 사랑을 찾고 있다고 할 수 있다.

POINT

조언 카드에서 대응 방법을 읽어낸다

조언 카드(p172)로 '거절 방법'을 점쳐보았다. 〈펜타클 6〉이므로 갑자기 착신 거부나 거짓말을 할 것이 아니라 '그렇게 이야기해 줘서 고맙지만…' 하고 성실한 대응을 하는 것이 좋아 보인다. 조언 카드는 '그렇다면 어떻게 해야 좋을까?'라는 구체적인 대책을 끌어내기에 적합하다.

<table>
<tr><td>감정 예시
10</td><td>## 사이가 틀어진 친구와 화해하려면?
"오랜 친구와의 약속을 갑자기 취소해버린 후 연락 두절 상태가
되었습니다. 화가 많이 난 친구와 화해하고 싶은데 어떻게 해야
할까요?"</td><td>
스프레드
호스슈
(p160)</td></tr>
</table>

① 과거
절제

② 현재
**소드의
페이지(역방향)**

③ 가까운 미래
**소드의 퀸
(역방향)**

④ 조언
죽음

⑤ 주변(혹은 상대) 상황
황제(역방향)

⑥ 방해가 되는 것
연인(역방향)

⑦ 최종 예상
컵 6

카드에서 구체적인 해결 방안까지 읽어낸다

다투기 전에는 〈절제〉로 둘 사이가 양호한 관계였음을 알 수 있다. 현재에 나온 카드는 〈소드의 페이지(역방향)〉. 소드는 사람을 베어 상처를 입히는 도구로, 질문자는 갑작스러운 약속 취소로 상대에게 상처를 입혔고 친구도 연락을 끊는 방법으로 질문자에게 상처를 입힌 상황을 암시한다. 친구는 〈황제(역방향)〉로 완고하여 물러남이 없는 모습이다. 조언은 〈죽음〉으로 지금의 이 험악한 분위기를 한 번쯤 끊을 필요가 있다. 방해가 되는 〈연인(역방향)〉이 나타내듯 얼렁뚱땅 넘기거나 감정이 사그라지기만을 기대하는 것은 대책이 될 수 없다. 가까운 미래에 〈소드의 퀸(역방향)〉이 나왔으므로 확실히 결착을 짓게 될 것이다.

다만 소드가 모두 역방향이므로 말로 전하는 것은 추천하지 않는다. 최종 예상에 나온 〈컵 6〉은 선물을 의미하며 말보다는 물건으로 마음을 전하는 편이 좋아 보인다.

POINT

해야 할 행동은 슈트를 참고한다

관계 개선을 위해 해야 할 행동을 네 가지 슈트에서 연상해보자. 〈컵 6〉 외에도 펜타클이 물건을 나타내므로 선물이 적합하다. 완드는 전하고 싶은 말을 확실하게 전하는 것, 소드는 마음을 글에 담아 전하는 것, 컵은 함께 식사를 하는 것이 좋다는 점을 의미한다.

213

되는 일이 없다! 요즘 내 운세는?

"연애, 일, 인간관계, 돈…. 요즘 되는 일이 하나도 없습니다.
지금 저의 운세를 알고 싶습니다."

스프레드
호로스코프 변형 2
(p163)

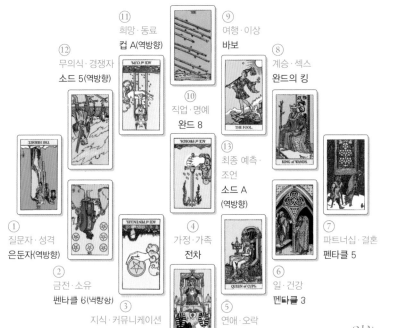

⑪
희망·동료
컵 A(역방향)

⑫
무의식·경쟁자
소드 5(역방향)

⑨
여행·이상
바보

⑧
계승·섹스
와드의 킹

⑩
직업·명예
완드 8

①
질문자·성격
은둔자(역방향)

⑬
최종 예측·
조언
소드 A
(역방향)

④
가정·가족
전차

⑦
파트너십·결혼
펜타클 5

②
금전·소유
펜타클 6(역방향)

③
지식·커뮤니케이션
펜타클 A(역방향)

⑤
연애·오락
컵의 퀸

⑥
일·건강
펜타클 3

전체를 바라보고 연결점을 발견한다

전체적으로 역방향이 많고, A(역방향)가 세 장이나 나온 것은 끝없는 고
민을 나타낸다. 자신과 타인을 나타내는 ①, ③, ⑤, ⑦에 폐쇄적인 카드
가 나왔다. 게다가 ⑫의 〈소드 5(역방향)〉는 경쟁자의 존재를 암시한다.
불안의 씨앗이라고 여겨지는 금전 면에서 ②가 차곡차곡 쌓이고 있지만 쌓
이지 않는 현상을 보인다. 다만 ⑧에 〈완드의 킹〉이 나와 누군가의 도움
을 받게 될 듯하다.

⑥, ⑩의 사업 면에서 기운이 강한 카드가 나왔으므로 빠른 출세가 예상
된다. ④ 가정은 〈전차〉로 활기가 넘치고 원만한 상태이며, ⑤의 〈컵의 퀸
〉은 사랑이 넘치는 생활을 보내고 있음을, ⑨ 〈바보〉는 여행이 행운의 아
이템이라는 점을 말해준다. 다만 조언은 〈소드 A(역방향)〉. 강제로 이끌
어가려고 하면 아무도 곁에 남지 않는다. 충동적인 행동으로 쌓아온 신
뢰를 무너뜨리지 않도록 주의해야 한다.

POINT

전체 배치에도
주목하라

호로스코프의 변형 2는
전체의 배치에도 주목하
는 것이 좋다. 원의 윗부
분은 사회, 아랫부분은 개
인, 오른쪽 부분은 타인과
의 관계, 왼쪽 부분은 자
기 자신과의 관계를 나타
낸다. 전체적으로 기운이
강한 카드가 어디에 나왔
는지, 역방향이 어느 부분
에 많은지 등에서도 힌트
를 얻을 수 있다.

애인이 있는 그 사람, 나에게 승산은 있을까?

"좋아하는 사람이 있는데, 그는 이미 연인이 있습니다. 하지만 요즘 저희 둘 사이에 좋은 기류 같은 것이 느껴져요. 저에게 승산이 있을까요?"

스프레드
하트 소나
(p164)

③
질문자에 대한 인상(내면)
전차

⑤
상대의 상황
죽음

①
현재
악마

⑦
질문자의 상황
소드의 나이트(역방향)

④
질문자에 대한 인상(외면)
완드 8

⑧
조언
소드 4

②
가까운 미래
소드 A

⑥
상대의 소망
컵 2

지금의 자신 카드
완드의 킹(역방향)

'지금의 자신 카드'를 참고한다

당장이라도 폭주할 듯한 〈악마〉, 〈죽음〉, 〈전차〉, 〈완드 8〉 카드가 늘어서 있다. 소드 카드도 많아 마치 '욕망과 이성의 싸움' 같은 구도를 보인다. 현재의 위치에 나온 〈악마〉는 해서는 안 된다고 생각하면서도 유혹을 이겨내지 못하는 것을 암시한다. 상대의 질문자에 대한 인상은 내면적으로 〈전차〉, 외면적으로 〈완드 8〉로 긍정적인 인상과 빠른 전개를 나타낸다. 상대는 〈컵 2〉가 나타내듯 결혼하고 싶은 마음이 크지만, 상황은 〈죽음〉이므로 파트너와의 관계가 원만하지 않을 수도 있다. 질문자 자신도 〈소드의 나이트(역방향)〉로 양다리인 사랑에 깊이 빠져들고 있다. 다만 이 사랑에 대한 조언은 〈소드 4〉. 당분간 거리를 두고 정열을 식히는 편이 좋아 보인다. 가까운 미래의 위치에 〈소드 A〉가 나와 있어, 냉정함을 되찾고 결정적인 순간에 유혹을 뿌리칠 것이 예상된다.

POINT

'지금의 자신 카드'를 적절히 활용하라

점치기 전 뽑은 '지금의 자신 카드(p146)'에 〈완드의 킹(역방향)〉이 나왔다. 널뛰는 기분에 판단력을 상실한 상태다. 질문자의 상황을 고려하더라도 나온 카드를 냉정하게 읽을 필요가 있음을 보여준다. '지금의 자신 카드'에서 느껴지는 인상은 전체적인 판단에도 영향을 끼친다.

다음 달 운세, 행운의 날은 언제?

"바빠질 것 같은 10월의 운세. 중요한 이벤트나 미팅 일정을 정하고 싶은데, 특히 운이 좋은 날이나 반대로 조심해야 할 날을 알고 싶어요!"

스프레드
캘린더
(p166)

10월

sun	mon	tue	wed	thu	fri	sat
1	2	3	4	5	6	7
8	9	10	11	12	13	14
15	16	17	18	19	20	21
22	23	24	25	26	27	28
29	30	31				

①~㉛
그날의 운세

카드의 힘의 세기나 그림에 주목한다

전체적으로 보면, 강한 의미를 지니는 메이저 아르카나 카드가 12장, 코트 카드가 6장 나와 있어 바쁜 한 달이 될 듯하다.

특히 넷째 주는 매일같이 여성 카드가 나와 있는 것이 인상적이다. 여성과의 관계성으로 고민하고 있거나 옥신각신 다툼이 있을지도 모른다. 또한 매주 토요일에는 메이저 아르카나인 〈정의〉, 〈여황제〉, 〈여사제〉, 〈달〉이 정방향으로 나와 있는 점도 흥미롭다. 메이저 아르카나는 강한 운세를 나타내는 카드이므로 여기에 맞춰 중요한 일정을 잡는 것도 좋다.

첫날에 자리한 〈소드 3(역방향)〉은 놀라운 사건으로 혼란스러워지는 상태를 나타내는 다소 충격적인 카드지만, 마지막 날에는 〈세계〉가 나와 있는 것으로 보아 파란만장한 전개 속에서도 착실히 무언가를 해내고 마는, 이런저런 일이 있었지만 '끝이 좋으면 모든 것이 좋다'는 식의 한 달이 되지 않을까.

POINT

카드에 맞는 일정을 세운다

〈여황제〉의 날에는 미용실, 〈황제〉의 날에는 프레젠테이션, 〈연인〉의 날에는 데이트 등 카드의 의미에 따라 일정을 세워보자. 완드는 승부, 펜타클은 물건이나 돈에 관련된 것, 소드는 배움, 컵은 회식이라고 생각해도 좋다. 코트 카드는 그날의 중요한 인물을 나타내기도 한다.

전문가는 어떻게 해석할까?

LUA의 타로 리딩 들여다보기

실제로 리딩하는 장면을 통해 카드의 해석이나
이미지를 넓혀가는 방법, 조언 카드의 사용 방법 등을 살펴보자.

첫 번째 상담자

**새로운 프로젝트를
맡아야 할지
고민하고 있다**

A(37세, 회사원)

상담자 A: 회사에서 신규 프로젝트의 책임자를 제
안받았어요. 하지만 무리한 프로젝트인 데다가 성
공 비전이 그려지지 않아 제안을 받아들여야 할지
망설이고 있습니다.

LUA: 질문 내용을 점치기 전에 현재 자신은 어떤
상태인지 카드에 물어보는 '지금의 자신 카드
(p146)'를 한 장 뽑아봅시다.

지금의 자신 카드
소드 A

LUA: 〈소드 A〉가 나왔네요. A 씨는 위험 부담이
있는 프로젝트라는 사실을 충분히 인지하고 있고,

냉정한 판단을 할 수 있는 상태입니다.
그렇다면 그 프로젝트를 받아들일지 말지 'YES',
'보류', 'NO'를 판단하는 쓰리 카드로 확인해보겠
습니다.

① YES   ② 보류   ③ NO
컵 2   절제   펜타클 6

LUA: 카드를 보니 A 씨는 보류하고 싶어 하네요.
이미 스스로 알고 있다고 생각합니다. 그러니까 '②
보류'의 위치에 명확하게 메이저 아르카나가 나와
있는 것이지요.

A: 네, 맞아요.

LUA: 제안을 받아들이는 경우, 즉 '① YES'라고
대답한 경우도 〈컵 2〉로 나쁘지 않지만, 즐거움은
크지 않습니다. 작은 규모로 진행한다면 괜찮을 수
있지만 큰 성공을 거둔다는 느낌은 없습니다.

A: '한다고 해도 지금은 아닌데', '좀 더 준비가 필
요하다'라고 생각하고 있어요.

LUA: 그 프로젝트에 대해서 '③ NO'라고 말하고
싶지는 않다고 생각됩니다. 〈펜타클 6〉이므로 득실
을 따지지 않고 하고 싶은 마음이 있기도 합니다.

아마도 A 씨는 '조금만 더 준비되면 하고 싶다'라고 생각하고 있겠네요.

A: 네, 정말 그래요.

LUA: 그럼 조언 카드(p172)를 뽑아봅시다. 이 프로젝트에 대해 무엇을 염두에 두면 좋을지.

조언 카드①
컵 7(역방향)

A: 이것도 저것도 원하고 있는 카드네요.

LUA: 반대로 '이것도 저것도 담아야 한다'라는 뜻일 수도 있습니다. 지금 바로 실행하면 한 개만 담을 수 있지만, 시간이 조금 더 주어진다면 이런저런 아이디어를 채울 수 있겠지요. 그렇게 철저히 준비하면 어떤 결과를 얻게 되는지 카드 한 장을 더 뽑아볼까요.

조언 카드②
연인

LUA: 〈연인〉은 6, 〈절제〉는 14이므로 더하면 20, 11 타로(p182) 세트가 되네요. 테마는 양쪽 모두 '커뮤니케이션'입니다. 따라서 조금만 더 준비한다면 여러 사람들의 힘을 빌려 커다란 성과를 거두는 프로젝트로 성장시킬 수 있을지도 **몰라요.**

두 번째 상담자
＝
요즘 들어 남자친구와 사이가 좋지 않다

B(27세, 회사원)

상담자 B: 사귄 지 2년이 된 남자친구와 결혼을 생각하고 있는데, 좀처럼 결심이 서지 않아요. 게다가 최근 관계가 삐걱거리고 있어요. 어렸을 때부터 친했던 친구(남성)랑 둘이서 만나는 것도 못 하게 해요.

LUA: 그렇군요. 남자친구가 질투심이 대단하네요. 연애에 관한 것이니 하트 소나 스프레드로 점쳐봅시다.

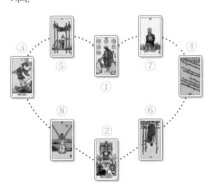

① 현재
펜타클 6

② 가까운 미래
전차

③ 질문자에 대한 인상(내면)
바보

④ 질문자에 대한 인상(외면)
완드 8(역방향)

⑤ 상대의 상황
완드 4

⑥ 상대의 소망
완드 3(역방향)

⑦ 질문자의 상황
펜타클 4

⑧ 조언
소드 2

LUA: '① 현재'의 위치에 나온 카드가 〈펜타클 6〉, 두 분이 꾸준히 사랑을 키워온 관계임을 나타내고 있습니다.

그리고 '② 가까운 미래'는 〈전차〉. 이미 결혼 의지를 굳힌 상태네요. '다음 단계로'라는 카드이므로 아마도 머지않은 미래에 축하할 만한 소식을 듣게 됩니다.

하지만 '⑤ 상대의 상황'은 〈완드 4〉이므로 이미 결혼을 한 것처럼 느끼고 있을지도 몰라요.

B: 정말요? 기쁘네요.

LUA: 남자친구가 B 씨의 '③ 내면'을 어떻게 생각하고 있는지를 나타내고 있는 카드가 〈바보〉. 자유로운 사람, 붙잡히지 않는 사람이라고 생각하지만 그런 점까지도 좋아하고 있네요.

그리고 '④ 외면'을 어떻게 생각하고 있는가 하면 〈완드 8(역방향)〉. 음, 이건 기세와 스피드를 나타내는 카드지만 역방향이 되면 심한 질투심을 의미합니다.

B: 역시 그렇군요.

LUA: B 씨는 외모가 수려한 데다가 〈바보〉처럼 여기저기 자유롭게 다니니 남자친구가 걱정이 많네요. 눈에 띄는 행동을 자제해주기를 바라고 있을지도 모릅니다.

그리고 '⑥ 상대의 소망'에 〈완드 3(역방향)〉이 나와 있습니다. 돈이나 인생 설계, 미래를 향하고자 하는 마음이 있지만 아직 고민 중입니다.

그에 반해 '⑦ 질문자의 상황', 즉 B 씨를 나타내는 카드에 〈펜타클 4〉가 나와 있는 것이 재미있네요. 저는 이것을 '구두쇠 카드'라고 부릅니다. B 씨는 돈 문제를 매우 중요하게 생각하고 있군요.

B: 맞아요. '더 많이 일하고 더 많이 벌어'라는 말을 남자친구에게 자주 하죠.

LUA: 남자친구에게 '조금 더 이렇게 해주었으면 좋겠다'라고 이런저런 요구를 하고 있을지도 몰라요. 〈완드 3(역방향)〉이 나타내듯 남자친구는 이상과 현실의 차이를 느끼고 있어서 '너무 기대하지 말기를' 바라고 있습니다.

그리고 '⑧ 조언'의 〈소드 2〉는 선택을 망설이고 있는 상태를 나타내는 카드입니다.

B: 남자친구와의 결혼은 이대로 실현되지 않는다는 건가요?

LUA: 이런 경우는 조언의 위치기 때문에 해석하는 방법이 조금 다릅니다. 이 카드, 눈을 가리고 있잖아요? 따라서 '조금은 눈을 감아줄 필요가 있다'라는 뜻으로 해석할 수 있습니다. '결혼하려면 사회적 안정이 중요하다', '아이가 생기면 돈이 필요하다'라고 자기도 모르는 사이에 남자친구에게 기대를 높여가고 있을지도 몰라요.

B: 〈펜타클 4〉와 〈소드 2〉는 자세도 비슷하네요. 앞으로 잔뜩 기울어져 있는 사람과 조용히 눈을 감고 있는 사람.

LUA: 그런 대비를 스스로 느꼈다는 것은 그것에 의미가 있다는 뜻일 수 있습니다. 〈펜타클 4〉가 나타내듯 두 사람의 미래를 지키고 싶다며 몸을 잔뜩 웅크리고 있지만, 남자친구도 나름대로 애쓰고 있다는 것이 〈완드 3(역방향)〉에 나타나 있습니다. 따라서 〈소드 2〉처럼 조용히 지켜보고 조금은 눈을 감아주는 것도 필요해 보입니다. 그렇게 하면 두 사람의 〈전차〉는 망설임 없이 결혼이라는 목표를 향해 돌진할 것입니다.

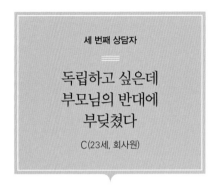

세 번째 상담자

독립하고 싶은데
부모님의 반대에
부딪쳤다

C(23세, 회사원)

상담자 C: 취직을 계기로 독립을 하고 싶은데, 부모님의 반대에 부딪쳤습니다. 가족끼리 사이가 좋지만, 너무 끈끈하다고 해야 할까요. 집에 제 방도 없어서 너무 불편해요.

LUA: 가족 간에 사이가 좋은 건 다행이지만 독립하기 어려운 분위기는 조금 문제가 있네요. 그렇다면 가족과 C 씨의 관계성을 헥사그램 스프레드로 살펴보도록 합시다.

① 과거
컵의 나이트

② 현재
소드의 킹

③ 가까운 미래
펜타클 3

④ 조언
정의

⑤ 상대(가족)의 마음
여황제(역방향)

⑥ 질문자의 마음
컵 10(역방향)

⑦ 최종 예상
완드의 퀸(역방향)

LUA: '① 과거'의 위치에 〈컵의 나이트〉가 나온 것에서, 매우 적극적으로 마음을 나누는 가족이라는 사실을 알 수 있습니다. 그렇기 때문에 편안함을 느끼는 것이겠지요.

하지만 '② 현재'의 위치에 〈소드의 킹〉이 나왔고, 슬슬 이런 끈끈한 관계를 어떻게 좀 해야겠다는 마음이 C 씨에게 생겨나고 있네요.

C: 특히 엄마가 의존을 많이 하세요. '독립하고 싶어요'라고 했더니 '집안 분위기가 우울해지니까 절대 안 돼!'라고 말씀하시더라고요.

LUA: 그것은 '⑤ 상대(가족)의 마음'의 〈여황제(역방향)〉가 보여주고 있네요. 〈여황제〉가 정방향이라면 '풍요로움', '부드러움'을 나타내지만, 역방향이 되면 맹목적으로 귀여워한다는 의미가 있습니다. '이렇게 응석을 부려도 괜찮을까'라는 생각이 들 정도로요.

C: 정말 그래요! 아, 그리고 또 한 가지. 우리 집 고양이랑 떨어지기 싫은 마음도 있긴 해요.

LUA: '⑥ 질문자의 마음'은 〈컵 10(역방향)〉. 이 카드는 어떤 느낌이 드나요?

C: 음, 행복한 가족으로 보이지만 카드가 뒤집혀 있다는 점이 마음에 걸리네요.

LUA: 이 카드는 정방향일 때 '모든 가족이 행복함을 느낀다'라는 의미가 있습니다. 하지만 역방향이므로 C 씨의 마음속에는 어머니와의 관계에 지쳐 있거나 '자신의 결단이 지금의 행복한 상태를 망치지는 않을까'라는 걱정이 있네요.

C: 네. 저는 가족 사이를 중화하는 역할을 맡은 느낌이에요. 아버지가 조금 엄격하시거든요.

LUA: 그렇다면 '② 현재'의 위치에 있는 〈소드의 킹〉은 아버지로 보이네요.

C: '제대로 된 일을 해라'라고 아버지께서 엄하게 말씀하지 않으셨다면 취직도 안 하고 집에서 뒹굴고 있었을 거예요.

LUA: 온화한 어머니와 엄격한 아버지, 균형이 잡힌 상태입니다. 아버지는 분명 C 씨의 독립을 찬성하실 것이라고 생각됩니다. 그렇게 되면 '③ 가까운 미래'의 〈펜타클 3〉은 '찬스 카드'라고 불리는데, '아버지가 독립을 위한 자금을 지원해준다'라고도 읽을 수 있습니다.

C: 정말 그럴지도 몰라요.

LUA: 따라서 가까운 미래에 독립할 기회가 있을 것 같습니다. 그렇게 된다면 최종 결과의 〈완드의 퀸(역방향)〉은 C 씨가 아니라 집에 남게 되는 고양이와 어머니로 보이게 되네요. 본래 〈완드의 퀸〉은 주변 사람들에게 힘을 주는 사람이지만 이 카드가 뒤집어지면 지나치게 주변을 돌보는 사람이 됩니다. 그리고 '④ 조언'에 〈정의〉가 나와 있네요. '② 현재' 위치의 〈소드의 킹〉도 소드를 지니고 있으므로 이 두 가지를 합치면 '지금, 결정을 내려야 할 때'라는 메시지가 됩니다.

C: 그렇군요.

LUA: 〈정의〉는 감정적으로 판단하지 않고, 사실만을 바라보며 냉정하게 생각하는 카드입니다. 어머니의 마음을 너무 고려하다 보면 앞으로도 독립하기가 어려워질 겁니다. 하지만 너무 갑작스러우면 어머니가 놀라실 수 있으니 '이제부터 절대 이 집에 들어와 살지 않을 것'이 아니라 '잠깐 혼자 살아보고 싶다'라고 가벼운 느낌으로 이야기해보면 좋을 것 같아요. 감정적으로 되지 말고 이성적으로 논의하는 것이 중요합니다.

C: 카드에 이렇게 고스란히 드러나다니, 너무 신기하네요. 게다가 고양이까지!

LUA: 78장 중 고양이가 그려진 카드는 이 카드뿐이에요. '고양이 만나러 자주 집에 들를 거예요!'라고 말해두는 것도 좋은 방법이 될 수 있겠네요.

C: 최종 결과에 역방향 카드가 나온다고 해서 걱정할 필요가 없네요.

LUA: 대부분 결과의 길흉만 따지곤 하지만, 미래는 변할 가능성이 충분히 있기 때문에 오히려 조언에 주목해야 합니다. 최종 결과에 아무리 좋은 카드가 나와도 그 전에 해야 할 일을 하지 않으면 좋은 결과를 얻지 못합니다. 결과는 '스스로 만들어가는 것'이니까요.

C: 사실은 저에겐 언니가 있어요. 언니는 이 문제를 어떻게 생각하고 있을지….

LUA: 그럼 조언 카드를 뽑아볼까요?

조언 카드①
완드 6

LUA: 마음에 여유가 있는 상태네요. C 씨의 독립을 긍정적으로 생각하지만, 언니 자신도 머지않아 독립을 하려고 합니다.

C: 등장인물이 말에 올라타 있네요.

LUA: 결혼이 결정되거나 기쁜 일이 생길 수도 있습니다. 하지만 그런 상황이 생겼을 때 C 씨가 어떻게 행동해야 할지, 조언 카드를 한 장 더 뽑아서 확인해볼까요.

조언 카드②
완드 9

LUA: 〈완드 9〉는 만일의 상황에 대비하는 카드입니다. 먼저 언니가 독립해야 C 씨도 집을 나설 수 있을 듯합니다. 지금부터 홀로서기의 준비를 시작해두는 것도 좋겠지요.

C: 이제 어떻게 해야 할지 알 것 같아요! LUA 선생님, 고맙습니다!

LUA가 답하는

타로에 관한 Q&A

타로를 사용할 때 문득 떠오르는 의문들.
속 시원하게 해소하자!

Q 타로로 어느 정도의 미래까지 알 수 있나?

A 대략 3개월 정도라고 볼 수 있다.

타로는 우연성을 바탕으로 점치는 도구다. 따라서 10년 후의 미래를 지금, 이 순간의 우연성으로 점지는 것에는 어려움이 따른다. 그때까지 상황이 바뀔 가능성이 너무나도 높기 때문이다. 대략 3개월이라고 생각하는 것이 좋다. 다만 호로스코프 스프레드는 1년 운세를 보는 것이 가능하다.

Q 조언 카드를 뽑을 때는 카드를 되돌려놔야 할까?

A 그 상태대로 남은 카드 중에서 조언 카드를 뽑아도 된다.

조언 카드를 뽑을 때, 스프레드를 전개한 카드를 다시 되돌려야 하는지 고민하는 사람이 있다. 문제기 연결되어 있다면(전혀 다른 데미의 질문을 하는 상황이 아니라면) 그 상태대로 남은 카드에서 조언 카드를 뽑아도 상관없다.

Q 카드의 그림을 볼 때 중요한 점은?

A 그림 속 누구에게 자신을 투영할지가 중요하다.

〈힘〉카드를 뽑은 경우, 여성과 사자 중 어느 쪽에 자신을 투영할지는 그때그때 상황에 따라 다르며 해석 역시 달라질 것이다. '지금 이 순간 자신은 어떻게 느끼고 있는가'를 중시하여 카드를 읽는다. 대략 3초 이내에 감지하도록 한다.

Q 카드를 해석하는 능력을 키우고 싶다!

A 카드를 보고 떠오르는 표현을 메모한다.

가령 카드에 그려진 '물'이 눈길을 끈다면 '차가울 것 같다', '봄이니까 차갑지는 않겠지', '슬퍼 보인다', '반짝반짝' 등 자신이 느낀 인상을 그대로 적는다. 이렇게 지속하다 보면 각 카드에 대한 인상이 깊어지면서 실제 해석에 응용할 수 있게 된다.

Q 스프레드의 순서를 못 외우겠다.

A 틀려도 스스로 알아차리면 괜찮다.

스프레드를 잘못 배열하는 것은 자주 있는 일이다. 무슨 카드를 어디에 두었는지 파악하고 있다면 조금 틀려도 괜찮다. 좀처럼 외워지지 않는다면 포스트잇에 각 위치의 의미를 써서 테이블에 붙여 둔 뒤 그 위에 배열하는 방법도 있다.

Q 쇼핑에 타로를 활용하는 방법은?

A 하나의 아이템에 대해 다양한 각도로 카드를 뽑는다.

인터넷 쇼핑은 도박과 비슷한 면이 있어서 타로의 힘을 빌리기에 매우 적합하다. 가령 '사용감(사이즈)', '디자인', '영구성'에 대해 각각의 카드를 뽑아 선택에 참고한다. 나온 결과 가운데 어떤 항목을 가장 중시할지는 본인의 의지로 결정하자.

Q 원 오라클을 연습하기에 좋은 테마는?

A 택배의 도착 시각처럼 결과가 명확하게 드러나는 테마를 정한다.

'택배가 도착할 때가 되었는데 감감무소식'일 때 점을 쳐보자. 개인적인 경험담이지만 〈심판〉이 나온 순간 '딩동'하고 초인종이 울린 적이 있다. 〈전차〉라면 그야말로 지금, 곧 도착할지도 모른다. 〈힘〉이라면 아슬아슬하게 시간 내에 도착하는 것을 의미한다.

Q 타로카드를 관리하는 방법은?

A 물티슈로 닦는 것을 추천한다.

수없이 손이 닿는 카드는 지문이나 손때가 묻기 마련이다. 물티슈로 양면을 닦은 뒤 마른 휴지로 물기를 없애고 가끔은 카드를 서늘한 곳에 펼쳐두고 말린다. 단, 습기를 머금게 되면 역효과가 나므로 날씨가 맑은 날 하는 것이 좋다.

Q 카드를 한 장 잃어버렸다. 어떻게 해야 하나?

A 안타깝지만 새로운 카드를 구매해야 한다.

카드가 한 장 부족하면 균형이 맞지 않은 상태에서 점을 치는 것과 같다. 굳이 기존의 카드를 사용하고 싶다면 설명서 카드에 〈바보〉 등의 이름을 써서 사용할 수 있겠지만, 그림을 볼 수 없다는 난점이 있다. 가능하다면 새로운 카드를 사는 것이 좋다. 남은 타로는 부적처럼 사용하는 것을 추천한다.

Q 카드를 사용하지 않고 점치는 방법은?

A 스마트폰 애플리케이션을 활용할 수 있다.

요즘은 인터넷이나 스마트폰의 애플리케이션에서도 타로를 즐길 수 있는 시대가 되었다. 카드를 들고 다니는 것이 번거로울 때 활용해보자. 개인적으로는 'Galaxy Tarot'(Android, ※무료 버전은 영어만 지원한다.)의 유료 버전을 활용하고 있다.

"78MAI NO CARD DE URANAU. ICHIBAN TEINEI NA TAROT" by LUA
Copyright © LUA 2017
All rights reserved.
First published in Japan by NIHONBUNGEISHA Co., Ltd., Tokyo

This Korean edition published by arrangement with NIHONBUNGEISHA Co., Ltd., Tokyo in care of
Tuttle-Mori Agency, Inc., Tokyo through Botong Agency, Seoul.

이 책의 한국어판 저작권은 Botong Agency를 통한 저작권자와의 독점 계약으로 한스미디어가 소유합니다.
신 저작권법에 의하여 한국 내에서 보호를 받는 저작물이므로 무단전재와 무단복제를 금합니다.

78장의 타로카드로 점치는

가장 친절한 타로

1판 1쇄 발행 | 2019년 11월 19일
1판 10쇄 발행 | 2024년 5월 15일

지은이 LUA
옮긴이 구수진
펴낸이 김기옥

실용본부장 박재성
마케터 서지운
판매 전략 김선주
지원 고광현, 김형식

디자인 푸른나무디자인
인쇄·제본 민언프린텍

펴낸곳 한스미디어(한즈미디어(주))
주소 121-839 서울시 마포구 서교동 392-34 강원빌딩 5층
전화 02-707-0337 | 팩스 02-707-0198 | 홈페이지 www.hansmedia.com
출판신고번호 제 313-2003-227호 | 신고일자 2003년 6월 25일

ISBN 979-11-6007-435-2 (13180)

책값은 뒤표지에 있습니다.
잘못 만들어진 책은 구입하신 서점에서 교환해 드립니다.

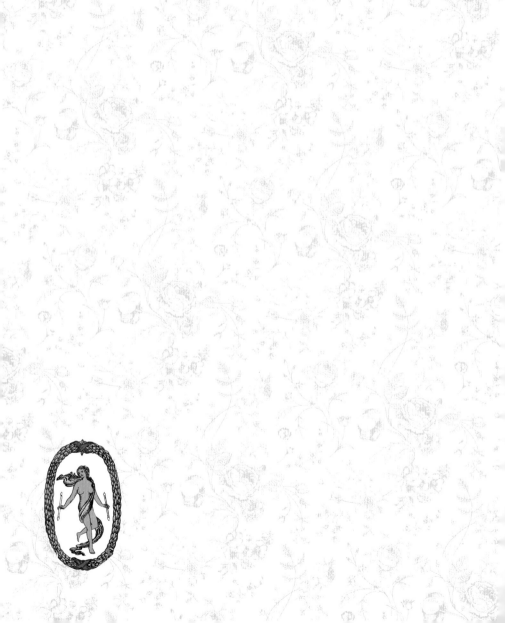